南昌師範學院 | 建校70周年
70TH ANNIVERSARY OF NANCHANG NORMAL UNIVERSITY
1952—2022

我和我的母校

1952级校友胡鑫 题

南昌师范学院 | 组织编写

知识产权出版社
全国百佳图书出版单位
—北京—

图书在版编目（CIP）数据

我和我的母校／南昌师范学院组织编写．—北京：知识产权出版社，2022.10
ISBN 978-7-5130-8371-3

Ⅰ．①我… Ⅱ．①南… Ⅲ．①南昌师范学院-校友-回忆录 Ⅳ．①G659.285.61

中国版本图书馆 CIP 数据核字(2022)第 171590 号

责任编辑：高　源　　　　执行编辑：王禹萱　赵蔚然

我和我的母校

WO HE WO DE MUXIAO

南昌师范学院组织编写

出版发行：	知识产权出版社有限责任公司	网　　址：	http://www. ipph. cn
电　　话：	010 - 82004826		http://www. laichushu. com
社　　址：	北京市海淀区气象路 50 号院	邮　　编：	100081
责编电话：	010 - 82000860 转 8380	责编邮箱：	laichushu@ cnipr. com
发行电话：	010 - 82000860 转 8101	发行传真：	010 - 82000893
印　　刷：	江西千叶彩印有限公司	经　　销：	新华书店、各大网上书店及相关专业书店
开　　本：	710mm×1000mm　1/16	印　　张：	21.25
版　　次：	2022 年 10 月第 1 版	印　　次：	2022 年 10 月第 1 次印刷
字　　数：	295 千字	定　　价：	98.00 元

ISBN 978-7-5130-8371-3

前　言

南昌师范学院的前身是创办于1952年的江西省中等师资进修学校（在南昌市豫章中学礼堂上的第一课），1956年更名为“南昌师范专科学校”（筹建南昌师范学院，当时省内仅有4所高校），承担了当时全省80%的教师培训培养任务；1958年更名为“江西教育学院”，为全省最早的8所本科高校之一，期间还在庐山大厦办过学；1969年与江西师范学院、江西大学文科合并，更名为“江西井冈山大学”，这一时期在拿山也办过学；1979年恢复“江西教育学院”名称；2013年，经教育部、江西省政府批准，改制更名为“南昌师范学院”。迄今，学校走过了70年风雨办学历程。

学校以师范教育“起家”，以教师教育“兴业”，承担中华人民共和国成立初期培养中小学合格教师的社会责任，肩负改革开放后基础教育教师学历补偿教育的历史重任，勇担新时代教师教育振兴发展的使命，从豫章中学小礼堂出发，六易校名、十迁校址、几更体制，走过艰难坎坷而卓有成效的办学历程，孕育“红色初心、砥砺创新”的办学精神，形成“以师为主、根植地方、突出应用”的办学传统。学校现有教育学院等12个二级教学单位，普通本科专业28个，全日制在校生1.2万余人，与闽南师范大学联合培养硕士研究生；累计培养本专科学生14.8万人，集中培训中小幼教师、校（园）长14万余人次，远程培训与集中面授中小学校长和教师400余万人次，成为江西教育事业的工作“母机”。

2022年是党的二十大胜利召开之年，也是南昌师范学院建校70周年的喜庆之年。70年来，南昌师范学院为党育人为国育才，谱写了辉煌的篇章。悠悠七秩芳华，漫漫征程如歌。校友是学校事业发展宝贵的精神财富，学校的发展壮大离不开广大校友和社会各界的大力支持和深情厚爱。70年来，学校涌现了一批批优秀的校友。广大校友见证了南昌师范学院深耕基础教育、落实立德树人根本任务的峥嵘岁月，见证了南昌师范学院始终致力于江西基础教育改革发展，在接续奋斗中绽放芳华、在牢记初心使命中创造辉煌的艰难历程，体现了对母校的拳拳赤子之心，这些蕴涵着一代代南师院人不忘初心、牢记使命、继续前进的精神密码。

踔厉奋发启新程，笃行不怠向未来。为充分挖掘学校70年来厚重的历史文化，展示八方校友风采，讲述各行各业校友心系母校、爱岗敬业、勇毅担当的感人故事，激励一代又一代南师院人从中汲取奋进的磅礴力量，本书编写组遴选了70位优秀校友和老同志代表，真情讲述他们往昔的精彩故事和对母校的深情厚谊，以期激励后辈学人传承南师院精神，为继续推进学校事业内涵式高质量发展而努力奋斗，为江西基础教育改革发展、为江西地方社会经济发展做出新的更大贡献。

编　者

2022年10月

目　录

七秩芳华·校友印象篇

七秩芳华·往昔如昨篇

七秩芳华·教苑毓秀篇

七秩芳华 · 校友印象篇

【编者按】 悠悠七秩芳华，漫漫征程如歌！2022 年是党的二十大召开之年，也是南昌师范学院建校 70 周年之时。70 年来，学校为党育人为国育才，谱写了华美篇章，涌现了一批批优秀的校友。为充分挖掘学校的历史积淀，展示校友风采，“七秩芳华·校友印象”篇向读者讲述校友们爱岗敬业、勇毅担当、心系母校的故事，激励我们从中汲取奋进的力量。

胡振鹏：我对学校有深厚的感情

胡振鹏，工学博士，教授，江西星子人，江西省原副省长，江西省人大常委会副主任，第十一届全国人大常务委员会委员，第九届、第十二届全国人大代表，第九届全国政协委员，民建中央常委。1997 年 10 月至 1999 年 1 月，任江西教育学院（南昌师范学院前身）校长。

问：胡教授，您好！1997 年 10 月至 1999 年 1 月，您在江西教育学院担任校长，请问您在学校工作时的感受是什么样的？

答：虽然我在学校工作仅一年多时间，但和学校有深厚感情。当时，全国都在准备普及九年义务教育验收，对教师的学历提出了更高要求。江西省委省政府授权我校牵头全省开展“三沟通”培训（函授、卫星电视教育、自学考试相互沟通）考试考核工作。学校为全省中小学教师的学历提升做了大量工作。培训工作完成后，随着高考制度的改革，作为以成人教育为主体的学校，开始出现生源的专业分布不均衡、没有生源的专业教师队伍难以稳定等问题。学校该往哪个方向发展？我担任校长期间，学校正处于发展的转折期，需要花功夫去思考。

问：当时，您对学校的发展方向是如何看待的？

答：随着大学的普及和各类培训越来越多，成人教育生源不稳定、专业分布不均衡、学校面临发展困境、教师队伍难以稳定等问题逐渐出现。我当时认为，学校要紧随教育改革的步伐，逐步向普通高等教育转变。1999 年 2 月，我调任江西省副省长，分管教育工作，把自己在学校工作时的思考付诸行动。利用全国高校扩大招生的机遇，我省四所成人高校每校获得数百名普通高等教育专科生的招生指标，使学校从成人教育向成人教育兼顾普通高等教育转变。这一举措不仅为这四所成人高校转制提供了机遇，也影响了江西教育学院的发展。经过几年的政策支持，江西教育学院逐渐转变成以普通高等教育为主、函授教育为辅的高校，为学校后面的改制转型奠定了初步的基础。

欢送音乐系原主任王大昌（第一排左三）荣休合影　第一排左四为胡振鹏

问：在担任校长期间，您主要开展了哪些工作？

答：我任校长期间，在业务工作上主要做了这几件事：一是在校党委的领导下，学校各行政部门大力加强基础设施建设。用一年时间建成了青山湖校区的综合楼，解决了学校食堂简陋、开会无大礼堂的问题。二是添置教学设备。当时我校音乐系在全省高校中有一定地位，但教学条件差，没有琴房也没有钢琴。我利用学校闲置旧房，用三合板和泡沫隔板隔成10间琴房，并购买10台钢琴，建成了学校有史以来的第一批琴房，解决了学生的练琴问题。三是着力解决教师无住房的困境。我协调将一栋距校区较远、闲置未用的老办公楼长期租赁出去，解决资金问题，并购买了几十套商品房，按照“雪中送炭”的原则，解决了大部分教师的住房问题，稳定了教师队伍，调动了返聘离退休老教师的积极性。四是完善和强化教学督导，组织老教师不定期听课，对青年教师进行“传、帮、带”。五是改革学生对教师课堂教学质量的评价方法，努力提高教学质量和教育水平。

2022年1月，胡振鹏参观学校校史馆

问：您在2009年12月7日曾回校指导工作；2013年10月26日，您也出席了南昌师范学院揭牌仪式，之后又回过学校几次。请问每次回来，您的心情是什么样的？看到学校发生的变化，您有什么样的感受？

答：我和学校有很深的渊源，我的父亲是江西教育学院毕业的。小时候每次填履历时，都要填父亲的母校——江西教育学院，所以，从小我就对学校有感情。后来在这里当校长，尽管只有一年多时间，但和学校的干部、老师、学生建立了和谐、亲密的关系。

后面几次回来，我的第一印象是学校的基础设施和教学设施越来越完善，办学一步一步正规化；第二个感觉是回到学校就像回到了“娘家”，很亲切；第三是为学校稳定向前发展、取得的成绩而感到高兴。

问：前不久，学校被列入江西省“十四五”新增硕士学位授予重点建设单位，您对这件事怎么看？

答：申请硕士学位授予单位是学校办学质量与水平上台阶的大事，对学校的发展至关重要，可以提高学校对江西经济社会发展、科技进步的服务能力。未来三到五年，建议学校要全力以赴争取获得硕士学位授予单位，力争顺利地跨上新台阶。

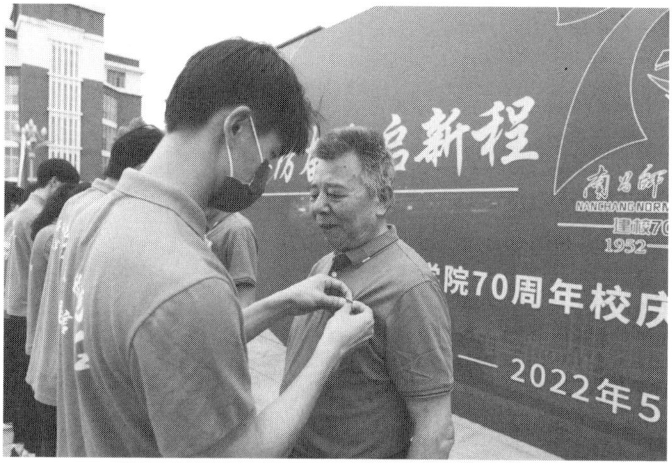

2022 年 5 月，70 周年校庆“薪火相传”活动启动仪式上，学生为胡振鹏佩戴校徽

问：今年是学校 70 周年校庆，您有什么话想对学校说？对学校今后的发展，有哪些建议？

答：我想赠送学校 16 个字：“奋勇拼搏、守正创新、突出特色、提高质量”。其中，“突出特色”是关键，一定要凝练出学校的特色专业、特色方向。希望学校早日成为硕士学位授予单位，对江西高等教育发展作出更显著的贡献。

林加奇：问题为导向 转型谋发展

林加奇，南昌师范学院原党委副书记、校长、教授，曾于江西大学、南昌大学任教13年，历任江西大学江西经济发展研究所所长、经贸学院副院长，南昌大学经济管理学院副院长；1995—2013年，在江西省政府工作18年，历任江西省经济体制改革委员会综合规划处处长、江西省国有资产监督管理委员会副主任（兼任江西省产权交易中心创始总裁、《江西改革》杂志主编）、江西省国有资产监督管理委员会副主任。曾受聘于南昌大学、江西师范大学、华东交通大学等多所高校、科研院所，在省委省政府研究部门及党校、省科协担任客座教授、特约研究员或常务理事。长期从事经济体制改革及国企改革、国有资产管理理论、政策与实践的研究。主持、参与多项国家及本省重大经济体制改革项目、国企改革项目的政策谋划、方案制订与实施。主持出版《县经济技术开发应用管理》《江西省第三产业——现状·战略·对策》《第三条融资渠道——解读现代商业信用》，发起主持江西省第一部教育类蓝皮书——《江西省基础教育发展报告（2016）》，参与《全国百家大中型企业调查·南昌飞机制造公司卷》调研、撰稿，参与撰写“科学社会主义研究”系列丛书——《社会主义市场经济与执政党建设》。发表著述200余项，获得江西省纪念中国共产党成立七十周年学术讨论会一等奖，其中《论社会主义商品经济条件下的执政党建设》入选全国纪念中国共产党成立七十周年学术讨论会论文选，并获得江西省第七次社会科学优秀成果二等奖、江西省高等学校第一届社会科学优秀成果奖三等奖、江西省第二届青年社会科学优秀论著奖二等奖等多项省部级科研奖项。

林加奇于2013年7月至2017年5月担任南昌师范学院校长，任职期间，正好历经了江西教育学院向南昌师范学院转制这一重要发展阶段。依据江西省政府颁布的任命书，他既是江西教育学院最后一任校长，也是南昌师范学院首任校长。

困难与转型

回顾以往，林加奇记忆犹新。他说，改制更名为“南昌师范学院”之时，学校面临两大转型任务，一是尽快实现由成人教育向普通本科教育转型；二是由地方普通本科高校向应用型高校转型。

2013年10月26日，南昌师范学院举行揭牌仪式　左一为林加奇

前一项转型，首先在于恢复学校办学历史上有过的普通本科专业自主招生，并且在办学规模上逐步扩大。其深层次的问题，则是规模扩张必须与提升办学质量、调整师资结构、教育变革转型相互适应，同频共

振；必须着眼于办学方式、资源配置等方面的调整和更新，有效防范、化解学校发展过程中存在的矛盾和问题。其中，最突出的问题，就是如何尽快扭转部分教师信心缺失，陆续外流的燃眉之急。

本着人的因素为首要原则，校领导统一认识，采取了三方面的措施：一是分析改制带来的机遇——看前景；二是在债务居高的严峻形势下，将财务支出结构适当向教工收入倾斜——增信心；三是实事求是努力争取上级财政支持——渡难关。这些举措，较好地纾解了困难，提振了教职员工的精神状态。

同时，鉴于成人教育与普通本科教育在管理运行方式上有一定差别，学校迫切需要在学生工作、教学管理、后勤保障等方面，拾遗补缺，伸长短腿，开启新的运行机制，提升管理者的素质，使之尽快适应普通本科教育人才培养的要求。这些问题通过建章立规，严格培训，较好地达到了预期效果。

后一项转型，必然涉及观念更新、知行合一、开拓创新等诸多问题。为了尽快认识和准确把握这一新形势、新任务，学校采取集中学习、小组讨论、案例分析，以及“走出去，请进来”等方式，拓宽眼界，交流经验。尤其是每学期举办的教学活动月，主题突出，研讨深入，大家开动脑筋，集思广益，有的放矢，有利于更好地达成共识，形成合力，破解难题，因而成果颇为显著。

大家深刻认识到，地方普通本科高校由传统的理论研究型向应用型转变，是适应经济、技术、就业和社会发展的必然取向，也是高校教育如何培育对社会有用人才的重大改革，必须以创新的气度和定力果断推进。由此，推及南昌师范学院应求解的问题，一是办学定位的调整，相较于以往中高职院校的办学定位，普通本科高校的办学方向就是瞄准应用型、技术技能型高校的方向转型，以“厚基础、宽口径、重实践、强能力、展个性、高素质”为取向，培养国家急需的能工巧匠式的应用型、技术技能型本专科专业人才。二是办学理念的更新，必须大力推动学与用、学与教、教与研、高学历研究型人才与双师型人才及应用型人才组合关系的优化配置。三是凝练特色，把握更新教育理念的走向，作为地方性本科高校，应兼顾本区域经济社会发展的多方需要和特殊需要，并以此为立足点，及时发掘特色人才，带动特色产业的发展。四是师范教育的转型，学校应更加重视学生的实践能力培养，加强和完善师范生换岗实习，满足经济社会发展对有教学经验的师范毕业生的需求。

优势与转化

林加奇与教育事业的缘分不浅。高中毕业后，他作为知识青年下放农村，有过自小学到高中的任教经历，大学毕业后又在高校任教，后供职政府部门。在政府部门的工作经历，使他能够适应较宽的工作面向。与教育的不解之缘锻造了他的教育情怀。

林加奇在经济学教学和研究、国企改革、企业管理制度的规范与创新等领域多有建树。他主持、设计并牵头实施的原南昌有色冶金设计研究院（改名为“中国瑞林工程技术有限公司”）的改革，被誉为“中国改革的江西样板”。曾连续13年亏损的江西省建工集团，在他主持指导下，改制当年即重振雄风，转亏为盈，并连续多年向好，跻身中国企业500强之列。他设计推动的国有企业法务总监制度，完善了国有企业监管体系，形成了事前防范、事中控制、事后补救的机制，成效显著，深受同行赞许。

上述难能可贵的经历，对林加奇在南昌师范学院的办学治校影响颇深。例如，依法治企与依法治校有异曲同工之妙。他就地取材，聘请校内具备资质的教师担任学校法律顾问，列席校长办公会议，参与相关决策议题。这种制度安排，契合依法决策、依法治校的管理精髓。

再比如，技术技能型、应用型本专科教育，亟待加强实践课程教育。在江西省国资委工作期间，林加奇有机会深入企业调研，亲身了解不同学历毕业生上岗学徒的过程，深切感到学校技术技能型、应用型课程的安排依然沿袭“学校教育+企业培训”传统模式的不足，即依次通过公共基础课、学科基础课、专业课的顺序获取知识，且课程进行中涉及的实践环节大都脱节滞后。学校鲜有实践型、双师型教师配置，实训实验课大都在校内进行，并且一般仅限于验证性实验，鲜有设计性、综合性实验。因而，学生在校获得的知识与技能难以真实地平移至生产情境。他们入职后，只能在生产岗位上边干边学，或上岗前另行接受培训方能进入生产过程。这种规程，导致课堂理论教学、实践教学与学徒过程的分离；教学内容生硬粗笨，费时费力，造成与现代学徒制的要求相差甚远的尴尬处境。因此，林加奇认为，应积极创造条件，在总结完善学校实施的“顶岗实习”经验的基础上，比照“企业加学校”的双轮驱动模式，构建与现代学徒制接轨的技术技能型、应用型教学体系。这一思路，林加奇称为“进入生产情景的技术技能型、应用型课程教育”。

文化与传承

林加奇热心公益事业，改革初期担任江西商业青年经济学会会长、江西青年经济学会常务理事，之后又出任中国生产力学会常务理事、江西生产力学会常务会长、江西企业法律顾问协会会长等职。目前，任江西省谱牒研究会会长。

谱牒文化源远流长。谱牒与国史、方志一道，构成记载中华民族历史的三大支柱。在前人探讨的基础上，林加奇对谱牒文化研究的定位与功能作出了新的表述，即“寻根谒祖，固存史之基；以古为镜，启资政之慧；树德立志，追教化之远”，力求将谱牒文化研究的定位、功能和目标指向更为明确具体、更为完善的方向。江西省谱牒研究会创会于20世纪90年代初，是全国唯一冠以“谱牒”之名的学术团体。近年来，其社会知名度及影响面持续扩大，这对南昌师范学院来说，也是一种利好。

近年来，江西省谱牒研究会开展了形式多样、内容丰富的谱牒文化研究与宣传活动，与江西日报社、新法制报社联合举办的历时半年的以“点赞了，我的家风”为主题的大型活动就是其中之一。活动动员广泛，采取新闻发布、专题研讨、记者采访、小组采风、征文评比等多种方式，得到各界人士的广泛关注，取得了良好的效果，新华网、中国日报网、凤凰网、中国江西网、大江网、《江西日报》等数十家网络媒体、平面媒体对活动进行了报道，收到省内外参评稿件1000多篇。

文化是一个国家、一个民族的灵魂。文化自信是最基础、最广泛、最深厚的自信，是一个国家、一个民族发展中最基本、最深沉、最持久的力量。这也正是林加奇坚守谱牒研究事业的信念与根基。

传承优秀历史文化，坚定文化自信，钩沉史实，启迪后人，大力发掘推广江西省优秀传统谱牒文化品牌，是谱牒研究工作的重中之重。在各方共同协同下，中央纪委国家监委网站陆续推介了江西省14个家族姓氏家风典范，他们是：（1）义宁陈氏；（2）婺源詹氏；（3）德兴董氏；（4）永修“样式雷”；（5）南昌汪山土库；（6）九江浔阳陶氏；（7）浮梁沧溪村；（8）江西义门陈；（9）金溪陆九渊家族；（10）鄱阳刘氏（刘应麟）；（11）婺源朱熹；（12）修水黄庭坚；（13）吉安胡铨；（14）江西临川汤显祖。这些品牌，既是华夏悠久历史文明的璀璨明珠，也是令后人为之骄傲和振奋的文化自信的重要典范，其影响至深至远。

江西省谱牒研究会2014年换届选举会员代表大会合影　第一排左十为林加奇

才艺与娱乐

林加奇兴趣爱好较为广泛，他研究格律诗词，一些作品已正式发表；他坚持游泳 20 多年，可长游 2000 米以上；还多年坚持练习双杠、俯卧撑等运动项目。

2021 年 5 月 31 日，南昌师范学院举办“永远跟党走”庆祝中国共产党成立 100 周年爱国主义歌曲合唱比赛　领唱为林加奇

据悉，从街头独唱表演、创作稚嫩的话剧相声并自导自演、器乐伴奏到担负歌咏比赛主持、上演压台节目，林加奇都有所涉猎。当年到农村插队落户，林加奇经常一台节目走村串户闹新年。大学四年，林加奇一直担任校学生会文艺部部长。在江西大学任教期间，校团委、学生会也经常向他分派节目，或许师生同台更提“人气”吧，他表演的节目经常广受好评。

林加奇曾深有体会地说：“参与师生的活动，是亲近群众，与大家打成一片的好方式。”2021 年 5 月，应离退休老同志合唱团的邀请，林加奇作为退休老同志的一员，参加南昌师范学院“永远跟党走”庆祝中国共产党成立 100 周年爱国主义歌曲合唱比赛。他深情领唱的红歌《过雪山草地》多次博得观众的阵阵掌声。

最后，谨附上林加奇所作诗词两首，以飨读者。

七律

为黎川一中七十周年校庆而作

2011 年 5 月于南美途中

西风东渐化沧桑，
圣庙翻然作课堂❶。
战火连天违笔墨❷，
新潮涌地继书香。
云飞万里情无界，
燕去千程信有疆。
坛下雨蕉应未改，
今朝碧色更浓妆。

❶1941 年黎川中学建校，孔庙辟为学堂，父母亲立校之初即就读于此。

❷当年抗战烽火燃遍祖国，广袤山河容不下一张书桌，父辈们一腔热血，投笔从戎，留下可歌可泣的事迹，让人缅怀。

寰海清

谱牒志

2020 年 1 月 24 日，除夕

拜别人猿，
蒙童渐远，
野火炊烟。
华夏曙光初现，
播洒人间。
青春骊歌漾，
炎黄伟，
一梦醒、穿越千年。

狄戎问鼎中原，

马背上胡服剑舞蹁跹。
血色残阳，
农耕游牧相缘。
离人乱世念乡梓，
文明激荡续新篇。
寻根无界域，
尚先人、奉黎元。

徐求真：凝心聚力过“评估”
奋楫扬帆正当时

徐求真，教授，博士生导师，2017 年 11 月—2021 年 2 月任南昌师范学院党委副书记、校长。

问：您在学校工作这几年，是学校落实“十三五”目标任务的重要时期，请问，这几年中学校最重要的工作、最关键的任务是什么？

答：2017 年 11 月，江西省委任命我为南昌师范学院党委副书记、校长，于是我从南昌大学调到南昌师范学院工作。当时，学校最主要的工作任务就是接受教育部本科教学工作合格评估，最关键的任务是以评促建，在准备评估的过程中改善学校办学条件，提高学校教育教学水平，促进学校内涵式发展。学校改制更名后，在“十三五”规划期内，首当其冲的考验就是通过教育部本科教学工作合格评估，只有通过合格评估，才可以说是一所合格的普通本科高校。合格评估事关学校事业发展，事关师生员工切身利益，可以说，通过合格评估是一件具有“生命线”意义的大事。因此，那几年，学校各项工作，都围绕“迎评促建”来展开、来推动。

问：“迎评促建”是学校重中之重的工作，需要调动全校师生员工的力量一起完成。请您介绍一下，当时学校“迎评促建”的状态是怎么样的？

答：学校“迎评促建”的工作启动得比较早。早在 2016 年 7 月，学校就启动了本科教学工作合格评估评建工作，成立了组织机构，明确了目标任务和方法步骤。“迎评”工作的基础打好了，但是困难仍然不少。

2020 年 6 月 29 日，南昌师范学院举行 2020 年毕业典礼暨学位授予仪式　徐求真致辞

底子薄、时间紧、任务重是当时最迫切的现实问题，而最大的“拦路虎”就是部分教职员工思想还没完全聚焦到“迎评促建”上面来，全校上下还没有完全聚集一股气、拧成一股绳、形成一盘棋。发现这个问题后，我和学校领导班子一起多次到师生中调研，深入查找分析原因，研究制订改进办法。在此基础上，2018 年 3 月 6 日，学校专门召开了合格评估工作推进会，再次对“迎评促建”工作进行了部署。会议指出，要以“全力以赴”的状态来“迎评促建”，把全力以赴当作一种积极主动、永远奋力向前的精神，一种不计报酬、不畏艰难、不找借口去完成任务的态度，一种排除万难、突破瓶颈制约的不懈力量，一种时不我

待、主动担当的责任，号召全校师生坚定信心、协力一心，不达目的誓不罢休。经过这次会议，全体人员进一步统一了思想、凝聚了人心、调动了积极性。经过努力，可以说全校师生的积极性空前地被调动起来了，师生们“站位高了、抱怨少了、理念新了、腰杆直了、劲头足了、合力大了”。

2019年1月10日，徐求真（右一）代表学校向欧阳自远院士颁发荣誉教授证书

大家非常欣喜地发现，无论是工作日还是节假日，甚至寒暑假，教职工不再抱怨改制后任务更重、要求更高，而是自觉地把自己的工作与“迎评促建”结合起来，与学校的发展结合起来，干劲很足，精神状态非常好。同学们也非常努力，自觉加强学习、积极开展校园文化活动，处处都是学习场所，到处都洋溢着积极向上的校园文化氛围。可以说，通过合格评估真正凝聚了全校师生员工的精气神，充实了学校的大学文化，实现了学校的蜕变和跨越。

问：这几年，学校在补充短板方面做了哪些工作？学校是怎么努力“迎评促建”的？

答：学校于2013年由成人本科高校改制为普通本科高校，由于两种办学体制要求不一样，对照“合格”的标准，当时学校在“人、财、物”等方面都还有差距，因此，学校千方百计加强软硬件建设，补齐办学条件短板。工作任务主要集中在以下三个方面。

一是加大高层次人才引进力度。在财力非常紧张的情况下，投入5000万元实施“百名博士引进计划”。学校博士数由2017年年底的49人增加至2019年年底的98人，增长一倍，同时鼓励30余名教职工在职攻读博士学位。

二是进一步优化提升教学、科研、服务设施与条件。按评估要求购置满足教学需要的教学仪器、图书资料，2019 年评估时教学仪器设备总值达到 8020 万元，比 2012 年增加了 111%；图书总量达到 93 万册，比 2012 年增加了 54%。

三是加快推进基础设施建设。校园基础设施是合格评估的关键性指标。为加快建设步伐，学校通过多方努力、历尽艰辛，终于以较低价格在昌北校区西侧购置土地 120.45 亩，缓解了校园面积不足的问题，新建了学生公寓、智慧教育大楼、智慧教室、校史馆、校园书吧；完成了校园主干道“白改黑”；进行了电力扩容；改造了桂园等校内公园环境，建设了师德长廊和师德体验馆。这些基本建设搞完后，整个校园面貌焕然一新。特别值得一提的是，2019 年新建的两栋学生宿舍和智慧教育大楼工程，克服阴雨连绵等恶劣天气影响，从开工到建成投入使用，只花了 8 个月时间，而且建筑质量优良，获得了南昌市城建局颁发的“建筑工程安全文明标准化示范工地”光荣称号。2019 年新建的校史馆项目，从开工到开馆，只用了 50 多天时间。昌北校区主干道白改黑工程，只用了一个周末两天的时间。这些基础设施条件的改善，不仅满足了评估的要求，更为学校下一步发展打下了坚实的基础。这既是学校领导班子高度重视、高位推动的结果，也是全校师生付出的智慧和汗水的结晶。

这里有两个小故事让我印象深刻。一个是在一次师生见面会上教育学院一名大四的学生告诉我的一件事。他的一位高中同学在南昌的另一所高校上学，这位同学在 2016 年和 2019 年两次来南昌师范学院看望他，第二次来时，他惊叹道：“我来的是同一个学校吗？这变化也太让人惊讶了。”这说明这几年的建设确实改变了学校面貌，取得了显著的成效。这是学校外在的变化。二是有一次晚上八点多钟的时候，我和同事在校园散步时，发现一个教研室的几位年轻教师还在教室里磨课。看到他们反复打磨的那股劲头，真是令我感慨，真的感觉到大家工作的精气神上来了，为了工作都在“撸起袖子加油干”。这是学校内在的质的变化。

2019 年 12 月 31 日，南昌师范学院召开“校长有约”学生座谈会

问：我们学校作为一所师范类本科高校，既有师范类专业，又有非师范类专业，学校提出了应用型、师范性、地方性“一型两性”的办学定位。请问，学校在坚持“一型两性”、办出特色方面有哪些顶层设计？

答：学校以师范教育“起家”，以教师教育“兴业”，“师范”的特色比较鲜明，长期以来形成了“以师为主、根植地方、突出应用”的办学传统。在办学过程中，我们秉承基础教育“质量共同体”的理念，与中小学校、地方教育行政部门一道，致力于构建培养、培训、研究、服务“四位一体”教师教育体系。

一是坚持师范为主的办学定位。我校在本科专业设置、招生计划等方面，都坚持以师范为主。当时师范专业占比 60%，师范生占比超过 70%，这在全国师范院校中都是不多见的。

二是坚持职后培训与职前培养互通。我校依托江西省教育干部培训中心、江西省中小学教师远程培训中心、江西省中小学教师培训学分管理办公室等平台，实现了职后培训与职前培养互通、资源共享。

三是基础教育研究与师范生培养互相促进。我校通过编撰历年《江西省基础教育发展报告》，编印《江西基础教育参考》，举办江西省基础教育四十人论坛、江西省学前教育高峰论坛等，将研究成果应用在人才培养中。

四是平台服务与人才培养互动。我校牵头成立了江西省教育学会中学校长、小学校长、幼儿园园长研究会，搭建中小学暨幼儿园校长（园长）与师生研讨、交流、对话平台。那几年，学校还与江西省教育厅基础教育质量监测与评估中心、南昌市教育局、南昌市经济技术开发区等深度合作，开展义务教育学校质量监测及增值评价、中小学办学绩效第三方评估、中小学教研指导、教育系统领军人才培养、特色高中跟踪指导服务、合办附属小学和幼儿园等，社会反响非常好。

关于非师范类专业人才培养，我们觉得关键在于应用，在于“产教融合”，在于服务地方经济社会发展。学校遵循“校政企合作、产学研贯通”的思路，围绕江西经济社会发展需要，推动非师范专业与师范专业协调发展，策应江西教育强省、文化强省、旅游强省等战略，打造文旅融合类专业群，加强了与政府部门、行业企业的合作交流。

问：您在南昌师范学院工作的这几年，学校取得了较快的发展，也遇到了一些挑战。一路走来，有哪些事是您印象非常深刻的呢？遇到困难的时候，您是怎么解决或者克服的？

答：几年来，我与南昌师范学院全体师生同奋斗、共发展，许许多多的人和事都让我印象深刻，深受感动。谈到印象深刻的事情或遇到的困难，我觉得有两点值得一提。

一是教职工观念的转变。我到学校工作后，发现学校最主要的问题是全校干事创业的精气神还不是特别足，部分教职工的思想观念还停留在对成人高校的认识和做法上，还不能很好地适应新建本科院校转型发展的新要求。为此，借着合格评估“迎评促建”的机会，我和班子成员深入各部门、各单位开展工作，大兴学习之风，鼓励大家转变观念，牢固树立科学的普通高等教育发展观。经过几年的努力，尤其是经过合格评估，现在的南昌师范学院已经完成了蜕变。

二是克服财力紧张的困难。我们都知道，学校事业的发展，需要财力的支撑。但因为学校改制的时间不长，办学底子比较薄，历史欠账比较多，包袱比较重，收入来源单一，刚性支出又很大，仅人头费支出就占了很大比重，经济压力非同小可。为了缓解经济压力，我和班子成员统一思想，努力开源节流、攻坚克难。同时，常跑财政厅，积极争取中央财政、省财政等政策资金支持。记得有一次，我和分管财务工作的同志到省财政厅去汇报工作，到那里发现财政厅的门卫竟然认识我们学校的公务用车，从侧面说明我们积极去省财政厅沟通、汇报，争取支持。几年来，虽然困难重重，但我们基本民生福祉的支出同样大幅增加，教职工的幸福感增强了；对教育教学、基础设施的投入大幅增加，为学校顺利通过合格评估提供了保障，也为学校下一步发展奠定了坚实的基础。

问：在学校70周年校庆之际，您对学校发展和对老师、同学有什么建议和期待呢？

答：白驹过隙，弹指间，我在南昌师范学院已工作了5个年头。和大家一起攻坚克难、奋力前行的时光令我难忘，我深切地感受到学校几年来日新月异的变化，深刻体会到了南师院人不甘人后、积极进取的精神。

值此建校70周年之际，祝愿学校在建设高等教育强国的征途上，乘着顺利通过合格评估、列入全省硕士学位重点建设单位的东风，继往开来、开拓创新、踔厉奋发，不断谱写南昌师范学院改革发展的新篇章！

胡业华：功成不必在我，功成必定有我

胡业华，江西九江人，教授，1985 年江西农业大学研究生毕业后来到江西教育学院（南昌师范学院前身）工作，历任生物系副主任、教务处处长、校长助理。2008 年 6 月至 2022 年 4 月调任江西科技师范大学党委委员、副校长，兼任全国教育专业学位研究生教育指导委员会职业教育专家组成员，全国职业教育校长教师培训专家组成员，江西省动物学会副理事长，江西省教育学会生物专业委员会理事长。

问：请您简单介绍一下在学校生物系从事教育工作的经历。

答：我在江西教育学院工作的时间是比较长的，从 1985 年研究生毕业参加工作一直到 2008 年去江西科技师范大学工作，一共有 23 年的时间，可以说我人生最美好的年华都留在了这里。我在学校的工作主要分两个阶段，第一阶段是 1985 年至 1997 年，主要在生物系工作；第二阶段是 1998 年至 2008 年，主要在教务处工作。

在生物系工作期间，除当老师外，我还承担了比较多的管理工作，如教研室主任、班主任、教学秘书、系主任助理、系副主任，还主持了近三年系党总支的工作。在这一阶段我印象比较深的事情有三件：**一是**

参与生物系的创建工作。生物系完全是在学校领导、历任系领导和包括我在内的全体教职工的共同努力下从无到有建设起来的，创建过程有艰辛，也有快乐，回味无穷，特别是在一个个实验室的建设上，大家都付出了很多的心血和精力。**二是积极参与生物教育专业的升格工作**。我们生物系教学这一块有两个层次，刚开始是1986年开办的成人生物教育专科，招的都是中学在职教师，以脱产和函授两种形式进修学习（脱产两年，函授三年）。在此基础上，当时的系领导带着我们积极申报生物教育本科，1993年我们先办生物本科预科班，1994年生物本科获得教育部正式批准，使系里的办学层次在短时间内上了一个台阶。**三是积极开展校企合作办学**。20世纪90年代，校企合作办学还是少的，我们为了拓展办学途径、更好地服务经济社会，在1996年就跟当时位于金溪县的江西亚星抗生素厂合办了一个生物专科班，招收当地的学生，为工厂培养技术工人。

问：而后您担任学校教务处处长及校长助理，在这段经历中，您主要开展了哪些工作？有没有什么人、什么事令您的印象比较深刻呢？

答：1998年2月份，我就从生物系调到学校教务处担任教务处处长（2007年开始兼任校长助理），到2008年共10年时间。在我担任教务处处长期间，有三个方面的工作让我印象比较深：**第一个方面的工作就是开办普通高等教育**。因为我们一直是成人高校，随着高等教育大发展，成人办学规模已经越来越小，路子越走越窄。当时学校的主要领导认为学校要紧跟高等教育发展的步伐，逐步向普通高等教育转变。所以从1999年开始，我们在成人教育的基础上，第一次招收了普通专科学生。从2002年开始，我们又积极争取与南昌大学合作招收普通本科学生。普通教育的开办为学校后来的改制工作奠定了坚实的基础。**第二个方面的工作就是强化我们的教师培训工作特色**。因为我们是教育学院，中小学教师职后培训是我们的职责，那10年我们在教师培训这一块做得还是非常好的，成了江西省中小学教师培训工作的中心，成了江西省教师培训工作名副其实的龙头。在这方面有三件事值得一提：一是我们在1999年开始了大规模的全省高中骨干教师培训，省内各地高中的骨干教师都要分期分批到我们学校参加培训，后来也相继开展了初中骨干教师培训。二是在2001年全国基础教育开展课程改革时，我们及时参与基础教育新课程的教师培训，承担了三个专业的国家级培训，开展了全省的基础教育新课程省级培训，使教师培训工作的龙头作用得到很好的发挥。三是启动了全江西省中小学教师的全员培训。根据教育部的规定，中小学教师每年都要接受继续教育培训，5年为1周期，要完成240学时。这项工作人多量大，非常难以开展。2005年，我们请示省教育厅成立了江西省中小学教师远程培训中心，依托全国中小学教师继续教育网以远程方式在全省启动了全员培训，每年培训数十万人，影响很大，得到教育部和江西省教育厅的高度评价，进一步稳固了学校在省里的教育培训龙头地位。**第三个方面的工作是全力提高学校教学管理能力。**这其中有两件事我们做得也是不错的。一是从1998年开始，我们做了教师个人教学效果的评估，督促教师提高教学效果，对效果差的教师采取停课处理。二是到了2004年、2005年，我们还做了对教学单位的教学管理评估。通过这两个评估，对于规范教学管理、提高教学质量起到了非常好的作用，也是走在很多高校的前面。

问：从学校离开后，您是否回过学校？现在的学校和当时的学校对比，有什么不一样的地方呢？看到这些变化您有哪些感受？

答：因为原来就住在老校区家属区，我经常会去学校走走逛逛，加上很多朋友都在学校，所以我对学校的发展变化是很关注的，对于学校的发展情况也是比较了解的。学校这些年取得了令人瞩目的成绩，一是改制成功，由成人高校改制为普通本科高校；二是顺利通过合格评估；三是2021年学校被列入江西省“十四五”新增硕士学位授予重点建设单位，这些都是学校领导班子和全体教职工上下一心、团结奋斗的结果。学校几任领导班子工作思路清晰，克服学校规模比较小、基础比较弱的困难，积极探索，走出了符合学校特色的发展之路。当前，学校正处于高质量内涵式发展的上升期，让我感到非常欣慰。

问：今年是学校70周年校庆，您有什么祝福想对学校说呢？对学校以后的发展，您有什么建议和期待呢？

答：希望我们南昌师范学院继续坚持并发扬好办学传统，牢牢守住教师培训这个主阵地，进一步落实立德树人根本任务，强化学科专业内涵建设，坚持特色发展，实现学校的层次不断上升、规模不断扩大、实力不断增强的目标。希望学校越来越好！

夏启国：我为南昌师范学院所取得的成绩感到骄傲和自豪

夏启国，江西九江人，2013年5月至2016年10月任南昌师范学院党委委员、副校长，分管组织、人事、财务、基建、后勤、保卫、成教等工作。现任九江学院党委委员、副校长。

改制成功是一个新的起点

2013年5月，根据组织上的安排，夏启国调到学校工作，正值学校由成人本科高校成功改制为普通本科高校，办学条件艰苦、各项工作任务都很重。“在省委省政府、省委教育工委、省教育厅的关心和大力支持下，学校把改制迎评作为一场硬仗来打，主要领导全力介入，分管领导全程投入、精心谋划、主动出击，全校上下师生员工团结一心，大家锚定一个目标，就是要改制成功，实现学校历史性变革。”

夏启国到校工作后，就面临一项非常艰巨的任务，一些工程项目还未完工，特别是6—8号学生公寓还未封顶，内部装修及附属设施建设还没有到位，宿舍要赶在9月初新生入学前顺利交付使用。时间紧、任务重，夏启国决心“再难也要啃下这块硬骨头”。那段时间，夏启国吃住几乎都在学校，带领基建、后勤等部门同志，每天都和时间赛跑，在确保安全质量的前提下科学安排，精心组织，务必保证新生入学时顺利入住。“那段时间非常艰苦，记得到了新生开学报到时，个别宿舍的床还没有装好，送孩子上学的家长看到这种情况，亲自为自己的孩子安装床，充分理解学校，还风趣地说能亲手为孩子装床。当时时间紧，承建方还未来得及打扫卫生，学校基建和后勤的同志主动介入，帮忙打扫宿舍卫生，经过大家的共同努力，紧赶快赶总算基本完成了任务。”夏启国说。

此外，在夏启国的努力和督促下，学校公租房建设项目也完成了主体施工并封顶，各项附属设施工程紧锣密鼓进行，同时抓紧做好已完工工程的验收工作，加强对在建工程的管理，逸夫艺术楼施工、装修工作顺利推进，体育馆的规划、设计工作也在有条不紊地推进。

经过一代代南师院人的艰苦创业和奋力拼搏，学校各项事业取得了长足进步。特别是2013年改制更名的成功，实现了由成人本科高校向普通本科高校的华丽转身，拓展了办学的发展平台和空间，为学校的未来展现了新的光明前景，有如“柳暗花明又一村”，凝聚了人心、提振了士气。

聚焦民生，主动回应师生员工关切

对南昌师范学院来说，改制成功只是一个新的起点，怎样在激烈的竞争中抢抓机遇，不断提升水平，实现可持续发展，是摆在全体教职工面前亟待思考和解决的问题。夏启国分管人事、财务、基建、后勤等领域工作，他深刻认识到，广大师生员工是学校的主人，必须千方百计调动他们的积极性，解决民生问题始终是学校改革发展的重要方面。

夏启国认为，南昌师范学院刚从成人高校转为普通本科师范院校，在办学理念、管理体制、行为方式诸多方面，还深刻烙印着以往成人本科办学的印迹。必须破旧立新，在人事管理上要向省内兄弟本科院校学习，要建立一套适合普通高校的人事制度，着力解决教师待遇、师资结构和教师职称问题。教师结构必须老、中、青相结合，通过公开招聘，把优秀的人才、青年才俊吸纳到教师队伍中来。为了解决教师待遇和职称问题，夏启国带着人事处的负责同志，多次到江西省人社厅沟通，争取支持，并召开教职工座谈会，带头宣讲学校职称评聘方案，听取一线教师的心声，着力解决教师急难愁盼问题。在不断努力下，学校职称评聘工作更加规范、透明，既考虑到了历史遗留问题需要照顾，又兼顾到了引进人才要留得住、用得上。

2016 年 5 月 4 日纪念五四运动 97 周年暨表彰大会　右二为夏启国

为努力提高教职工收入水平，学校实施了绩效工资方案。在夏启国的努力推动下，进一步促进了学校内部管理体制改革，理顺了收入分配关系，逐步提高了教职工特别是一线教师的收入；提高了教职工住房公积金缴费基数，公积金增长幅度较大；还提高了辅导员的工资标准。

此外，在学校领导的努力下，学校加大资金筹措力度，缓解资金紧张局面。通过努力，2014 年获得 100 万元的基建专项补助和江西省政府 1500 万元资金支持，争取到 1.1 亿元额度的银行贷款，有效解决了学校办学资金压力。此外，学校还着力解决师生员工吃、住、行、医等方面的实际问题。

夏启国认为，作风就是力量，就是形象。他要求分管的部门要强化务实的理念，不断转变和改进工作作风，牢固树立责任意识和强化执行观念，用心倾听师生呼声，真情关心师生困难，低调务实、少说多干、敢于担当、积极作为。要牢固树立全局意识，在“一盘棋”的格局下，以是否有利于学校事业发展、是否有利于师生幸福指数的提高作为评判一切工作的前提。只有不断改进工作作风，才能进一步弘扬干事创业、开拓创新的氛围，才能进一步汇聚提高质量、推动发展、改善民生的正能量。

南昌师范学院将会越来越好

学校事业的发展靠年轻同志，年轻干部是“后浪”，当“后浪”脱去青涩的外衣后，必将是未来新的中坚力量。在分管组织工作期间，面对学校干部结构严重的倒三角不太合理的问题，在学校党委的领导和班子成员的大力支持下，夏启国着力助推选拔、任用年轻干部，实行“小步快跑”方略。“要充分发掘年轻干部的潜力，积极主动培养和推荐那些想干事、会干事、能干事、干成事的优秀年轻干部，要把他们放在备战打仗一线、吃苦要紧岗位和急难险重任务中摔打磨炼，让他们敢接‘烫手山芋’、当‘热锅上的蚂蚁’、办‘左右为难的事’，在经历风雨和艰苦斗争中练就能干事的硬本领、能担当的宽肩膀。”

视察新生报到，左一为夏启国

夏启国感慨地说：“从大局出发，培养年轻干部的眼界要放宽一些，年轻干部干事热情就会更高，当年选拔、重用的年轻干部如殷剑、高翔、常颖、张慧敏、卢小平、张旦丹等一大批青年才俊，现在都已经成为南昌师范学院的中流砥柱。现在回想起来，当时的思想还是保守了一点，步子还小了点。”

谈起南昌师范学院，夏启国非常自豪地说：“我曾经在南昌师范学院工作过，我为南昌师范学院取得的成绩感到骄傲和自豪！”他说，南昌师范学院的校风、学风、教风都很好，这传承了江西教育学院的优良传统，我在这里工作了 1249 天，深刻感受到了学校的变化。“前不久，我专程来到南昌师范学院，走在校园里，看到校园面貌焕然一新，崭新的教学楼、宿舍楼，壮观的创新楼，宽敞的球场，气派的室内体育馆、便捷的室外球场……让我心情格外舒畅！”

2016 年 5 月 17 日，江西省殷美根副省长来校调研　第二排左三为夏启国

夏启国说，最近几年南昌师范学院发生了翻天覆地的变化，2019 年顺利通过教育部本科教学工作合格评估，事业发展迈上了新台阶，开启了新征程。2022 年，学校被列入江西省“十四五”新增硕士学位授予重点建设单位；学前教育专业获批国家一流本科专业建设点；学前教育、音乐学、英语三个专业顺利通过教育部师范类专业第二级认证，其中音乐学专业是江西省高校首次参加师范类专业认证的专业……在学校现任领导班子的带领下，学校的知名度和美誉度在大大提升。这些成绩的取得令人欣喜，也非常来之不易！

“南昌师范学院本科录取分数线逐年上涨，生源结构发生了明显的变化，这是有目共睹的。我相信，未来南昌师范学院还会有更多大事、喜事要发生，‘申硕更大’❶ 近在咫尺，南昌师范学院的明天将会越来越好！”

❶ 申请硕士点，更名为南昌师范大学。

李德平：征途如歌，纸短情长

——我在南昌师范学院的岁月

李德平，河北张家口人，二级教授，博士，硕士生导师。1993年毕业于华东地质学院（现东华理工大学）勘查地球物理专业并留校任教，历任东华理工大学团委副书记、团委书记、学工处（部）处（部）长、文法与艺术学院党委书记、思想政治理论教育教学部主任、党委组织部部长、校长助理等职；2013年5月任东华理工大学党委常委、副校长；2019年5月任南昌师范学院党委副书记；2020年9月任南昌大学党委副书记。

李德平主要从事大学生思想政治教育与创新创业教育的研究，是江西省高校中青年学科带头人、江西省新世纪百千万人才工程人选、江西省模范教师、江西省高校思想政治理论课名师；获省级教学成果奖一等奖4项，江西省社科成果奖2项，主编、参编教材、学术著作5种，公开发表学术论文45篇；兼任中国核工业教育学会副理事长、中国高等教育学会学生工作研究分会副理事长。

问：2019年5月至2020年8月，您调任南昌师范学院担任党委副书记，主要分管学校的组织、宣传、统战、团委工作。在您看来，学校在这些工作上呈现什么样的特点？在这段时间，您都有哪些思考和体会呢？

答：2019年5月，江西省委任命我为南昌师范学院党委副书记，我从东华理工大学来到南昌师范学院工作。在这一年零三个月时间里，我在工作中坚持以习近平新时代中国特色社会主义思想为指导，尽快熟悉学校情况、研判发展形势、融入学校大家庭，聚焦“作示范、勇争先”目标要求，在校党委的正确领导和同事们的帮助下，结合分管工作实际，确定了“党建工作抓标准、宣传工作抓亮点、统战工作抓共识、团委工作抓特色”的工作思路，和同事们一起克服人员不足、经费紧张等困难，贯彻落实党委决策部署，一心想办法把工作做好，推动各项工作落实见效。

2019年7月29日，李德平（第一排中间）带领党务工作者、思政工作者培训班全体学员赴南昌市党章教育馆开展现场教学

一是党建工作抓标准，推动“三化”建设。在抓党建工作中，全面贯彻新时代党的建设总要求和新时代党的组织路线，牢固树立抓好党建是最大政绩的理念，协同配合、精准发力，不断提高学校党的建设质量

和水平，特别是以南昌师范学院列入全省高校基层党建“三化”（标准化、规范化、信息化）建设试点单位为契机，积极推动把“三化”建设作为“书记工程”来抓，以“对标争先建设年”为抓手，研究制定《基层党建标准化规范化信息化建设工作方案》。按照四个方面立标准、六个方面定规范、一张网络联整体的要求，在学校党委、二级学院党委、基层支部三个层面打造了“三化”示范点。通过一系列艰辛努力，学校基层党建“三化”建设成为全省高校“三化”建设工作示范点的样板。2020年七一前夕，时任省委常委、省委组织部部长刘强一行深入学校实地调研基层党建“三化”建设工作，对学校基层党建“三化”建设工作所取得的成效给予了肯定，尤其是对学校将“三化”建设与学校办学理念、办学特色相融合，实现党建工作和业务工作“双促进”“双提升”表示认可，吸引了南昌大学、江西师范大学等20余所兄弟高校来校参观学习。学校研究成果《高校基层党建标准化规范化信息化建设指导手册》被江西省委教育工作委员会采用并在全省高校推广。

二是宣传工作抓亮点，推进宣传思想工作落地见效。宣传思想工作任务重、要求高、难度大，但是使命光荣，其中令我印象特别深刻的是“红色走读”竞赛活动。按照校党委工作部署，我们充分认识到，开展好“红色走读”竞赛活动，是贯彻落实习近平总书记考察江西时提出的关于推进红色基因传承的重要指示精神的具体实践，是落实高校立德树人根本任务的时代要求。因此，我们把“红色走读”不仅当作一次竞赛活动来抓，更是作为一堂生动的思政课来抓，当作亮点工作来抓。于是，我第一时间组织相关部门负责同志召开专题会议，研究制定活动实施总体方案；五次组织召开工作推进会，助力活动走深走实。学校还通过官网、官微等平台加大宣传力度，逐层动员校、院、班结合自身专业特色制定活动方案，通过“云班会”“云团日”精心组织，落实到人；吸引了8000余名学生参与“线上云游”，1000余名学生提交参赛“云游作品”104件，第二阶段共有30个“红色走读”团队、150余名学生先后前往于都、井冈山、上饶、南昌等地的爱国主义教育基地开展实地走读。最终，“红色走读”成果在江西省评比中斩获佳绩，一等奖获奖数量与南昌大学、东华理工大学并列第一。这项工作得到了时任江西省委常委、江西省委宣传部部长施小琳的充分认可。

2019 年 10 月 6 日，南昌师范学院组织党员干部参观“赣籍开国将军百战图大型创作”展览　第一排左五为李德平

三是统战工作抓共识，推进学校发展，凝聚广泛智慧和磅礴力量。坚持以习近平总书记关于加强和改进统一战线工作的重要思想为指导，切实加强党对统战工作的集中统一领导，不折不扣贯彻中央、省委关于统一战线工作的决策部署，牢固树立“统战工作是全党的工作”意识，紧扣凝聚人心这个根本，突出思想政治引领这条主线，全面落实“四个纳入、三个带头”要求，学校党委领导班子成员带头抓好分管领域和联系单位统战工作，带头广交深交党外朋友，与党外知识分子联谊，动员党外知识分子积极投身学校合格评估工作，形成共识，为推进学校发展凝聚广泛智慧和磅礴力量。2020 年 9 月，民盟南昌师范学院委员会荣获民盟中央“盟务工作先进基层组织”荣誉称号，受到民盟中央委员会表彰。

2019 年 10 月 23 日，南昌师范学院在南师附小新龙校区正式成立青风学堂分队　右三为李德平

四是团委工作抓特色，推进青风学堂品牌化建设。青风学堂是南昌师范学院“五青”思政工作体系的重要一环，经过团委同志们几年的辛勤努力，在传承红色基因、传播中华优秀传统文化、训练推广师范生语言技能方面做了大量工作，奠定了很好的工作基础。在我分管团委工作时，注重抓特色工作，尤其是推进青风学堂品牌化建设，擦亮青风学堂“红色基因传承”品牌。在这一年多时间里，青风学堂围绕思政教育创新工作载体，以推进“红色基因传承”为主线，主创了江西省“不忘初心、牢记使命”主题教育师德故事会等 4 场主题故事会。青风学堂 4 个原创作品作为江西省高校“诵读红色家书，讲述英烈故事”固定节目在全省各地各校巡回演出。为落实时任省委书记刘奇在学校与青风学堂师生座谈交流时提出来的“要把好的经验做法推广出去”的重要指示，在这一年多时间里，青风学堂以“大手牵小手”的方式，先后在全省 21 所中小学及校内 12 个院系组建青风学堂分队，形成了“党建带团建，团建带队建”的大中小学生一体化的宣讲模式。与此同时，注重成果凝练，在学校的积极申报下，2020 年 1 月，江西省委教育工作委员会、江西省教育厅在学校设立“江西省学校红色文化宣讲基地”，形成“高

校—红色文化基地—中小学”联动的格局；青风学堂红色故事创演项目还成功入选教育部2020年“高校思想政治工作实践育人精品项目”。

问：您在校工作时间虽然比较短，却恰逢学校发展至关重要的一年。这一年，学校顺利通过了教育部本科教学工作合格评估，您全程经历了迎评，请问您当时的感受是怎么样的？

答：栉风沐雨秉初心，奋楫笃行勇担当。在南昌师范学院工作的一年，是学校发展至关重要的一年，我全程经历了学校接受教育部本科教学工作合格评估的过程。印象比较深刻的是，到学校任职的第二周，金平书记、求真校长就安排我与工作组一起打磨迎评材料。在这期间，我不断推动分管部门围绕“落实教学中心地位”，坚持立德树人根本任务，开展迎评工作，比如迎评促建宣传工作、全校迎评氛围营造、在教学楼加强亭楼文化建设、充分发挥党组织和党员先锋模范作用、“五青”思政特色材料支撑等。本科教学工作合格评估，事关学校未来发展、事关师生员工切身利益，尽管全校师生没经历过，但是为了学校的发展，大家每个人都很拼，统一思想，齐心协力，一步一个脚印，摸着石头过河，解决了很多学校事业发展中长期想解决而没有解决的难题，对标评估指标体系完成了各项工作。功夫不负有心人，学校得到了教育部普通高等学校本科教学工作合格评估专家组的充分肯定，并顺利通过了教育部本科教学工作合格评估，这意味着学校事业发展迈上了新台阶、开启了新征程。

问：长期以来，您一直在高等教育领域深耕，对创新创业教育有专门研究，是这方面的专家。一路走来，您有哪些经验和我们分享呢？

答：在学校工作的这一年多时间，我十分关注学校的创新创业教育。我了解到，学校历来重视大学生创新创业教育工作，近年来深入研究创新创业人才培养规律，落实立德树人根本任务，紧密结合学校人才培养目标，践行“专创融合、思创融合、科创融合”的“三融合”创新创业教育理念，全面深化创新创业教育改革，把创新创业教育贯穿人才培养全过程。**专创融合方面，**学校已经做了很多工作，比如优化和完善人才培养方案，设立“创新创业教育及课外素质教育模块”，开设创新创业教育必修课程。**思创融合方面，**学校进行了有益的探索，比如罗小庆同学负责的“一线生鸡”大学生助农创业项目，仅在校期间，就获得第四届中国“互联网+”大学生创新创业大赛“青年红色筑梦之旅”赛道铜奖等近十项荣誉。2019 年毕业后，她还在南昌市进贤县二塘乡选址，建立了 100 亩的“一线生鸡”大学生助农创业基地。面对资金问题、场地问题、硬件设施、喂养技术、销售渠道等创业路上的诸多问题，罗小庆积极应对，一一想办法解决。从罗小庆身上，我们看到了新一代大学生的创业精神、创业意志，令人敬佩。**科创融合方面**，还有很多工作可以做，创业教育不仅仅在课堂上进行，还可以在社会、企业进行，基于此，可以邀请更多的专业课教师进行指导，特别是可以邀请有创业经验的老师带着做，可以像南昌大学一样设第三学期，学生在第三学期到校友企业蹲点，了解企业运营，这对学生今后走上创业路很有帮助。

问：2021 年是南昌大学 100 周年校庆，南昌大学举办了隆重、热烈的系列庆祝活动，取得了很好的效果，扩大了南昌大学的社会影响力。2022 年是南昌师范学院 70 周年校庆，非常欢迎您回学校参加庆祝活动，您有哪些宝贵的经验和我们分享呢？

答：2020 年 9 月，根据省委安排，我离开南昌师范学院来到南昌大学工作，其中一项工作就是主抓南昌大学 100 周年校庆。在筹备南昌大学 100 周年校庆时，主要有三点体会。

一是始终聚焦目标精准定位。南昌大学 100 周年校庆凸显“人文校庆、学术校庆、校友校庆”三个定位。**人文校庆**，主要开展的工作有：建设文创馆、校史馆、校友捐赠墙，编撰校史，制作画册、宣传片、校歌、校园地图等。**学术校庆**，通过开展一系列学术交流活动，各学院每周邀请校友、专家来校做讲座共计100场，围绕“深化新时代教育评价改革，构建高水平大学评价体系”主题，召开全国九所地方综合性大学协作会（SC9）第二十七届会议。**校友校庆**，一方面是相关校庆工作委托校友来做，比如文创产品委托给南昌大学江西校友企业联合会负责，另一方面是组织校友活动，比如举办各地校友校旗接力，在学校举办首届校友足球赛等。**二是主动融入江西工作大局**。校庆期间，学校举办南昌大学办学100周年发展大会暨科技自立自强助推江西产业高质量发展高峰论坛，发挥学校学科优势，对接江西省产业，举行有色金属与先进材料、虚拟现实与数字经济、生物医药与健康、江西绿色食品、流域碳中和与生态文明建设、新时代江西旅游等6个分论坛，邀请30位左右南昌大学校友院士、江西籍院士及相关学科院士为江西产业经济、技术发展把脉问诊。校庆与江西工作大局结合起来，就能得到省里更多支持。**三是充分调动一切积极因素**。校庆是一项系统工程，各项工作涉及方方面面，这就需要充分调动一切积极因素，包括教师的、学生的，校内的、校外的，各种因素调动起来，这是至关重要的。为了筹备南昌大学100周年校庆，党员干部带头，全体师生齐心协力，发挥聪明才智，加班加点，不辞辛苦，默默奉献，都在为校庆出力。还有很多校友不计报酬，参与到校庆工作中来。

问：在学校70周年校庆之际，您对学校有什么样的祝福呢？

答：七十载风雨，铸英才无数；七十载沧桑，育桃李满园。饮水思源，作为曾经在南昌师范学院工作的一员，我对学校有很深的感情，也密切关注着学校的建设和发展。在江西省委省政府正确领导和江西省委教育工作委员会、江西省教育厅的有力指导下，我相信南昌师范学院一定会紧紧围绕立德树人根本任务，特色办学、抢抓机遇，科学谋划、争创一流，早日实现“申硕更大”目标。

刘忠：江西教育学院奠定事业发展基础

刘忠，江西吉水人，研究生学历，现任江西省萍乡市委统战部副部长、市工商联党组书记。1988年8月至2000年11月在学校工作，历任江西教育学院（南昌师范学院前身）院长办公室秘书、院长办公室秘书科科长、院长办公室主任助理、院长办公室副主任。2000年11月被选派挂职担任萍乡市安源区政府副区长，历任安源区委常委、宣传部部长、统战部部长，萍乡日报社社长。

问：您在校期间印象最深的事情有哪些？

答：我在校期间，历任办公室秘书、秘书科科长和办公室主任助理、副主任，经历了4届学校领导班子，这12年时光，我在参与政务、做好服务、处理事务方面都得到了锻炼。校党委书记、校长、办公室主任和其他同事都给予了我细心的指导和悉心的帮助，这些对于我文字功底的增强、协调能力的提升乃至我到萍乡工作，至今都是一笔宝贵的财富，可以说是受益终生。

谈到印象最深刻的一件事情，那是我第一次出差。记得是刚工作不久的一个冬天，我陪同校长到北京去当时的国家教育委员会汇报省级教育学院的复办审核事宜。出发前一晚，我一个通宵完成了汇报材料的润色整理，第二天又陪同领导赴京，真正感受到了办公室工作的不易和秘书工作的辛苦。到京后，我参加了汇报工作，这个过程中，我的文字处理、应急处置、事务协调等多方面能力都得到了充分锻炼。

刘忠（左一）在萍乡市上栗县赣湘合作工业园走访企业

在校时，我与招待所、档案室、外事办、总机房等部门的同志合作很融洽，大家在和谐的共事氛围中相互帮助、相互支持。办公室的工作繁杂，经常加班加点，但大家都互相鼓励、乐在其中，办公室的工作也得到了李以镔、章启明、胡振鹏、王振东等历任校长的关心指导和爱护支持。

还有一件印象比较深刻的事情，是陪同校长检查基础教育工作。那是我第一次省内出差，是去上饶玉山县，也是我第一次接触基础教育。当时下到县区，亲身体会了基层教师的酸甜苦辣，学校作为江西教育事业的工作“母机”，职责使命是神圣的，自己作为江西教育学院的一员，使命光荣、责任重大，这也更加坚定了我做好本职工作的决心。

问：请您用一句话概括您在学校的工作经历。

答：端正态度，恪守初心，认真干事，精益求精。

问：在70年校庆前夕，您有什么话想对当年的同事、老师和现在的同学们说？

答："没有爱，就没有教育"，这是著名教育家苏霍姆林斯基说过的一句话。教育是一项充满爱的事业，"爱"必须成为一名教育者的习惯。从成人高校到普通本科高校，尽管学校的体制、名称发生了改变，但是培育优秀师资的职责没有改变，始终承担着培养人类灵魂工程师的使命。希望所有的老师和同学都能一如既往地秉承使命宗旨，始终如一地爱这份事业，共同为江西省的教育事业培养更多德智体美劳素质全面、优秀的人民教师。

邓国胜：南昌师范学院是我学术生涯的起点

邓国胜，江西南城人，1999年毕业于中国人民大学，获法学博士学位；现为清华大学公共管理学院副院长，清华大学21世纪发展研究院院长、教授、博士生导师，公共管理学院社会创新与乡村振兴研究中心主任；曾担任世界银行首届和第二届中国发展市场项目监测与评估专家、“中华慈善奖”评委、“CCTV慈善之夜”专家委员会委员；主要社会兼职有中国社会保障学会常务理事兼慈善分会副会长等。1990年9月至1993年6月在江西教育学院（南昌师范学院前身）人口理论室担任专职教师。

学校给了我学术研究的信心

1990年，二十岁出头的邓国胜从中国人民大学本科一毕业，就投身于江西的教育事业，工作的第一站便是江西教育学院。本科学人口学专业的邓国胜被安排到学校人口理论室担任专职教师。回想起当时的工作经历，邓国胜不由得感慨万千：“时光飞逝，转眼间三十多年过去了，在江西教育学院工作的那段经历，让我受益匪浅！”

20世纪90年代初的江西教育学院规模不大，师生人数不多，办学条件也相对较差，但学校重视科研工作，坚持科研与教学相结合、科研服务于教学的理念，鼓励教师发挥自身优势，通过科研来提高业务素质。人大毕业的邓国胜勤奋好学、天资聪慧、认真刻苦，负责讲授“人口学概论”这门课程，在认真做好教学工作之余，他全身心投入到科学研究之中。“当时学校的整体氛围很好，科研环境很宽松，氛围很浓。”在江西教育学院工作三年期间，邓国胜陆续在《江西教育学院学报》《南方人口》《人口与经济》等刊物上发表了《我国人口生育率的量化分析》《从人口文化程度变化看江西教育发展》《中学人口教育师资培训探微》《江西省家庭人口规模变动及其影响》等理论文章，期间还参加了包括江西省统计局人口普查办公室、江西省社会科学院在内的多家单位的课题研究，学术论文、理论成果屡次获得江西省人口普查办公室一等奖、二等奖。“江西教育学院是我人生的第一个学术研究站口，系列的科研经历让我受到了良好的学术思维的训练，一些理论成果给予了我很大的鼓励，让我树立了学术研究的信心，也助我走上了学术研究的道路。”邓国胜说。

邓国胜课堂风采

良师益友助我振翅翱翔

“饮其流者怀其源，学其成时念其师。”回忆起当时在校的工作和生活，邓国胜感慨地说：“在江西教育学院，我遇到了很多良师益友，是他们帮助我成长。”时隔三十年，回忆起当时的情形，邓国胜觉得就像昨天一样。“当时的人口室主任王贤茂老师，对我们年轻人的未来发展非常关心，他总是尽最大的努力创造条件，让我们在专业技术上成长。”

“当时，人口室教职员工较多，可能是全国教育学院系统人口研究实力最强的一支队伍。除了主任王贤茂外，还有熊伟、明立群、徐中九、宗立、张辉、黄国英和我，大家都很敬业，每周都会定期举办工作例会，在业务上相互交流、相互学习，结下了深厚的友谊。”“当时学院年轻老师很多，除了与人口室的同事交流外，还与其他院系的老师，如何东初、周群、周前、姚晓芳、严孚良、王坚等结下了深厚的友谊，大家相互帮助、共同进步。”

在教学和科研上的历练，不仅强化了邓国胜的拼搏精神、吃苦耐劳的意志力，更让他懂得只有敬业才能延伸事业的长度，只有积累才能增加事业的厚度，因此也让他拓展了学业和事业的新高度。“在这种积极进取的氛围中，先后有同事从江西教育学院考取了硕士、博士，大部分发展得很好。”邓国胜在教学、科研能力上较为突出，在提升学历上也做了长远的规划，于 1993 年考取了中国人民大学的硕士研究生，直到 1999 年博士毕业，后去了清华大学工作，从事公益慈善等方面的教学和研究。

以“社会企业家精神” 为党育人、为国育才

育才造士，国之根本；千秋基业，人才为先。教育肩负着兴国、强国的重任，教育强则国强。作为一名学者，邓国胜认为，一个可持续发展的美好社会，不仅需要企业家，更需要具有社会责任感的社会企业家。“社会企业家”是一种身份特质，意味着一种价值与能力，正如教师具有“传道、授业、解惑”的能力一样，“社会企业家精神”所包含的责任、奉献、担当、使命感、创新变革……也是一名教师所需要并传承的。

邓国胜在清华公益扶贫论坛上发言

南昌师范学院作为一所以培养师范生为主要职能的地方院校，使命在肩、责任重大。邓国胜建议，要优化人才培养方案，合理进行课程体系设计，引入价值维度的培养方案，增加课内外实践环节和公共价值引领等方面的书籍阅读，把这种责任和使命“种在”师范生的心里，逐渐培养师范生高度的社会责任感，使其敢于奉献、实干担当，像支月英、黄大年、张桂梅等教师一样带着使命感和牺牲精神教书育人，点亮他人。

作为长期从事社会创新与乡村振兴、公益慈善、绩效评估与能力建设的专家，邓国胜主编了《乡村振兴研究》（集刊）、《公益慈善概论》《社会创新案例精选》《非营利组织评估》等10余部著作，曾在 *The China Journal*、*The China Review*、*Voluntas*、*Asian Studies Review* 及 *Human Service Organizations*：*Management*，*Leadership & Governance* 等SSCI期刊和《中国社会科学》（英文刊）、《中国行政管理》《中国软科学》《经济社会体制比较》《人口研究》《非营利评论》等期刊发表多篇论文。他表示，实现社会的有效治理和和谐稳定，需要政府、市场及社会的共同努力。干事创业，需要强大的精神激励和价值内驱力，“社会企业家精神”对促进公民素质的提高、构建和谐社会、实现国家的共同富裕至关重要。要用“社会企业家精神”涵养师范生的优良品质，鼓励他们言传身教，用高度的责任感和使命感为党育人、为国育才，承担责任、奉献社会，把小我融入大我，在成就自己的同时，更多地帮助他人，不断促进社会文明与进步。

2022年是学校建校七十周年，七十年奋斗波澜壮阔，七十载创业成就辉煌。邓国胜感恩、感谢学校的栽培，也衷心希望学校继续把思想政治工作和社会主义核心价值观贯穿教育教学全过程，做优做强教师教育，以卓越教师培养为目标，大力推动教师教育协同、可持续发展，不忘初心、砥砺前行，为党育人、为国育才，在教师教育改革发展的康庄大道上踔厉奋发、笃行不怠，为培养造就党和人民满意的高素质专业化创新型基础教育师资队伍、促进基础教育高质量发展作出更大贡献。

陈公重、王忠杭：忆往昔悠悠岁月 贺母校七秩华诞

陈公重，笔名公仲，1934年出生于河南开封，原籍江西永新。南昌大学中文系教授，中国世界华文文学学会名誉副会长，中国小说学会名誉副会长，江西当代文学学会名誉会长。专著和主编的作品有《世界华文文学概要》《中国当代文学史新编》《文学评论的阐释》等22部，并在电视连续剧《井冈之子》中担任编剧、制片人；曾获全国当代文学优秀论著奖、江西省政府优秀文学评论奖、江西省文艺基金优秀影视剧作奖、中共党史人物研究优秀成果奖、华东地区优秀图书一等奖（两次）、江西省高等院校科研成果一等奖、江西社会科学二等奖（两次）等；曾多次应邀赴欧美等地讲学和学术交流，享国务院政府特殊津贴。

王忠杭，1933年9月出生，农工党党员，1952年任南昌第二中学团委书记、政治教员；1955年任南昌市第一中学团委书记、政治教员；1962年，任江西医学院二附院内科医生。1971年在南昌市第二医院（现江西省中西医结合医院）从事医疗工作，任消化内科主任医生。从事内科临床工作40多年，临床经验丰富，擅长诊治消化系统疾病，尤其擅长诊治胃肠道疾病，是江西省消化学会委员；曾连任两届农工党江西省委委员，连任三届农工党南昌市委副主委，连任两届南昌市政协常委；曾任江西光明中西医结合医学院副院长。

“来了，来了，他们来了……”2022 年 7 月的南昌骄阳似火，大家迎接校庆的心情却还在持续“升温”，两位老先生的到来，立刻引起了大家的关注，他们就是年近 90 高龄的陈公重、王忠杭校友。

他们是学校第一批学生

1952 年，那是中国教育变革的年代，中国教育站在了一个新的转折点上，教育部颁布了《中学暂行规程（草案）》《小学暂行规程（草案）》，还对全国高等院校进行了院系调整。这一年，作为江西省最早创办的八所本科高校之一，南昌师范学院从南昌市豫章中学小礼堂起步开始办学。

那一年，全省基础教育中小学师资力量严重不足，其中政治老师尤其缺乏，在校教学的还是一批留用的政治老师，教学观念陈旧，对新形势把握不够，急需一批新鲜血液的加入。当时党中央要求在高中毕业的学生里，快速培养一批可以上岗开展教学的老师。

基于此，陈公重、王忠杭两位老先生从南昌市第一中学和南昌市第二中学毕业后，成了南昌师范学院建校以来的第一批学生，两人于 1952 年 9 月至 1953 年 2 月在江西省中等师资进修学校（南昌师范学院前身）参加培训，结业后分别前往南昌市立中学（南昌市第三中学前身）和南昌市第二中学任教。他们利用在母校所学的一切知识，积极投入政治学科教学，并在各自的学校兼任团委书记开展学生思想政治工作。陈公重还于 1955 年至 1957 年再次返校（南昌师范专科学校时期）进修，此次他学习的方向是语文，为他今后的文学学术生涯奠定了坚实的基础。

学校第一枚校徽的诞生

1953 年，学校第一枚校徽诞生，是由当时参加培训的学生黄志远在结业之际设计出来的。黄志远是陈公重、王忠杭的同班同学，“黄志远是我们这批同学里面最优秀出彩的，他是全省的三好学生，知识面很广。当时他把校徽设计出来，大家看着都很开心、激动，”二老接着说道，“当时的校徽设计创意是火车头的样式，代表着我们即将驶入一个新的时代，火车头上方还有一支火炬，象征着熊熊燃烧的希望。”

学校的第一枚校徽

母校岁月再回首

1952 年学校开始招生，学校当时办学主要面向江西省内南昌、吉安、抚州、上饶四个地区招生，共计招录 100 余名学生，陈公重、王忠杭就是这百名学生中的两位，因为他们都来自南昌，自然被分在了一个班级，同班的他们感情深厚、关系密切。那时大家都是住校学习，宿舍是上下铺，一间宿舍可住 5~8 个人，在当时来说条件还是不错的。

学校，教育之圣地，学子之心乡。那段时间，培训学习主要由省内领导作形势报告、班主任授课、学生小组讨论三种形式组成。“当时的政治教学是没有教材的，课程内容都是紧跟时事，随时变化的，我们课上认真听讲，课后就不断研究当时的时政局势，用现在的话来说就是时事的‘弄潮儿’。”二老笑着回忆道，“学校的课程安排还是很好的，特别是学生小组讨论的环节很有意思，大家经常因为一些观点争得面红耳赤，谁也不服谁，既活跃了思维，也锻炼了我们的表述能力，培养了大家的探索精神。”

十八九岁的年纪，正是青春活力四射的时候，大家除了学习，还有丰富的课余活动，如足球、排球、交谊舞等。“那会儿学校有个小操场，课余时间大家也会去那里运动放松一下。”王忠杭看着陈公重说，“他球踢得好，操场上总是能看到他的身影。”“是啊，那个时候年轻，大家都很有活力，课后聚在一起玩玩闹闹，真的很有意思。”陈公重回应道。

南昌师范学院南昌校友会第二届理事会成立大会合影留念　左七为陈公重

回忆起在校时光，他们仍记忆犹新。二老感慨地说：“在校培训时，学校和老师对我们的帮助，对我们后来的影响很大，至今想来，仍然特别感恩母校赋予我们的一切。”

真挚祝福送母校

从青丝到华发，时间在变、容颜在改，但不变的是对母校的感情。陈公重长期在南昌师范学院南昌校友会担任会长一职，一直以来都关心和支持着母校的建设和发展；王忠杭曾于 2020 年在老同学王冏尧的邀请下，回到学校向退休老同志讲述老年人养生的知识。他们一直心系母校，并尽己所能地回馈母校。

一代又一代人精勤求学的精神赓续流传。王忠杭校友说，不仅他自己是学校校友，他的孙女王鸣影也是学校校友，她从学校毕业后继续深造，现为一名博士，就职于江西科技师范大学。

喜迎母校七十华诞，两位老校友喜悦之情溢于言表，特为母校送上祝福，希望母校越办越好，桃李满天下，春晖遍四方，为江西的教育事业增光添彩。

我们也衷心祝愿两位老校友健康长寿，生活幸福。

诸葛方林：母校在我心中播下“做好老师”的种子

诸葛方林，江西教育学院（南昌师范学院前身）1983 级政教专业的学生，现任中共弋阳县委党校副校长、方志敏干部学院专职讲师，长期从事闽浙皖赣苏区史研究和方志敏精神宣讲，先后获得“争当方志敏式好干部十佳先进个人”“江西好人”“江西最美公务员”“全省优秀共产党员”等荣誉，多次受到中央电视台、新华社、江西电视台等主流媒体的报道。

在党校讲台上任教三十余年的他，把宣讲好方志敏精神当作一生的事业来追求。回顾这份初心，他直言：“在江西教育学院求学期间，母校在我的心中播下了‘做好老师’的种子。”

母校赋予我思想和智慧

“1983 年，我从弋阳县的一个小村庄考入江西教育学院。当时学校的条件艰苦，住的是通铺，校园环境也较简陋，但我们不觉得苦，而是对大学生活充满着无限的期待……”回首大学时光，诸葛方林渐渐打开了话匣子。

从一个懵懂的农村孩子到毕业后走上教学岗位，成为教学骨干，诸葛方林认为这得益于在江西教育学院的刻苦学习。

“班主任刘又知老师对班级管理责任心强，热情高，办法多。她常教导我们要成为一名好老师，一定要品学兼优。”谈到母校的老师，诸葛方林心里充满感恩，“老师们宽严相济，很关心学生的学习和生活。在老师们的引导下，班上同学勤奋学习，班风很好，许多同学递交了入党申请书。”

诸葛方林在方志敏干部学院办公室工作照

至今，诸葛方林对大学的课程仍印象深刻，“大学学习很充实，受益匪浅。逻辑学课程教我思维缜密，心理学课程让我学会换位思考，哲学课程教我怎样面对困难和挫折……感谢大学生活，让我们逐渐成长为一名有理想、有抱负、想干事的人。”

与方志敏的不解之缘

“湖塘塌塌岭，出了个方志敏……”“假如我还能生存，那我生存一天就要为中国呼喊一天……”宣讲课堂上，诸葛方林时而用低沉浑厚的声音吟唱，时而用高亢激愤的嗓音呐喊，将方志敏精神诠释得淋漓尽致，不少学员沉浸其中，潸然落泪。

谈及如何走上宣讲方志敏精神的讲台时，他说：“方志敏烈士是我家乡弋阳人，我父亲年少时曾目睹方志敏被俘后在上饶‘示众’时的高大形象，他被烈士的坚强意志深深震撼。我从小就听父亲讲方志敏的故事，他还常带我到上饶茅家岭集中营参观。”在耳濡目染中，孩童时代的诸葛方林受到红色精神的感召。

大学毕业后，为响应组织号召，作为“三门干部”（家门、校门、机关门），诸葛方林来到方志敏的故乡——弋阳县漆工镇工作两年。在这里，他聆听了老红军讲方志敏的故事，走遍了方志敏战斗过的地方，在为革命先烈英勇事迹流下热泪的同时，也深切感受到方志敏的家国情怀、人格魅力和高尚品格，也因此树立了自己的奋斗目标——要扎扎实实地去传播方志敏的感人事迹和伟大精神。

回城后，诸葛方林选择到弋阳县委党校做了一名党校教师。他阅读方志敏的文献和相关资料，利用休息时间深入弋阳县漆工镇湖塘村、横峰县葛源镇，以及浙江开化、安徽屯溪、福建武夷山等地，探寻方志敏曾经的战斗遗迹；采访老红军、红军后人和历史见证人，多次拜访方志敏唯一的女儿方梅，拜师杨子耀等党史权威专家，考证历史事实，挖掘感人故事，先后收集和撰写红色故事近百个。三十年来，方志敏精神早已深深烙在诸葛方林的心里。

终生宣讲方志敏精神

2016 年，临近退休的诸葛方林打算与已退休的妻子赴广东安享晚年生活之时，接到弋阳县委指派他参加方志敏干部学院课程开发工作的任务，为此他对妻子“爽约”了。

之后，他和专家们一起外出考察培训，写报告、做方案，“5+2，白加黑”，常常熬不下去了才休息。对此，他乐观地说：“我们要像方志敏那样‘愈艰苦，愈奋斗！愈奋斗，愈快乐’。”

经过反复打磨，诸葛方林把对革命先烈的家国情怀、人格魅力和伟大精神的感悟融入宣讲中。他开发主讲的专题课“伟大的共产主义战士方志敏”、访谈课“斧头将军黄开湘”等，入选江西省委组织部的“江西省干部教育培训好课程”。这些课不仅课件精美、史料丰富、情感真挚，还融入了“讲”“诵”“唱”“演”等多元形式，生动展示了共产党人的“初心和使命”“信仰和追求”，许多学员听后流下热泪。他也因此成了“网红”老师，一些忠实“粉丝”甚至慕名追着听他的党课。

江西建设职业技术学院的一位思政课教师，多次听诸葛方林的课，她在朋友圈感慨地写道：“家人之前未曾想过入党，我带着他听了诸葛老师的课后，他向党组织递交了入党申请书。其实，诸葛老师的课我听了多次，再听还会流下感动的泪水。作为一名思政课教师，我反思自己的课为什么不生动，我想，诸葛老师让我找到了方向，我一定要做一名合格的思政课教师，积极把正能量传播给学生。”

诸葛方林获得的部分荣誉

“我将终其一生宣讲方志敏精神，直到讲不动的那一天!”诸葛方林是这样想的，也是这样做的，他已成为方志敏精神的忠实传播者和积极弘扬者。近年来，他应邀到全国各地宣讲方志敏精神达500余场，受到一致好评。

诸葛方林的家人定居在广东，他只身一人留在弋阳，几个月才赴广东看望妻儿一次。面对聚少离多的家人，他心里充满愧疚。2021 年，他们一家荣获“江西省最美家庭”称号，他第一时间将好消息告诉了妻儿，一家人隔着屏幕闪着幸福的泪花……

七十年弦歌不辍薪火相传，七十载栉风沐雨春华秋实。今年是母校七十华诞，诸葛方林说：“我衷心地祝福母校生日快乐，祝愿母校的明天更加灿烂辉煌，桃李万千书华章。”

周加仙：母校教育助力我登上国际舞台

周加仙，江西教育学院（南昌师范学院前身）外文系1984级学生，现任华东师范大学教育学部研究员，华东师范大学教育神经科学研究中心副主任，中国高等教育学会学习科学研究分会副理事长，上海市教育学会学习科学专业委员会副主任，《教育生物学杂志》执行主编；主持国家自然科学基金面上项目、教育部人文社科项目等国家级、省部级、国际合作项目30余项，在国内外重要学术期刊发表中、英文论文100余篇，出版专著、译著、主编与合作著作40多部；在教学方面，曾获教育部高等教育国家级教学成果奖二等奖、上海市高等教育教学成果奖一等奖、上海市基础教育教学成果奖一等奖、华东师范大学教学成果奖一等奖、第七届优秀本科生导师等多种教学奖项；8部著作被评为“影响教师的100本图书”“教师喜爱的100本图书”；译著《脑与阅读》获《环球科学》“最美科学阅读”书籍（前10名）等多个奖项。在科研方面，先后荣获2014—2020年上海市教育科学优秀成果奖二等奖、上海市第十届教育科学研究成果奖二等奖、上海市首届社科联论文推介奖等，著作《教育神经学：学科建制与教育创新》（2019年）获“明远教育奖”。

在逆境中成长，求学之路暖心

在周加仙读初中二年级时，父亲以身殉职，从此一家人的生活发生了翻天覆地的变化。失去顶梁柱父亲，让家中的生活变得十分困顿，许多亲戚朋友都劝说周加仙的母亲，让 13 岁的长女周加仙辍学回家照顾三个年幼的弟弟妹妹（当时她最小的弟弟年仅 1 岁），借此帮助维系家庭生活，但都被做教师的母亲拒绝了。一家人只靠着母亲一个人的抚育和政府的抚恤金生活，而周加仙在这样的环境中坚强地成长，并于 1984 年考入江西教育学院外文系。

江西教育学院外文系 1984 级全体毕业师生合影　第一排左三为周加仙

政府的抚恤帮助、父亲因公牺牲、母亲为家无私奉献，涵养了周加仙的顽强毅力，也塑造了她如今坚毅果敢的品格，使她一路奋进，踏实地走向光明的未来。

20 世纪 80 年代的江西教育学院，良好的校风、教风、学风让莘莘学子在这片知识的沃土里吸收着丰富的养分。周加仙在外文系求学期间，老师和同学们了解她的家庭情况后，纷纷向她传递善意和帮助，让这个从困难的单亲家庭里走出来的女孩，顺利地度过了求学的时光。当时，班级里的学生基本都是高中应届毕业生，大家入学时年纪相仿，都是18岁左右，组成了一个有凝聚力且充满活力的班集体。在这个温暖的班集体里，周加仙和同学们一起学习，一起参加实践活动，她的大学时光充实而多彩。除了课堂教学，学校还组织了社团活动，周加仙仍然记得当时全班同学学跳集体舞“阿里山的姑娘”的情景，那时的欢声笑语仍然回响在耳畔。在她脑海中，最为快乐的时光，要数班集体一起观看电视连续剧《上海滩》，以及组织去市区开展划船活动。

良师益友为伴，专业技能扎实

回忆起30多年前在江西教育学院学习生活的画面，一个个熟悉的名字不断跃入周加仙的脑海——刘霞书记，魏国鸣、戴依仁、杨洋、于萍、蒋南（中央讲师团）、王子健（中央讲师团）、纪风姣、左红、王益民、褚慧娟、舒斯福、魏尔玛·帕克（Wilma Parker）等老师传授的外语专业知识和技能让她受益终生。周加仙感激地说：“衷心感谢当年这些老师对我们的谆谆教导，在母校的学习经历以及后续的教育实践启发和培养了我在日后的工作中如何寻找有效的教育教学方法，并将这些方法运用于自己的教育教学实践中。”通过多方的努力和探索，周加仙陆续创作出《教育神经科学视野中的第二语言教育创新》《教育神经科学视野中的循证教育决策与实践》等著作，也为她开阔思路、打开国际化视野打下了扎实的基础。

在江西教育学院学习期间，最让周加仙受益的，不仅是各位师长的传道授业解惑，还有学校对她学习和生活的照顾。改革开放后，国家越来越重视高等教育和全国教育学院建设。1981年，教育部在江西教育学院召开全国教育学院会议，会后颁布了《加强教育学院建设若干问题的暂行规定》。当时有外籍教师在高校任教的还不是很多，但1980年的江西教育学院外文系已经有了外籍教师。学院的老师事先了解了周加仙的家庭情况，为了让她顺利完成学业，便从大一开始，给她安排了一个勤工助学的机会，让她负责三位外籍教师的日常翻译和照护工作。这给周加仙提供了零距离接触外籍教师的机会，也帮助她减轻了经济负担。虽然翻译和照护工作比较繁琐，花费精力较多，但是在每日照护外籍教师、帮助他们完成日常交流的过程中，不仅让周加仙的英语口语和听力有了巨大的提升，而且让她更加细致地了解到书本之外的英美文化和外籍人的生活习惯，也让她掌握了更强的外语交流能力。当时这种经常和外教进行交流的机会是非常宝贵的，周加仙非常感谢母校给予她这种勤工助学的机会。

登高望远天地阔，感恩母校栽培

江西教育学院的英语教育专业知识奠定了周加仙从事教育事业的坚实基础，她以优异的成绩从学校毕业后，便进入江西农业大学附属中学工作，成了一名光荣的人民教师。初为人师的周加仙勤勉认真、兢兢业业、亲和力强，很受学生欢迎，她任教的班级学生学习刻苦，成绩优秀。在此后的工作中，周加仙连续三年被评为先进工作者、优秀班主任，她深深地爱着教育工作，并树立为教育事业奋斗终身的远大理想。

江西教育学院培养了周加仙的外语交流能力和视野，而她通过阅读大量的文献资料和参加教育教学实践，对教育研究产生了浓厚的兴趣。周加仙结合自己在江西教育学院外语专业的学习和农大附中教书育人的经历，选择了对外语能力要求较高的华东师范大学国际与比较教育专业继续深造，并完成了硕士、博士阶段的学习任务，进而也开启了她的教育研究生涯。周加仙说："从踏上讲台的那一刻起，我就一直在思考有效教学这一问题，这已经成为我终生探索的课题。"周加仙以母校的培养为起点，加上攻读硕士、博士学位期间的学习经历，她瞄准了世界教育的前沿课题教育神经科学的研究。她通过在北京师范大学认知神经科学与学习国家重点实验室、哈佛大学教育研究院的两轮博士后研究工作，对该学科进行了深入的研究。

2010 年，周加仙进入华东师范大学工作。在华东师范大学的大力支持下，周加仙凭借自己在哈佛大学留学期间形成的国际资源，组织了我国第一个教育神经科学研究中心、第一场教育神经科学国际研讨会、第一场海峡两岸教育神经科学研讨会，以及有关教育神经科学的大夏讲坛等系列高端国际研讨活动，邀请了该领域的许多国际著名学者、院士，国际心智、脑与教育学会的多位主席，经济合作与发展组织的专家前来讲学，这不仅在我国推广了教育神经科学的知识与技能，也向国际专家宣传了我国的教育神经科学研究。2011 年，周加仙当选国际心智、脑与教育学会执行理事；2017 年，担任国际脑研究组织——联合国教科文组织国际教育局学习科学高级研究顾问。在江西教育学院练就的英语听说读写能力，在周加仙的工作中发挥了重要的作用。

这些年来，周加仙受邀参加了第 26 届、第 31 届国际心理学大会（ICP），国际心理学会（IPS）年会，美国教育研究学会（AERA）年会，北美比较与国际教育学会（CIES）年会，国际心智、脑与教育学会（IMBES）年会等顶尖国际学术会议，以及哈佛大学的专题研讨会。周加仙围绕教育神经科学学科的不同主题，总计英文报告 20 余场。经过周加仙二十多年的不懈努力，教育神经科学终于在中国生根发芽。

时光匆匆向前，三十多年弹指一挥间，回想起团结友爱、奋发向上的优秀班集体，以及师生、同窗之间的深厚友谊，周加仙感念师恩绵长，感慨青春飞逝。2016 年，周加仙与同学们相聚母校，一起庆祝毕业 30 周年。重返校园，周加仙亲身感受到了母校的改变，也重温了同学欢聚一堂的快乐时光。周加仙经常说，母校的学习生活虽然短暂，但是却为她日后的国际工作与研究奠定了坚实的基础，是她的力量源泉。每一次遇到问题和挑战的时候，她都会重温自己曾经求学时的经历，常常回忆起在母校那段难忘的时光，然后带着感激和笃定再出发。

在母校 70 周年校庆之际，周加仙深情地说："以母校为起点的英语专业教育，对我后续的学习、研究与教学生涯发挥了重要的作用。我非常欣喜地看到，母校已经得到了很好的发展，教学、科研和基础设施都比 30 年前增强了许多。母校的学生——我的师弟师妹们，拥有了更好的学习条件与发展机会，定能书写出更新、更美的未来新篇。"

郭裕茂：母校教我“坚守教坛 潜心育人”

郭裕茂，化学特级教师，正高级教师，享受国务院政府特殊津贴专家。先后担任江西省崇义中学副校长、浙江省杭州第十四中学特级教师工作室主任、杭州西子实验学校校长，现任杭州湘湖未来学校学术顾问，曾荣获中共中央、国务院、中央军委颁发的“庆祝中华人民共和国成立70周年”纪念章，获得全国优秀教师、全国五一劳动奖章，以及全国化学竞赛园丁奖、全国高中化学新课程实施先进个人、浙江省劳动模范、全国先进工作者等荣誉，多次受到《浙江日报》、浙江电视台等媒体的报道。

感恩母校，教我坚守教坛

郭裕茂是江西教育学院（南昌师范学院前身）1984级化学系学生和1989级函授化学本科专业学生。自走上教师工作岗位，他一直奋斗在教育教学工作第一线，默默耕耘，为党和国家培养、输送了一批批优秀人才。

“还记得，化学系副主任黄尚毅老师给我们上‘无机化学’，他思路清晰，一节课下来，黑板上内容满满，经常指导我们进行教育教学研究；'教材教法'这门课老师刘云恭，经常和我们一起研讨教学方法，教我们学以致用；'有机化学'陈鸿卿老师，讲课结构严谨，深入浅出，引人入胜；'物质结构'熊国基老师，基础理论扎实；化学系党总支书记隆盛祺、班主任彭祖来老师工作认真负责；'分析化学'王亦农老师，'化学实验'吴端斗老师、曾明老师、夏克坚老师、王歌云老师等严谨规范，一丝不苟；阳光老师、曾明老师、万全玉老师等年轻教师与我们亦师亦友，常与我们一起在校园里、球场上、实验室里漫步、打球、做实验、话学习、谈人生。这一桩桩、一幕幕，仿佛就在昨天。"

回忆起自己的成长经历，郭裕茂动情地说："江西教育学院五年的教育培养，为我打下了扎实的从教基础，是母校的老师为我指明了坚守教坛前进的方向。"

爱生如子，培育英才

作为老师，郭裕茂深知教书育人是自己的天职。他总结了"爱、严、导"育人三字经，无论当班主任还是做任课教师，都努力做到时时事事用自己的心去关心、教育学生，用一言一行给学生潜移默化的影响。正如他说："我并无超人的魔力，我只不过是用'心'去爱他们。"

他注重对优秀生学习兴趣、思维能力和学科素养的培养；对后进生采取正面教育，摆事实讲道理，厚爱"差生"和"偏科生"。坚持以心灵赢得心灵，以人格塑造人格的教育理念，把爱送入学生的心灵深处，做青年教师和班主任的良师益友，连续多年被评为"优秀德育导师"。

教学是一项细致的工作，要确保质量，必须认真落实好各个环节。郭裕茂一贯做到认真负责、踏实细致、一丝不苟、讲求实效。为提高教育质量，他深入钻研教材，广泛涉猎各种资料，精心备好每一节课，设计好每一个教学环节，努力提高课堂教学效率。他的课总是生动、透彻、精练，受到学生的喜爱，他所教的学生在历年中考、学考、高考中都取得了较为优异的成绩。由他主持的课题"优化课堂结构提高教学效果"被评为江西省课改成果一等奖。

课内打基础，课外出人才。为了实施素质教育，培养创新人才，他长期坚持开展第二课堂，并承担课外兴趣小组和研究性学习指导工作。为激发学生的学习兴趣，他开展系列趣味实验，编写的“高中化学趣味与拓展实验”被评为杭州市精品课程。为理论联系实际，开拓学生的视野，他带学生到工厂、农村等实地参观考察，活动有声有色。在他的精心指导下，学生的化学成绩和综合素质不断提高。由他指导的学生参加全国、全省高中生化学竞赛，有30多人获得一、二、三等奖，并多次获得省团体优胜奖。他指导的周忠辉等多名老师成了全国化学竞赛的优秀教练。

郭裕茂在首届全国中学化学教育高峰论坛上发言

辛勤耕耘，勇于创新

郭裕茂的教育理念先进，具有开创性，不仅在教学上取得了好成绩，而且还十分注重教学科研，不断探索和总结教育教学规律，并为此笔耕不辍，是一位不畏艰辛的科研“攀登者”。

1987年，他积极承担了以培养学生自主学习能力和思维能力为主要试验因子的“化学四步教学法”教改实验，一干就是十年，取得了良好效果，于1996年被中国化学会化学教育委员会评为二等奖，1997年通过了江西省教研室和江西省中学化学教研会组织的专家评审鉴定，1998年被收录进《中国百科成果全书》。

多年来，他先后主持完成国家级立项课题1项，省级立项课题4项，市级课题2项，获得省一等奖2项；在《化学教育》《化学教学》《中学化学教学参考》等刊物发表论文20余篇，在全国、省、市学术会议发表论文50余篇，其中7篇被评为全国一等奖、15篇被评为全国二等奖、6篇被评为省一等奖；《让更多的学生喜爱化学》一文在第17届IUPAC国际化学教育大会上发表。

郭裕茂多次参加新疆阿克苏、四川阿坝州等地支教送教活动，经常在江西全省乃至全国开展学术讲座和支教活动。他是江西省高中会考命题研究小组成员，多年参加省会考命题工作，编写的“高中化学学习揭秘”和“高中化学趣味与拓展实验”被评为杭州市精品选修课程。他编著的《高中化学学习揭秘》由光明日报出版社出版，主编和参编《高中化学思维训练》《高中新课程学程评价》等专业书籍30多本。

“我在教育岗位上的成就，离不开母校的辛勤培养。”在学校建校70周年之际，郭裕茂由衷地感叹：“师恩难忘，感恩母校！衷心祝愿老师们工作顺意，身体健康！祝福母校人才辈出，越办越好！”

戴晓初：学以致用 感恩母校栽培

戴晓初，江西教育学院（南昌师范学院前身）数学系1986级本科班学生。曾在政府部门长期从事劳动、人力资源和社会保障政策研究和行政管理工作。2014—2016年，被联合国任命为联合国公共行政专家委员会委员，并于2015—2016年在中国常驻联合国日内瓦办事处和瑞士其他国际组织代表团工作。2016年8月起任国际劳工组织中国和蒙古局副局长。

回忆起在江西教育学院的日子，戴晓初不禁感慨道："大学是美好青春的见证，近日翻看着毕业照，从前在江教的时光仍历历在目。"

回首往昔

20世纪80年代，戴晓初通过入学考试，进入江西教育学院两年制脱产班学习。提起当时的班级，戴晓初直言有三个特点。一是同学们来自五湖四海，有着不同的生活经历，年龄及阅历差异都非常大。"每个年龄阶段的同学都有，有成家了的有工作好几年的，他们既有教学经验，又有社会经验。"二是大家都非常渴望获得知识，也十分珍惜在校园学习的机会。无论是上课还是自习，即便在周末，教室也是座无虚席。在这样浓郁的学习氛围下，同学们的专业知识都十分扎实。虽然当时学校条件并不好，能读的书籍也不多，但大家仍会经常去图书馆阅读。每当遇到学习上的难题，都会一起讨论，互相帮助，互相学习。三是同学们能文能武，涉猎广泛。当时，同学们除了钻研专业知识外，还培养了广泛的兴趣爱好。戴晓初回忆道："我们班上的陈彦昊，围棋下得远近闻名，不仅其他系的同学来找他下棋，南昌一些其他高校的学生也慕名来找他打擂台，任课老师郭小平也常约他切磋；学校的播音员是我们班的瞿芳，她声音优美，文采飞扬；我们班的易荣波书法了得，太极拳也打得炉火纯青。总之，我们数学系 1986 级的同学们不仅数学专业底子扎实，兴趣爱好也非常广泛，历史文学甚至天文地理都是我们经常闲聊和讨论的话题。"

得遇良师，何其有幸。数学专业不是一门容易的学科。回忆起数学系的老师们，戴晓初激动地说道："我们特别幸运，遇上了一批非常优秀、敬业的老师。'拓扑学'老师吴东兴是学校聘请来的知名教授，上课讲解一丝不苟。'拓扑学'抽象，不易理解，他讲解每一道题都画图。记得有一次吴教授谈起学习数学的方法，他强调要掌握好基本概念，读书要'反复，一字一句地反复'让我印象特别深刻；姜锋教授给我们上"概率论"，他授课逻辑清晰，诲人不倦；陈进教授任教"实变函数"，他讲课时非常认真，能一下子就进入角色，讲得天马行空、眉飞色舞，我们学生也就不知不觉沉浸其中；王锡培老师板书了得，画线画圆从不用尺子圆规，一笔成形。当时我们学校的排名不算顶尖，但是我们数学系的老师确实很好，把自己多年积累的知识和经验无私地传授给我们。"

谈起大学生涯，戴晓初用了三个词概括：知识、能力、友谊——因为当时上大学机会难得，数学学起来不容易。在那样的学习条件下，大家刻苦钻研专业知识；在学习数学的过程中，分析问题和解决问题的能力都有提高；同学之间互相帮助，大家经常聚到一起，共同学习讨论，整个班级十分团结。虽然那个时候通信不方便，但是大家都会通过不同方式保持联系和沟通。

学以致用

大学中获得的经验与知识，为戴晓初日后的工作打下了坚实基础。在学习数学的过程中，磨炼了他分析和解决问题的能力，也培养了他严谨细致的素养，使他练就了精湛的数学思想与思维能力。而这些能力也一直伴随着戴晓初的职业生涯，并且发挥着积极作用。“数学专业培养的逻辑思维能力、数据分析能力，以及收集、处理信息等能力，一直帮助着我，使我在工作中的计划性和执行力更强些，思路也更宽一些。面对复杂问题时，善于寻求最佳解决方案。”戴晓初说道。

戴晓初在联合国总部纽约大会堂参会

2010 年，国家正式制订并颁布《中华人民共和国社会保险法》，20 多个国家提出立即启动与我国进行社会保障双边协定谈判的要求。戴晓初提起当时作为中方首席谈判官的经历，“每个国家的保险法虽然都存在共性，但也有很多千差万别的地方，这就需要我们把各个国家的基本情况了解清楚。怎么收集信息，怎么把它们分类，怎么优化你的方案，怎么突破重点，怎么争取国家最大利益，在解决这些问题时，之前学数学专业培养的逻辑思维和分析能力就发挥了很好的作用。不管学习什么专业，你学习的每一门课程都是有用的。”

青年担当

多年的工作经验，以及丰富的人生阅历，让戴晓初感受到中国目前最缺的不是硬件设施，而是能适应快速变化、具有创新思维和国际视野的各领域人才。戴晓初一直非常赞同中国的哲学思想，认为任何事情都有两面性，挑战的背后也是巨大的机遇。他建议新时代青年学生不要给自己设置限定，要敢于突破自己的专业限制及知识限制，树立远大理想，多扩宽自己的视野，在学习的同时更要思考领悟，时刻保持进取心。“我非常喜欢乔布斯的一句话——‘stay hungry，stay foolish’。这句话翻译版本很多，我的理解是，在多样的世界中，我们要时刻保持对新兴事物的好奇心，达到知行合一的境界。”当前，世界正经历着百年未有之大变局，戴晓初认为青年一代，应当抓住时代机遇，拥抱开放思想，将个人学习成长与国家发展有机结合。面临新挑战，青年一代需做足充分的准备，抓住根本，在深入学习中华优秀传统文化的同时，需开放思想，珍惜青春韶华，不断学习，提高自身能力。

戴晓初参加庆祝中华人民共和国成立70周年招待会

正值母校建校70周年，戴晓初衷心祝愿母校能够发展得越来越好，为国家培养出更多的青年才俊。

戴艳：母校是我第二个家

戴艳，江西教育学院（南昌师范学院前身）1992 级体育教育专科、1996 级体育教育本科学生，现为江西省体育运动学校教授，江西省学生体育协会常务理事、副秘书长，江西省排舞运动协会常务副会长兼秘书长，江西省社会体育指导员协会副秘书长，江西省柔力球协会秘书长；全国广场舞竞赛裁判委员会副主任，国家 A 级裁判、国家 A 级导师、国家级社会体育指导员，体育行业国家职业资格培训师、国家二级心理咨询师、国家一级职业指导师。

戴艳长期从事群众体育及体育教育教学工作，先后获得国家体育总局授予的“2009—2012 年度全国群众体育先进个人”“2017—2020 年度全省群众体育先进个人”、全国“群众喜爱的社会体育指导员”荣誉称号，2013 年获得江西省妇女联合会授予的“江西省三八红旗手”荣誉称号，2014 年、2015 年“星级职业指导师”，江西省体育局授予其“2014—2017 年度江西省群众体育优秀个人”称号及“江西省优秀社会体育指导员”等荣誉。

问：戴教授，您好！距1992年您在校学习已经30年了。请问您在校学习、生活期间的感受是什么样的？

答：母校是那么的特别，每当想起时，就能让我一下就找到了归宿。她对我影响最大的有两点：一是踏实，二是热爱。虽然那时候的校园环境远远不及今天，但是这份归属感让我至今难以忘怀。1992年，我初入校园，由于教练员的特殊身份，我对理论知识有着强烈的渴望。那时候的校园学习氛围浓厚，很多学生都会手捧着书出现在教室、操场甚至是食堂。

那时的体育设施非常简陋，学生的兴趣爱好较难满足。我记得老师们总会想出各种各样的办法让我们体会到体育教学的快乐，想想真的很不容易，他们懂得我们的需要，能融入学生，不断改进教学内容，坚持上好每一节课。那时候，老师们是真的好，亦师亦友，令人感动。

问：在校期间有什么样的趣事，或者让您印象深刻的事情发生？

答：作为母校的第一批本科生，当时班上同学不多，也就十几个人，我平时在体操队工作，半天读书半天上班。老校区当时还是片农田，条件很艰苦，但是师资力量还是很雄厚的。雷城如老师是上海体育学院毕业的，还有来自武汉体育学院、华东师范大学等名校的教师。

让我印象最深刻的是当时我在怀孕期间坚持上课，在预产期考了学位，考完第二天我就带着行李到妇幼保健院住院了，第二个学期还被评为“三好学生”。学业能如此顺利完成，都得益于学校管理的人性化，老师很有人格魅力，也很关心学生。我记得当时的系书记是涂相仁，系主任是李耀荣，班主任是涂序堂，他们对我们都特别照顾。尤其是我的班主任涂序堂，成人教育的管理尤其困难，他为我们付出了很多，我特别感谢他。还有雷城如老师，她授课严谨，当时对我很严厉，现在回想起来她对我的影响最深，让我在体育教育的道路上越走越远。

问：在学校有什么样的学习经历让您有了持续做群众体育和体育教育教学的想法呢？

答：有很多，一是母校老师在教学过程中对学科知识的融入和传授，尤其是对群众体育前瞻性的引领，让我们都有了终身体育的理念；二是老师们扎实的学识，对教学的热爱，是我体验过的最好的人生课堂，让我将学来的知识化为了继续从事体育事业的动力。

我还记得当时教育部来校评估，老师们让我代表学校出了一个健美操的节目，令我记忆非常深刻。此外，学校还搞过广播操比赛，正好发挥了我的专业特长，让我对从事体育事业有了更深的热爱。毕业后，学校还给我发了聘书，聘请我为客座教授，在校教授体育舞蹈和健美操的课程。

问：戴教授，您是江西省学生体育协会常务理事、副秘书长，排舞运动协会常务副会长兼秘书长，也是社会体育指导员协会副秘书长，身兼数职，在群众体育及体育教育教学领域都有非常优异的表现。请问您有什么独到的学习方法吗？

答：方法其实并没有，取得的成功都要归功于热爱和努力，我只是专注做好自己喜欢的事情。我 13 岁时就参加了世界级邀请赛，要想获得参赛资格，那要比一般的人付出多得多。由于长期从事群众体育工作，我腰椎不好，但还是抵挡不住对体育事业的热爱，最终坚持下来并且克服了困难。正是有了这份坚持和坚守，我连续 8 年获得了“全国体育先进个人”称号。

问：您在学校的学习经历对您现在的工作有什么样的影响？

答：影响深远。母校老师给我传授的教师团队授课的理念、与学生互动的理念都深深地影响着我的教学方式，老师们的谆谆教诲也一直鞭策我在群众体育工作中不断精益求精，及时掌握国家体育信息的动态，并积极参与全民健身计划。

学习永远在路上，在母校习得的知识和老师们体现出来的教育精神一直影响着我。每个老师都很有人格魅力，他们教会我如何把学到的体育知识和群众体育进行融合。在母校的学习经历是我人生中一笔宝贵的财富，让我在今后从事的群众体育工作中游刃有余、充满自信。

问：工作之后您再返回过母校吗？返校后和以前的老师交流过吗？看到学校的变化有什么样的感受？

答：我经常回母校。我们在红网中心搞活动，路过都会到母校看看。母校发展可真快，新的体育馆都建起来了。母校的务实、奋进的精神一直影响并指引着我，我也和母校的师生成了终生的朋友，经常一起探讨体育教学的理念和方式。

问：今年是学校七十周年校庆，您有什么话想对母校说？

答：七十载风雨，造就精英无数；七十载芳华，培育桃李满园。祝福母校七十周岁生日快乐，盛世迎华诞，明朝更璀璨！

刘培发：江西教育学院是我人生的转折点

刘培发，江西宜春人，硕士研究生学历，教授，江西教育学院（南昌师范学院前身）音乐系1994级音乐学脱产专科班学生，现任宜春学院音乐舞蹈学院党委副书记、院长；中国音乐家协会会员，江西省文化名家暨“四个一批”人才，江西省音乐家协会会员，钢琴专业委员会理事，宜春市合唱协会艺术指导；长期从事高校音乐教育专业“钢琴”“钢琴即兴伴奏”“艺术实践”等课程教学工作，曾先后获“全国优秀教育工作者”“江西省高等学校第七批中青年骨干教师”“江西省学校艺术教育先进个人”等荣誉称号；主编的教材获第四届全国教育科研优秀成果奖一等奖、江西省第五届普通高等学校优秀教材二等奖；指导学生获第二届江西省钢琴艺术节钢琴大赛一等奖；撰写的教研论文获江西省第七届大学生艺术展演活动艺术教育科研论文评选三等奖；主持完成省级课题10余项，横向课题3项，出版专著教材10余部，其中《钢琴演奏技巧与训练研究》《音乐心理与音乐审美研究》分别获得江西省第十六次社会科学优秀成果奖三等奖、第十七次社会科学优秀成果奖三等奖；发表专业学术论文25篇，音乐作品多首。

遇见江西教育学院

谈起江西教育学院，刘培发的内心充满了感激。20岁出头的他从宜春师范学校艺术班毕业后，就在当地的一所小学教书，一干就是3年。其间，刘培发从没有忘记要不断地提升自己，于是在24岁时迎来了人生的转折——去江西教育学院继续学习深造的机会。

对于刘培发来说，由于本身就很喜欢音乐，所以他想借此机会再提升一下自己，但一个难题摆在面前：如果去学习，就要脱产，辞掉工作，工资停发。在20世纪八九十年代，对于大部分人来说，一份稳定的工作和收入是安身立命之本。而在江西教育学院读书，需要放弃收入和待遇，这对刘培发和家人来说，是一个非常大的挑战和考验。

莫为浮云遮望眼，风物长宜放眼量。经过一番考量后，刘培发作出了抉择，决定跳出自己的舒适圈，勇敢面对未来的不确定性，辞去工作继续读书。刘培发感慨地说："我花了两年时间到江西教育学院读书进修，这对我来说是一个非常好的转折点，当时选择放弃工作走读书这条路于我而言是一个越走越坚定的过程。"

20世纪90年代初，很多人搭上了江西教育学院学历补偿教育的顺风车，进而为自己的人生争取到了很多的机会。刘培发所在班级有40来人，分别来自不同的地方、不同的岗位，有中小学、中专的音乐老师，乡镇或县级文化单位的骨干力量，以及少数刚刚从师范学校毕业的学生……同学之间年龄差距比较大，差十几岁很正常，且大部分都参加了工作。但大家聚在一起，只有一个目的：抓住来之不易的学习机会，不断提升自己。

每个人的成长经历都有很大的不同，而人们的每一个决定都由他们自己过去的经历所支撑。对于刘培发和当时在江西教育学院读书的同学们来说，继续读书深造是个必须努力拼搏的事情。"珍惜机会、好好学习，努力提升专业技能，是我们心中的夙愿。我所能确定的是，到现在为止我都一直在专业上努力耕耘，并且这些经历回过头看仍然让我觉得非常值得。”刘培发心怀感激地说。

遇见一批专业出色的好老师

“当时教我们的老师，个个都非常优秀，专业都非常出色，短短两年的学习生活，给我留下了很深刻的印象。”刘培发感慨地说。

“记忆最深的是我们的班主任钟传志老师，”刘培发回忆说，“当时钟老师和同学们年龄相差不大，他教声乐，年轻、帅气、敬业。钟老师术业有专攻，严谨、认真，一心一意把自己的专业搞得扎扎实实，与世无争，给我们留下了深刻的印象，这对我的教书育人工作有很大的帮助。”

“钟老师声乐很好，钢琴伴奏也非常厉害，他很愿意跟学生们走在一起，同学们学东西没有压力，大家都非常喜欢他，也经常模仿他，向他学习钢琴伴奏和唱歌的技巧。我在他的指导下，从刚开始不太懂，到经过一年后，有好多同学请我去伴奏，我才发现自己进步不小。”

刘培发 2021 年在井冈山学习

“钟老师也非常关心同学们的专业学习情况，锻炼学生很有一套，总是想方设法提高大家的专业水平。”刘培发说，班主任钟老师为了督促大家学习，规定无论学声乐、钢琴，还是其他器乐，每两周举办一次“双周音乐会”，所有同学都要轮流上台表演，汇报学习情况。这既增强了同学们学习的动力，又提升了同学们的舞台表现力。

“系主任王大昌老师，对整个音乐专业的发展功不可没。他经常跟我们分享二胡中的音乐人生和创作灵感，他的‘音乐欣赏’课让我们领悟到音乐对一个人、对这个世界的重要意义；一直记得黄池老师‘视唱练耳’课的严谨，李勤老师‘合唱’课的亲切，刘永红老师‘形体舞蹈’的风趣，还有郭正航老师的精湛技术和教学方法；还有许多老师，万绍芷、乐玫、汤志红、张旦丹、陈南宏等，他们的专业修养、执着精神及对人生的态度时常让我们回想，讲课情景总是历历在目，他们犹如浩瀚大海的明灯，指引着我一直前进……”

难以忘却的学习时光

20 世纪 90 年代的江西教育学院办学条件比较简陋，学生的学习、生活环境也比较艰苦，但同学们因学习知识而快乐。刘培发说：“当时江西教育学院办学时，教学设备不多，条件有限，但从江西教育学院走出了很多出色的学生，我班有好几位同学在江西省青年歌手大奖赛中拿了大奖。”

刘培发感慨地说，大家都是成年人了，都很珍惜有限的学习时间和机会。当时他们五个人一间琴房，排点练琴，为了多练一会儿，他早晨四五点钟就起床到琴房，第一年便超额完成练琴任务。“等别人起床的时候，我已经弹了差不多两个小时。我们一个寝室的同学，大家比着学习，互相激励，暗暗较劲，生怕落后。”

“勤能补拙”，练琴的时候，刘培发的脑海里总能闪现出教科书里童第周夜晚就着厕所灯光认真看书的场景，“他吃得了苦，最终成了伟大的生物学家和教育家”。

刘培发对江西教育学院和老师们有很深的感情。“在江西教育学院学习进修的两年，我对音乐有了更高层次的认知，新的环境，新的老师、同学……不仅帮助我弥补了自身的不足，而且让我对自身的成长、专业的认知、音乐的热爱、梦想的追求等，都有了新的感悟，也让我以崭新的形象加速度再出发。感谢母校和老师，让我站在崭新的起点，向着未来满怀信心。如今，母校取得了辉煌的成绩，真是可喜可贺！特别是音乐学专业成功开展教育部师范类专业认证，并通过了普通高等学校师范类专业第二级认证，成为江西省高校首次参加师范类专业认证的专业，这样的成绩是母校的领导和老师们辛勤耕耘的结果，我为母校取得这样的成绩感到骄傲和自豪！值此母校建校70周年之际，衷心祝福母校生日快乐，祝母校的明天更加美好！”

史南城：师恩如海 幸福悠长

史南城，江西余干人，中共党员，江西教育学院（南昌师范学院前身）1995级教育管理专业本科班学生。先后担任余干县九龙乡中心小学校长、余干县三塘乡中心小学校长兼党支部书记、余干县古埠镇中心小学校长兼党支部书记、余干县第十一小学校长。先后荣获“江西省首届优秀校长”“江西省首批学科带头人”“上饶市首批名校长”“上饶市‘十佳’优秀校长”“上饶市好人”“全国百名优秀校长”“全国第五届‘TCL希望工程烛光奖计划’获得者”等荣誉称号。2012年被聘为中小学正高级教师，2020年入选第三届“感动江西教育年度人物”。

感师恩初心缘起

回顾在母校学习的时光，史南城直言那是人生中最重要的时光之一。“在那里，我遇到了人生导师，也是我的入党介绍人——潘源琛教授。她是一位学识渊博、教学严谨、品德高尚的优秀教育工作者，一言一行都给我们做了非常好的榜样，对我的影响是最深远也是最全面的。”

“潘教授很关注同学们的思想动态，一旦发现谁的思想上有波动，便及时谈话直到解决困惑为止。”史南城担任班长，但耿直的性格常常会不经意间“得罪”了同学。“我当时只觉辛苦为班级服务，却落得如此下场，一时愁闷且气愤。潘教授发觉后找我了解情况，她语重心长地说：‘小伙子，生活中难免遇到不顺心的事，要想办法解决，生闷气是没用的，我相信你的包容和理解会让你处理好这件事。同时，你要明白为人处世是一种艺术，既然出发点是好的，那是否能采用让他人更易接受的方式呢？’听了潘教授的教诲，我如释重负，开始学习为人处世的艺术，这为我后来的工作带来了许多便利。”

江西教育学院 1995 级教育管理本科班全体同学入学合影

第二排左九为史南城

在史南城的记忆中，潘教授还曾教导同学们：做教育的人一定要成为对国家、对社会、对教育有用的人。潘教授的话，启发了史南城对教育的思考。他说：“这大概就是我产生做真正的教育的初心缘起。”

为乡土播撒梦想

在 2020 年第三届“感动江西教育年度人物”颁奖晚会上，组委会给予史南城的颁奖词为：身躯瘦小，以之为笔；赤心执着，以之为墨。播撒火种，兴教扶智；深耕乡土，传承文明。二十八年追梦，三所学校领航。敢为人先，常化腐朽为神奇；善始善终，乐为父老写明天。

扎根乡村教育30年，史南城引领三所乡村学校实现了跨越式发展。2001年，年仅28岁的他通过竞聘成为当时余干县最年轻的校长。当他满怀雄心来到九龙乡中心小学时，看到的却是破败的校园。经过调研，他确立了5年内让校园环境、教学设备、师资队伍、管理水平、教学质量均达到全县上游的目标。争取资金完善基础设施建设、提炼弘扬校园文化凝聚人心、加大培训力度提高教师育人能力、坚持家访留住生源……不到5年，九龙乡中心小学发生巨变，学生积极向上，老师乐教善教，校园充满生机与活力。凭着出色的办学治校能力，刚过而立之年的史南城被评为“全国百名优秀校长”。

2006年，余干县教育局将史南城调到三塘乡中心小学任校长。6年时间，他让三塘乡中心小学“起死回生”，师生面貌焕然一新，“县先进学校”“市校园文化建设实验基地”等荣誉不胜枚举。

2012年，史南城调到被私立学校包围的余干县古埠镇中心小学担任校长。他邀请专家组成“会诊”团队进行深入诊断，确立了“建名师队伍，创品牌学校，育优秀人才，显教育特色”的发展战略，制定了“校品雅致、师品高尚、课品大气、生品灵气”的办学目标。凭着韧劲、拼劲，他在古埠镇中心小学创造了三年回流近3000名学生的奇迹。

2019年，史南城被江西省政府授予推进全省义务教育基本均衡发展工作积极贡献奖，成为江西省唯一入选全国乡村校长暨新乡村教育家的江西校长。2020年，史南城入选第三届“感动江西教育年度人物”，被誉为“让乡村学校起死回生的救火队长”“乡村播种人”。

履新职踔厉不息

2021年7月，史南城接到了新任命——担任余干县第十一小学校长。这是一所为解决县城学龄儿童就近入学问题而新建设的学校。他上任时，学校的教学楼和操场还在建设中，但距离开学仅剩一个多月了。

退缩从来都不是史南城做事的选项，他每天督促工程进度，积极向教育局和体育局争取支持，着手组建富有战斗力的班子团队和名师加盟的教师队伍。最终，学校明确了“倾注我们十分心血，奠基学生一生幸福”的办学理念，确立了将“雅慧文化”作为学校文化主体，提出了“培养心中有梦、眼中有光、肩上有责、胸中有墨、脸上有笑、臂膀有力的雅慧少年”的育人目标，形成了拥有余干县第十一小学特色的“一训三风”。2021 年 9 月初，学校如期开学，各项活动开展得有声有色，很快得到了家长和社会各界的认可。

2019 年 12 月，余干县古埠镇中心小学运动场上团建留影　领队为史南城

可史南城并不满足于表面的成功，他对学校发展有更深层次的思考——那就是在“双减”背景下，如何让“双减”政策真正体现成效，促进孩子全面健康成长。

在他的引导下，学校努力探索构建了“五育融合”德育评价体系，坚持“全维度育人、全项目布局、全资源整合”原则，组建了家长委员会，充分利用社会资源，对接社区、青少年活动中心等校外活动场所，拓展课后服务渠道，打造家校社协同育人、协同减负的工作合力，共同营造良好的教育生态，推进协同育人体系建设。

与此同时，他给教师们布置“‘双减’背景下如何提高课堂效率”“如何实现作业设计的精设+分层+可选”等“课外作业”，并带领大家努力探索“1+N”课后服务模式等工作机制。由于工作成效显著，特色鲜明，余干县第十一小学的“双减”工作得到了江西省内外媒体的关注，先后登上了江西教育电视台、《上饶日报》等媒体，并被江西省教育厅作为典型推荐上了教育部“中国教育发布”媒体平台。

史南城说：“真正的教育，是要让教育成为一种幸福！要播下一颗颗梦想的种子，去浇灌、去期待、去聆听它们破土而出、拔节生长的美妙声音。”在母校 70 周年华诞之际，他感慨地说：“感谢母校的培养，感恩潘源琛等恩师的指引！我将守住初心，为国家、为社会、为教育贡献自己的力量，也愿所有的老师都能成为幸福的教育者！”

张继中：深耕教育育桃李 勇挑重担建新校

张继中，江西赣县人，中共党员，正高级教师，江西教育学院（南昌师范学院前身）2000级心理学本科班学生；先后担任赣县大埠中学、赣县中学工会主席，赣县区红金实验学校校长，现任赣县中学西校区党总支书记、校长；先后荣获《光明日报》第三届“寻找中国好校长”中国好校长创新奖及全国基础教育“创新型校长”、教育部课题组研究先进工作者、江西省“优秀辅导员”等荣誉称号；系江西省第三批中小学数学学科带头人，“江西省第二期中小学名校长培养对象”培训班学员；被聘为南昌师范学院专家库兼职教授，江西省电化教育教材审查委员会学科专家，赣南师范大学硕士研究生指导教师。

回顾自己20多年来的教育生涯，张继中觉得是南昌师范学院这片沃土给了他十足的养分。从2000年作为学生在这片沃土上学习深造，到校长岗训班、校长提高培训班等各类学习培训，每一次回到母校，他总能感到无穷的力量在促使自己进步。尤其是叶存洪、饶玲、汪小琴（班主任）、胡永萍等老师们的博学多才和谆谆教诲感召着大家成长、砥砺前行。如今，作为南昌师范学院专家库兼职教授，他由当初台下的求知者转变为讲台上的教授，角色虽发生了改变，但始终不变的是对南昌师范学院的依恋。

孜孜不倦 学海无涯

回忆起在南昌师范学院的学习经历，学校良好的学习风气、浓厚的学术氛围，给张继中留下了深刻的印象。犹记得校园里的琅琅书声，催人奋进向学；犹记得图书馆的人山人海，引人争先向上；犹记得课堂上的激烈辩论，使人明辨向善。尤其难能可贵的是，现在反复强调的“德智体美劳”五育并举在当时的母校就已经得到充分的体现，在母校系统细密、润物无声的各类教育教学活动中，他“贪婪”吸收，茁壮成长，打下了坚实的专业知识基础。母校用实际行动诠释了校训的深刻寓意——厚德修身，博学育人，点燃了每一位学子遨游学海的希望之火。

百年树人 锤炼师品

一年之计莫如树谷，十年之计莫如树木，终身之计莫如树人。在母校求学期间，每一位恩师都给张继中留下了深刻的印象，他们的一言一行指引着他树立起终生潜心教育和服务教育事业的平凡而伟大的理想。

江西教育学院教育系2000级心理本科班毕业合影　第四排右二为张继中

“教育使我快乐，有爱和笑声的地方就有我的存在。”数载求学之路，恩师教诲铭记于心。教育管理学教授饶玲培养了他“博学而笃志，切问而近思”的修养；“教育就是让孩子的天赋发展出来”，心理咨询师汪小琴老师使他萌发了“让每个生命绽放精彩”的教育理念；“业精于勤，荒于嬉；行成于思，毁于随”，胡永萍教授传授了他过硬扎实的专业素养。七秩师范育大器，代代传承立潮头。

母校特色鲜明，在扎实开展专业人才培养的同时，积极承办各类教育教学培训活动，培养了一大批教育一线管理人才。张继中说，作为在母校求学的一名学子，他在南昌师范学院得到了专业上的发展；作为一名一线教育教学管理者，他在南昌师范学院的各类培训班中茁壮成长。是母校让他走出社会，踏入一线教育教学队伍，成了一名优秀的教师；也是母校促他转型，步入一线教育管理队伍，成了一名合格的校长。

铭记校训刻苦求索

从南昌师范学院毕业后，返回教学一线岗位的他始终牢记母校“厚德修身、博学育人”的校训，不断提升师德素养，全身心投入教育事业；坚持以认真、勤奋、严谨、进取、创新的态度对待教育教学工作，不断提高自身教育教学水平，把对学生的爱、对教育事业的执着，化为自觉的行动。

江西省第二十八期高（完）中校长（书记）提高培训班合影　第一排右五为张继中

正是母校这份精神的滋养，使他在任何岗位上都不忘提高教学教研能力。作为专家型教师，他荣获了江西省第三批中小学“数学学科带头人”、江西省“初中数学骨干教师”、赣州市“教育教学科研先进个人”、赣州市第五、第六批“中学数学学科带头人”等荣誉称号；在各类比赛中斩获较多奖项：2008 年、2015 年在全国初中现场赛课中均获一等奖，2006 年、2008 年、2018 年在赣州市初中数学优质课评比活动中均荣获一等奖。

面对这一顶顶桂冠、一项项荣誉，张继中始终牢记“博学育人”理念，不断把提升自我作为继续前进的动力。作为研究型教师，他利用业余时间撰写了大量论文和论著，在省级核心期刊《陕西教育科研》《江西教育》《教育科学》发表教学论文 30 余篇，主编（参编）并出版了《夺分王》等教学用书。他先后参与了多项国家级、省级课题研究，主持完成国家级课题“传统文化重在塑人”，主持完成省级课题“初中数学实验教学优化策略的研究”，参与完成省级课题 8 项。

2018 年 12 月在赣州市首届中小学校长信息化教学应用成果展活动中荣获一等奖

张继中个人素养全面，不仅业务能力强，管理能力也很突出。2013 年由赣县二中副校长岗位调到乡镇担任大埠中学校长职务后，他很快就适应了新的工作岗位，并主抓教学，打造了一支敢打硬仗的师资队伍，快速提升了学校办学质量；2018 年 8 月，赣县区在城东新建了红金实验学校，由他担任校长，短短一年间，一所新办学校各方面工作蓬勃发展，得到了社会各界的高度认可。

2019 年 7 月，赣县区委区政府准备在一所中专的旧址上新办一所高中——赣县中学西校区，组织上再次安排他担任赣县中学西校区筹委会负责人。通过连续近三个月日日夜夜坚守学校，他硬是将一所满园荒芜的老旧学校改造成花园式高中。在他的带领下，赣县中学西校区近三年来各项工作蓬勃发展，艺体办学特色鲜明，教学质量稳步提升。

张继中说："教育生命的发展是潜滋暗长、循序渐进的。需要教育者用满腔的热情去感召，用聪颖的智慧去启迪，用阳光的心态去点亮，用坚韧的意志去锻造，让稚嫩的幼苗在沃土中萌发、在日月光华下茁壮成长。"

忆往昔，桃李不言，自有风雨话沧桑；看今朝，厚德载物，更续辉煌誉赣鄱。七秩风雨兼程，硕果遍撒；七秩奋发图强，励精图治，母校美誉天下！张继中深情地说："感恩母校的培育，感恩恩师的教导，感恩同窗的情谊。值此母校七秩芳华之际，祝福母校砥砺前行，乘风破浪！祝福母校的师长攻坚克难，成果丰硕！祝福校友学为人师，行为世范！也愿一届又一届的学弟学妹们，秉承'厚德修身、博学育人'校训，传承和践行母校的精神和信念，立志献身中国基础教育，深耕细作走东西，不待扬鞭自奋蹄，扎根祖国大地，惠泽千家万户。"

张洁冰：关注特殊群体，服务奉献爱心

张洁冰，南昌师范学院教育学院2015届学前教育专业成人专升本函授毕业生，现任江西省精神残疾人及亲友协会副主席、南昌市精神残疾人及亲友协会主席，南昌市残联评定的历届优秀民办康复机构负责人、江西省红十字基金会2021年“99公益日”项目网络众筹优秀组织人、南昌慧聪儿童康复训练中心主任、创始人；被评为第六届江西省“助残先进个人”、南昌市“助残先进个人”。

母校给予前行力量

去南昌师范学院学习深造，提高学历、提升专业知识，一直是张洁冰的梦想和追求。回想起当初在母校学习的那段经历，张洁冰至今仍感怀不已。作为南昌慧聪儿童康复训练中心的创始人，张洁冰遍尝了创业的艰辛，也深知专业知识对孤独症儿童培养教育的重要性。为此，年届不惑的她毫不犹豫地重拾书本，2013年通过成人高考实现了在南昌师范学院学习深造的梦想。

张洁冰很珍惜这次难得的学习机会，她经常抽出时间去学校图书馆查阅有关康复教育、学前教育等方面的书籍资料，了解这一领域最新的研究成果。环境优美的校园、学识渊博的教师都给她留下了深刻的印象。在这段求学经历中，张洁冰一边坚持上课，一边挂念康复训练中心的大事小情，即使工作再忙再苦，她都不会丢下学习。两年后，她以优异的成绩拿到了本科文凭。张洁冰常说，是母校培养了她，给予了她继续前行的信心和力量，是老师们的悉心教导让她对自己所从事的特殊儿童教育事业有了全新的认知，也更坚定了她奉献和坚守的决心。

创办之路艰辛曲折

说起创办南昌慧聪儿童康复训练中心的过程，张洁冰感慨万千。2006 年，张洁冰和几位孤独症儿童家长一起自筹资金，租赁了青山湖区上海北路的两套民房，南昌慧聪儿童康复训练中心就这么因陋就简地开办了起来。开办之初资金紧张，大小事情都要自己动手干，加班加点更是家常便饭，每天回家后张洁冰都感到筋疲力尽。当时由于资金有限，很难满足员工薪酬待遇要求，加上社会普遍缺乏对孤独症儿童的了解，中心年轻教师的父母极力反对子女从事特教工作。迫于家庭压力，一些人陆续选择离开。

张洁冰相信，她所做的是帮人助人的好事善事，总会有志趣相投、有爱心、愿意为特殊群体奉献爱心的教师加入自己的团队。后来在她的努力和坚持下，康复训练中心逐渐稳定发展起来了，如今在南昌市西湖区拥有了一个功能完善的新校区，形成了两个校区的办学格局，各项教学设施也得到了极大的改善。看到这一切的变化，张洁冰的脸上露出了欣慰的笑容。

深耕特殊人群康复一线

张洁冰深耕特殊人群康复事业 17 载。她 17 年如一日，勤勤恳恳奋斗在康复教育一线，为 2000 多名身心障碍儿童开展康复教育训练，为近千名身心障碍儿童家长传授先进的康复训练技术知识和实操经验。她大力推动南昌市身心障碍儿童康复教育，团结引领精神残疾人及亲友自尊自信奋发向上，促进了南昌市身心障碍儿童康复教育事业的发展，为精神残疾人与服务机构的沟通交流作出积极努力和贡献。

她积极争当志愿者，深入社区、居民点组织开展各种主题宣传及社会公益活动，推广康复教育知识，呼吁社会公众给予这一特殊群体儿童更大的接纳和包容。她坚持开展特殊儿童及特殊群体教育活动，让其接近自然，融入社会，并为身心障碍儿童家长进行心理调适及心理援助活动，舒缓家长心理压力。

坚守特殊教育结硕果

康复训练中心开办17年，共为来自全国各地的3200余名孤独症儿童及其家庭提供了康复训练及家庭指导。据张洁冰回忆，有一次，一位年轻的妈妈带着孩子来到中心，一进门就对她说："张老师，您一定得帮帮我，我孩子6岁了还不会说话，要求得不到满足时立马不停地尖叫，抓扯我的头发，什么事情都不懂，我原以为大了会好，现在真是没有办法了……"尽管孩子家长在努力控制自己的情绪，但眼泪还是止不住地往下淌。

张洁冰知道此时任何安慰都显得苍白无力，只有帮助孩子训练才能帮助这个家庭。随后，她开始对孩子进行训练，在学习语言练发"e"音的过程中，为了保证孩子发音的清晰度，她尝试着用两根手指伸进孩子口腔帮助他控制口型，这是最有效的辅助方法，但很多次孩子都会突然用力一咬，那种钻心的疼痛无法言说。

就在孩子妈妈感到毫无希望时，突然有一天，孩子清晰地叫了声妈妈。孩子家长激动地说："6年了，他没叫一声妈妈，我以为这辈子听不到他叫我妈妈了，这下有希望了。真的太谢谢您了！"张洁冰看着孩子的进步，看着家长久违的笑容、幸福的泪水，她的心情也久久不能平静，感到所有艰辛的训练、艰苦的付出都是值得的。这样的例子还有很多。办学这些年来，很多孩子在康复训练中心的悉心指导训练下，各方面都取得了明显的进步，给不少家庭带来了全新的希望。

七十年春风化雨，七十年薪火相传，适逢母校 70 周岁生日，张洁冰由衷地为学校取得的办学成就感到骄傲和自豪。张洁冰感念道，在母校两年的快乐学习时光，给予了她丰富的知识营养，认识了很多优秀的老师和同学，建立了深厚的友谊，她衷心地感谢母校的培养，祝愿母校再创新的辉煌！

七秩芳华·往昔如昨篇

【编者按】 悠悠七秩芳华，漫漫征程如歌！2022 年是党的二十大召开之年，也是南昌师范学院建校 70 周年之时。70 年来，学校为党育人为国育才，谱写了华美的篇章，涌现出了一批批优秀的校友。关于母校，那里有校友们最美好的年华。携一纸信笺，书一份曾经的母校与我。“七秩芳华 · 往昔如昨”篇向读者殷殷讲述校友们的往昔故事。

吴志强：往事历历在目，初心永远不忘

吴志强，江西南昌人。1986 年 4 月加入中国共产党，1988 年 10 月参加工作，博士，教授，博士生导师及博士后合作导师，2011 年被评为广西壮族自治区“新世纪十百千人才工程”第二层次人选，2009 年被评为江西省“新世纪百千万人才工程”人选，2004—2009 年获江西省“高等学校中青年学科带头人”称号。

1985 年毕业于华东师范大学生物学专业，获学士学位；1988 年毕业于华东师范大学动物学专业，获硕士学位；1988—1995 年在江西教育学院（南昌师范学院前身）生物系工作，获讲师职称；1998 年毕业于厦门大学海洋生物学专业，获全日制理学博士学位；1998 年 9 月—2000 年 10 月在中国科学院水生生物研究所从事博士后研究，获中国科学院副研究员职务资格；2001 年 4 月获聘教授职称，2005 年 9 月获博士生导师资格。曾在美国明尼苏达大学、日本神户大学、英国诺丁汉大学等地访学；2017 年 3 月参加中国井冈山干部学院第 11 期“高校负责人党性教育专题培训班”学习并结业。

历任南昌大学研究生院常务副院长（正处级），南昌大学发展规划委员会高等教育发展研究中心副主任（正处级），桂林理工大学副校长，武汉理工大学校长助理（挂职），广西大学副校长，广西海洋和渔业厅党组成员、副厅长，桂林理工大学党委副书记、副校长。现任桂林理工大学党委副书记。

主要从事环境生物学、鱼类生态学、海洋生物学、生物多样性等方面的科学研究；主持国家自然科学基金5项、省部级科研课题10余项，主编专著10部，在国内外刊物发表论文170余篇。共培养博士后2名，博士研究生12名，硕士研究生70名。

获得2013年度广西自然科学奖二等奖、2012年广西高等教育自治区级教学成果奖特等奖、2013年广西教育科学研究优秀成果奖二等奖、2017年广西高等教育自治区级教学成果奖特等奖、2018年国家高等教育教学成果奖二等奖、2019年广西高等教育自治区级教学成果奖特等奖、2021年广西高等教育自治区级教学成果奖二等奖。

兼任中国动物学会常务理事，中国大坝工程学会过鱼设施专业委员会副主任委员，中国动物学会-中国海洋湖沼学会鱼类学分会理事，广西动物学会副理事长，教育部本科教学审核评估专家，国家自然科学基金评审专家，中国博士后科学基金评审专家，广西海域使用论证评审专家，广西北部湾海洋生物多样性养护重点实验室学术委员会副主任，广西大学海洋学院客座教授，首批广西水生生物资源保护与管理专家，广西珍稀濒危动物生态学重点实验室学术委员会委员。

1988年10月，我从华东师范大学生物学系动物学专业硕士研究生毕业，回到我的家乡南昌市，被分配到江西教育学院生物系工作，至1995年8月离开学校去厦门大学攻读博士学位。近7年的工作时间，留下了很多难忘的往事，回忆起来历历在目。而在这7年中，为党勤奋工作、忠于教育事业、做一名好教师的初心，一直伴我到现在。

以小见大，珍惜人才

1988年刚来学校工作，整个学校教师中有8名硕士研究生，除了我，还有黄宇慧、涂相仁等。为了留住人才，当时的李以镔校长做了两个决定：一是对硕士学历的教师单独评聘讲师职称，不和其他教师一起评；二是评完职称获得分房资格。我们顺利地分到了新住房。当时有人为此事和李校长争论，记得李校长说："我们要在留住人才上花大力气，多为他们考虑。"此话令我印象深刻。从这件事，看得出李校长珍惜和爱惜人才，肯花力气用有限的资源留住人才，留住人心。人才是学校发展的第一要务，是学校发展的重中之重，这是我在后来的工作中一直学习并践行的。

牢记使命，为党工作

在江西教育学院工作的7年中，我唯一做过的兼职管理职务是生物系教工党支部书记。这虽然是一个没有级别的职务，但却是我为党工作的第一份党内职务。当时李慧敏是我们系的党总支书记，一位老党员，一位和蔼可亲的女同志，很爱护我们年轻人，给予我很多关心和支持；系主任秦达明，也是一名老党员，他很支持我们党支部工作。非常感谢这两位老同志的关心和帮助。

党支部工作的历练，让我积累了很多经验，在后来的工作岗位上，我陆续担任过不同岗位的党务领导职务。我深知，这都是党给予我的信任和责任。我们是党的干部，为党努力工作、为人民谋幸福，为实现中华民族伟大复兴在所不辞，理应牢记初心使命，贡献自我力量。

热爱教学，教师为本

在江西教育学院工作的7年中，作为一名教师，我负责动物学专业的教学和实习。初次走上讲台，为了备课，每天晚上在家里用白纸画教学用图，我还自制了挂图架，在黑板上挂着使用，提升教学效果。我和胡向萍老师，多次带学生去实习，考察厦门海滨动物及庐山动植物，很多学生第一次看到大海、第一次见识海滨动物，觉得很新奇，这些野外实习教学对于他们深刻理解课程内容很有帮助。这7年的教学生涯，锻炼了我的教学能力，提高了我的教学水平，也使我爱上了教师这份工作。在以后的工作经历中，我有过很多次离开教师岗位的机会，但是我都坚守在教师工作岗位上，努力做一名好教师。只要走上讲台，我就感到有精神、有活力。

从二到十，坚持不懈

1993 年和 1994 年，我主编出版了两本教材，即《实用生物学技术》（江西科学技术出版社）和《动物学野外实习指导》（江西高校出版社）。这是我在江西教育学院工作期间做的两件大事。我担任“生物学技术”课程教学及动物学野外实习教师，当时国内没有现成的教材，都是油印讲义，效果不好。于是，我牵头组织国内一些高等和中等学校的教师编写了这两本教材，被全国几百所大学使用，发行几万册。看到著名的南京师范大学和天津师范大学生物系都用我的教材，我颇有自豪感。江西教育学院那段经历让我收获良多，为我后来的出书之路奠定了基础。近 30 年，我陆续编写了 8 本专著和教材、主编了 10 本教材，不敢说著作等身，但至少也算是学有所成、教有所长。

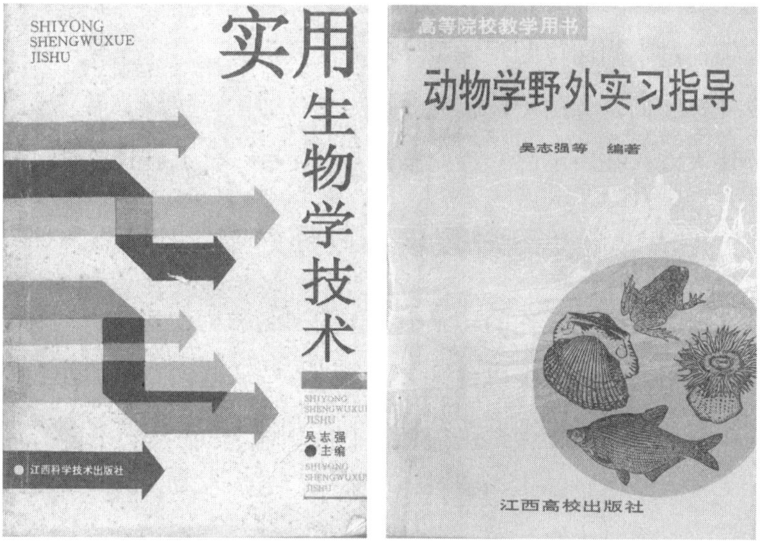

吴志强主编、编著的两本教材

吴志强编写的8本专著和教材

2022年是南昌师范学院七十华诞，栉风沐雨七十载，桃李万千书华章，岁月如歌，我衷心祝愿学校越办越好，拥有更加美好灿烂的明天。

徐晓泉：科学研究促进学校转型
学科建设支撑未来发展

徐晓泉，南昌师范学院原副校长，博士、二级教授、博士生导师，中央联系专家，国家有突出贡献的中青年专家，享受国务院政府特殊津贴专家。现任闽南师范大学数学与统计学院院长，闽南师范大学学术委员会副主任，教育部高等学校数学类专业教学指导委员会委员，中国系统工程学会模糊数学与模糊系统专业委员会常务理事，福建省粒计算及其应用重点实验室主任，江西师范大学数学与交叉科学研究中心主任，SCI 刊物 *Fuzzy Information and Engineering* 副主编，*International Journal of Mathematics and Systems Science*、《中国理论数学前沿》《模糊系统与数学》编委；兼任四川大学、首都师范大学、江西师范大学基础数学博士生导师；入选“赣鄱英才 555 工程”科技领军人才、江西省主要学科新世纪学术和技术带头人；第九届全国人大代表，第九届江西省政协常委，第十一届江西省人大常委，第十一届、十二届江西省政协常委，江西省党外知识分子联谊会副会长，中国系统工程学会模糊系统与模糊数学专业委员会副理事长，中国高等教育学会教育数学专业委员会副理事长。

主要从事拓扑学、Domain 理论、格上拓扑学等领域的研究工作。主持国家自然科学基金项目 6 项，作为主要成员承担国家自然科学基金重点项目2项；在国内外重要数学刊物发表论文100余篇，其中SCI论文60余篇，出版学术专著2部；获省部级科技奖励3项，2007年获全国百篇优秀博士学位论文奖。

2010年3月，我从江西师范大学调入江西教育学院任副校长，至2019年3月底调至闽南师范大学工作，在学校整整工作了9年，经历和参与了学校从江西教育学院改制更名为南昌师范学院及成为普通本科高校后的改革发展历程，先后分管过科研处、学报编辑部、国际教育学院、生物技术研究所、图书馆、附属中学、教务处、基础教育研究中心、教育培训学院、现代教育技术中心等。无论是学校改制前还是改制后，科研工作和学科建设始终是我花费精力最多、付出努力最大的两项工作。

2017年10月19日，徐晓泉（右一）代表学校与南昌市教育局签订基础教育领域战略合作协议

2013年4月24日，教育部函复江西省人民政府（教发函〔2013〕47号），同意在江西教育学院基础上建立南昌师范学院。同年6月15日，江西省人民政府批复同意江西教育学院改制更名为南昌师范学院。这标志着学校正式由成人本科师范院校改制为普通本科师范院校，进入

了新的历史发展阶段。

学校改制更名后，最迫切的任务就是尽快完成由成人教育向普通本科教育的转型，实现学校新的发展目标：立足江西，面向基层，发挥教师教育的传统优势，坚持教师教育职前培养与职后培训相贯通，着力打造全省中小学幼儿园教师及其他应用型人才培养基地、全省基础教育教师和教育行政干部示范性培训基地、全省基础教育改革发展重点研究基地，将学校建设成为有特色、高水平的应用型普通本科师范院校。

建立学科建设基本制度，制定学科建设发展规划

学科建设是高校建设的核心，在高校发展中占有举足轻重的战略地位。为推动学校改制为普通本科师范院校后的学科建设快速发展，按照学校党委安排，2013 年上半年，学校成立了学科专业调整调研小组，对全校教学单位和研究机构进行了为期两个多月的调研；2013 年下半年，积极开展了各学科建设规划的论证工作。在这些工作的基础上，根据江西经济社会发展的需要和学校的办学定位与发展目标，结合学校实际，研究制订了《南昌师范学院学科建设发展规划（2013—2017 年）》。2016 年，制订了《南昌师范学院“十三五”学科建设规划》。2017 年，出台了《南昌师范学院“11531”工程实施方案》，全面实施“11531”工程。

与此同时，为努力实现科研工作向质量导向型的转变，学校制订了南昌师范学院学科建设和科研工作基本规章制度，主要包括《南昌师范学院学术委员会章程》《南昌师范学院省级重点学科管理办法》《南昌师范学院重点学科建设与管理办法》《南昌师范学院人文社会科学重点研究基地管理办法》《南昌师范学院创新团队建设与管理办法》《南昌师范学院科研机构设置与管理办法》《南昌师范学院学术道德建设规定》《南昌师范学院科研项目经费管理办法》《南昌师范学院博士科研基金管理办法》和《南昌师范学院科研工作量计算办法》等。2014 年，按教育部的规范要求组建了南昌师范学院第一届学术委员会。这些规章制度

的建立与实施，有力保障了学科建设和科学研究的有序进行，并持续取得成效。

浓厚学术氛围，高水平学术活动频频举行

改制更名为南昌师范学院后，学校的学术氛围逐年浓厚，每年举办几十场乃至上百场学术报告和学术讲座，邀请了不少国内外知名学者，高水平学术活动频频举行。

2014 年 4 月 19 日上午，中国科学院外籍院士、北京生命科学研究所所长王晓东莅临学校作“生命科学前沿与进展”的学术报告，并被聘任为南昌师范学院名誉教授。

2014 年 12 月 18 日，国家自然科学基金委员会计划局副局长王长锐应邀访问学校，对学校 2015 年国家自然科学基金项目的申报工作进行指导。

教育部数学类专业教学指导委员会 2016 年工作会议合影　第一排右二为徐晓泉

2016 年 3 月 25 日至 27 日，由教育部高等学校数学专业教学指导委员会主办、南昌师范学院承办、高等教育出版社协办的“教育部数学类专业教学指导委员会 2016 年工作会议”在南昌召开，中科院院士、信息安全专家郑建华教授应邀参加了本次会议。《江西日报》等媒体对会

议进行了报道。

2018年8月5日至8日，第二届全国Domain理论青年学者论坛在南昌师范学院举行，来自四川大学、湖南大学、北京航空航天大学、西安交通大学等31所高校的95名专家学者齐聚学校青山湖校区，参加了为期三天的论坛。论坛邀请了四川大学、湖南大学、西安交通大学等9所高校的12位优秀青年学者做学术报告，围绕这些报告，与会专家、学者展开了热烈交流，形成了许多共识，一致认为，本届论坛的成功举行必将对我国在Domain理论及相关领域的研究产生积极的促进作用，期望产生一批有国际影响的高水平研究成果。

国家级项目频频实现“零”的突破，整体科研水平显著提升

改制前，学校作为一所以教育培训为特色和优势的成人本科院校，科学研究相对较弱。改制为普通本科师范学院后，学校不断重视科学研究工作，出台了一系列激励政策，学校的科研实力逐渐得到增强，尤其是在各类国家级项目上，频频取得“零”的突破。

2014年，物理系刘礼书副教授、生物技术研究所饶友生教授两人分别获批国家自然科学基金项目，两项资助经费共92万元。

2015年，生物系张同林博士和梁磊博士、生物技术研究所周敏教授、数学与计算机科学系（以下简称“数计系”）熊金泉教授分别获批国家自然科学基金项目，4项资助经费共162万元；基础教育研究中心何声钟教授获批2015年度教育部人文社科研究规划项目；音乐系刘永红教授获批2015年度国家社科基金艺术学一般项目，实现学校在国家社科项目“零”的突破。

2016年，数计系徐晓泉教授、物理系韩岩博士、生物系傅科鹤博士分别获批国家自然科学基金项目；中文系刘法民教授获2016年国家社科基金后期资助项目，是学校首次获批国家社科基金该类项目，实现了“零”的突破。

2017 年，化学系罗明洪博士获批国家自然科学基金项目，实现了学校化学学科国家自然科学基金项目“零”的突破；中文系温世亮博士获批国家社科基金项目，教育系朱晓颖博士获批全国教育科学规划项目，实现了学校在此两类项目上“零”的突破；中文系钟志强博士获批国家社科基金艺术项目，马克思主义学院敖四江博士获批教育部中国理论专项项目。

2013—2017 年，学校共获批国家级项目和教育部项目 23 项，其中国家自然科学基金项目 11 项、国家社会科学基金项目 1 项、国家社会科学后期资助项目 1 项、国家社科基金艺术学项目 2 项、全国教育科学规划项目 2 项、教育部人文社科基金项目（含专项项目）6 项，与改制前相比较，学校整体科研水平显著提升。

值得提及的是，2019 年 1 月，由中国社会科学院中国社会科学评价研究院主办的第五届全国人文社会科学评价高峰论坛暨期刊评价峰会在北京发布了《中国人文社会科学期刊 AMI 综合评价报告（2018 年）》，全国人文社会科学期刊教育类核心期刊共入选 99 种，《南昌师范学院学报》连续两次入选“中国教育类核心期刊（扩展版）”。

服务地方经济社会发展，学科平台建设取得新突破

作为一所地方应用型普通本科师范学院，如何更好地为地方经济社会发展服务，既是我们的职责使命所在，也是我们学校发展的必由路径。从江西经济社会发展的需要和学校的实际出发，根据办学定位和发展目标，学校重点加强教育学科和应用学科建设，培育和建设若干省级特色学科，学科平台和研究基地建设取得突破，服务区域经济社会发展的能力不断增强。

2012 年，学校的“通信信息系统”和“计算机应用技术”两个学科入选省“十二五”重点建设学科。2013 年 9 月 25 日，江西省学位办对学校“十二五”重点学科建设进行中期检查。2013 年年底，经江西

省学位办批准同意，学校的两个重点学科调整为“学前教育学”和“遗传学”。

2015 年 4 月，经江西省科技厅批准，学校申报的“江西省群体遗传与分子育种重点实验室”成功入选 2014 年“江西省重点实验室培育基地组建计划”。2015 年 12 月 17 日，江西省教育厅“十二五”重点学科终期验收专家组对“学前教育学”和“遗传学”两个省重点学科进行终期验收检查，两个学科顺利通过验收。

2015 年 11 月，学校申报的“江西省旅游产业升级研究中心”获批江西省哲学社会科学重点研究基地，实现了学校省级人文社科重点研究基地“零”的突破；2016 年 2 月，学校“江西民间舞蹈文化研究中心”获批江西省文化艺术科学重点研究基地，实现学校省级文化艺术科学重点研究基地“零”的突破。

2016 年 12 月，江西省科技厅正式公布 2016 年江西省重点实验室组建计划，学校申报的“江西省地方鸡种遗传改良重点实验室”顺利获批，实现了省级科研平台建设的新突破。

2017 年 7 月 1 日，“江西省地方鸡种遗传改良重点实验室”顺利组建学术委员会，并召开第一届学术委员会第一次会议。学术委员会由国家肉鸡产业技术体系岗位科学家、华南农业大学张细权教授，江西省家禽生产技术专家组首席专家、江西省农业科学院副院长谢金防研究员，教育部“长江学者”创新团队带头人、国家杰青、江西农业大学任军教授等 10 位国内外知名专家组成。

与闽南师大合作，开创联合培养教育硕士先河

为提升学校人才培养层次，并为将来学校申请硕士学位授权单位奠定必要基础，2016 年 3 月 17 日，我与人事处、教务处、中文系、数计系、国际教育学院负责人一行六人赴闽南师范大学（以下简称“闽南师大”）商谈联合培养教育硕士等事宜，在时任校长李进金、副校长肖庆伟（现任闽南师大党委副书记）的关心和支持下，双方就语文教育、数

学教育、学前教育、小学教育、教育管理、计算机工程等六个专业达成联合培养教育硕士合作意向。2016 年 5 月，双方签署了《闽南师范大学与南昌师范学院联合招收、培养研究生协议书》。2016 年 6 月 24 日，闽南师大研究生处处长张晓松等一行三人来到南昌师范学院，落实联合培养研究生具体事宜。2017 年 9 月，语文教育和数学教育两个方向率先开始联合培养教育硕士。

2021 年 6 月 23 日，经我联络，学校党委书记王金平，党委委员、副校长谢康等一行八人到访闽南师范大学，闽南师范大学党委书记吴彬镪、副校长张龙海等陪同调研并参加交流座谈会，双方就未来进一步加强合作、协同培养高层次创新型人才达成广泛共识。王金平书记和吴彬镪书记均表示，两校在研究生联合培养上已经取得良好成效，在人才培养、科学研究和学科建设等方面也有着共同的经验和良好的合作基础，未来希望充分发挥双方在学科结构和研究生培养方面具有相容性和互补性的资源优势，探索出更加丰富、完善的研究生联合培养模式，进一步丰富双方校际间的合作形式。

2021 年 12 月 21 日，江西省学位办对“十四五”新增博士硕士学位授予单位拟立项规划建设名单进行公示，南昌师范学院被列入新增硕士学位重点建设单位。2022 年 3 月 9 日，学校组织召开了江西省“十四五”新增硕士学位重点建设单位南昌师范学院硕士学位授权点建设学科带头人挂帅出征启动仪式。

适逢南昌师范学院建校 70 周年，衷心希望学校能尽快获批成为硕士学位授权单位，在办学和人才培养上进一步提升，为学校高质量内涵式发展提供强有力支撑。

华光耀：梦回校园

——致南昌师范学院70华诞

华光耀，中共党员，高级编辑(教授)，作家，中国工人报刊协会常务理事，第七届江西省作家协会理事，江西省报业协会常务理事，江西省期刊协会理事，江西省散文学会会员，曾任江西工人报社、《职工法律天地》杂志社社长、总编辑。

1977年开始发表诗歌、散文、报告文学等作品，迄今在国家和省、市报刊发表文学作品160余万字，发表论文40余篇。出版长篇报告文学《粮海弄潮》、散文集《岁月如歌》《书韵悟语》，主编出版诗集《钢铁与火焰的诗情》、散文集《2012—2013年江西文学作品双年选·散文卷》、新闻和文学作品集《笔墨春秋》等，其中有60余篇作品获全国工人报刊新闻奖、江西新闻奖、江西报刊网络新闻奖、江西省报纸副刊好作品奖、江西新闻摄影奖等；曾荣获"江西省高校宣传思想工作先进个人""全国教育学院优秀院报工作者""江西省高校校报优秀新闻工作者""江西省报业优秀个人""江西省期刊优秀工作者"等荣誉。

一

饮水思源，母校是无法忘却的，她像血液一样流淌在每一位莘莘学子的心底。

岁月如歌，美好的事物都会珍藏于记忆深处。只要在恰当的时空交汇点上碰撞，一切的过往就会如开闸泄洪，奔涌而至；往事历历在目，仿佛就在昨天。

二

母校于我而言，既是我工作事业之基，也是我求学笃行的殿堂。

1987 年是我人生中的一个转折点，也开启了我人生新的历程。这一年我来到了江西教育学院（南昌师范学院前身）党委宣传部工作。新学期开学后，在一个秋阳正好的上午，党委宣传部周冠方部长告诉我，校党委决定创办《江西教育学院》报，作为学校对外宣传的窗口，加强与兄弟院校的信息交流，塑造学校良好形象，同时强化师生思想政治工作、提升校园文化水平、服务学校党政中心工作、助推学校教育改革与发展。周部长说："不要小看一张校报，它承载着学校党政领导和全院师生的希望，对扩大学校在社会上的影响力、提升办学的知名度有着积极的作用。你是学新闻的，这项工作由你来筹备，做责任编辑，而且要求在党的十三大召开之日出报。"当时我默默地听着周部长的嘱咐，心情既紧张又激动。紧张的是时间紧任务重，部里人手少，一个人要顶几个人工作；激动的是圆了自己少年时期的记者梦，有了一个能实现自己理想、发挥自己所长之地，能为学校新闻宣传工作出一份力。

为了赶在党的十三大召开之时出报，我开始在校内各部门、各系奔走，约稿、采访、写稿、选稿、编稿，既当记者又当编辑。那样的日子是快乐的，充满着激情，不知疲倦、不知劳累，感受着工作是那样的美好。学校原党委书记刘景才为报纸创刊号题写了"教书育人"四个大字，以作对校报创刊的支持与鼓励，而报名就用已故老省长邵式平为学校书写的"江西教育学院"字样，因当时校报是内刊，还没有取得省内和全国统一刊号，所以没有“报”字。记得当我编完第一期校报，待周部长和学校党委副书记郑清渊审定后，交回我手上，因我那时不会画版，只好请《南昌日报》的美编画版，骑着自行车从城东到城北。那天由于美编忙，我一天跑了三趟，直到美编画完版，画好插图、题图、尾花，再送到印刷厂，回家时街上已是华灯初上。

江西教育学院
JIANGXI JIAOYU XUEYUAN
教书育人 面向中学
创刊词

《江西教育学院》报正式出版

1987年10月23日，在党的十三大召开之前，《江西教育学院》报正式出版。闻着纸墨清香的报纸，部里的同志都非常高兴，望着那一叠叠报纸，按捺不住激动的心情，看了又看。部长和我们一起动手分发到学校各部门各系，余下的大家一起动手抄写信封把报纸寄发到省直有关单位、兄弟高校和全省各地市相关中学。当我们把报纸一捆捆打好包时，已是夜幕降临，周部长望着我们说：“你们下班吧，我在办公室坐一会儿，看一下报纸。”说着点燃一根烟，欣然望着我们离去的背影。

这就是35年前的我，一个27岁的青年人，怀揣情怀和对美好人生的追求，伴随着《江西教育学院》报（后更名为《江西教院报》）走向生活、走向未来。

怀念我27岁的青春岁月。

三

党委宣传部是一个锻炼人、培养人、成就人和一个令我无法忘却的地方。那里有太多美好的往事，至今回首，依然有一种“虽然出走半生、归来仍是少年”的感觉。团结、友好、互助、融洽是我们党委宣传部的主基调，我们各有分工又相互配合。无论干什么工作，大家都服从部长分配，激情饱满，干劲十足。从组织全校理论学习到组织校党委中心组学习，从对内对外宣传工作到组织学校各项文体活动，从学校业余党校学员培训到组织学生记者团培训采访，每一项工作的开展既有规划又有条不紊，雷厉风行，说干就干，做得有声有色。

第一排左一为肖志居（已故）、左二为周冠方、左三为毛秋云，右一为华光耀

中学教学報

ZHONG XUE JIAO XUE BAO

主办 江西教育学院 出版 中学教学报 编辑部

1991年10月25日第1期　总第1期　江西省报刊准印证01——098号

《江西教育学院》报更名为《中学教学报》的第一期报头

中学教学報

ZHONGXUE JIAOXUE BAO

主办：江西教育学院 出版：中学教学报 编辑部

主编：郑清渊 副主编：周冠方

1993年2月10日第18期 江西省报刊登记证01—098号

《中学教学报》最后一期报头，此后报纸更名为《中学生报》

20世纪90年代初，随着学校教学改革深入，为更好地面向中学、服务中学，经学校党委研究决定，报省新闻出版局批准，我们将《江西教育学院》报更名为《中学教学报》，沿用江西省报刊登记证01—098号，于1991年10月25日正式创刊，为旬报；成立了《中学教学报》编辑部，学校党委副书记郑清渊为主编，党委宣传部部长周冠方为副主编，依然归属学校党委宣传部管理。《中学教学报》后又根据读者需求改为《中学生报》，从《中学教学报》到《中学生报》虽然只办了短短三年，但取得了良好的社会效益，并植根于中学教师和中学生读者心中。

1995年因学校工作需要，《中学生报》更名为《江西教院报》。虽然报名几经更改，但始终坚持围绕学校党政中心，服务广大师生。为了使《江西教院报》走上正规化、常态化的发展之路，时任学校党委宣传部部长的毛秋云主持召开部务会，就如何进一步办好院报作了积极探讨，提出申报全国统一刊号。经报请学校党委研究同意，由我对接省新闻出版局，负责申报工作。几经周折，终于获得了全国统一刊号CN36—0812（G）。院报为半月报，并成立了新的院报编委会，学校党委副书记刘锡忠为主编，毛秋云部长为副主编，我任编辑部主任。

1995年，我随同时任学校党委书记的章启明前往北京出差，有机缘跟随章启明书记拜访了时任国家教育委员会副主任、国家教委总督学柳斌先生，访谈空闲之余，我适时向柳斌副主任提出请他为我校题写《江西教院报》报头字，他欣然允诺，提笔而就。这是老领导对学校新闻宣传工作的鼓励和鞭策。

从创办《江西教育学院》报之初的月报到《江西教院报》的半月报，从省内刊号的获批到取得全国统一刊号，这个华丽的转身，包含着几任学校领导和部长、老师、同学们的关爱和厚望，凝聚着他们的心血和汗水，反映了学校教育教学改革的稳步发展。而我也伴随着院报的发展成长起来。在这里，我将新闻理论运用到实际工作中，熟悉了整个新闻采编工作及新闻发布流程，掌握了各种新闻题材的写作，能力得以不断提高，学会了如何加强与省内新闻单位和中央驻赣新闻单位的沟通与交流，奠定了我日后从事新闻工作的坚实基础，也从中收获了丰硕的果实。1995 年中国工人出版社出版了我的第一部长篇报告文学《粮海弄潮》，2000 年中国文联出版社出版了我的第一本散文集《岁月如歌》。这是我文学创作上的第一个人生高地。我 1995—2000 年连续被评为江西省高校校报优秀新闻工作者，1996—1997 年被评为江西省高校宣传思想工作先进个人，2000—2001 年被评为全国教育学院优秀院报工作者。

江西教育学院 1991 级政教本科班同学合影，
第二排左六为胡卓群老师，二排右三为华光耀

四

读书是一种幸福。为了进一步提升自己的工作能力和专业水平，我参加了 1991 年成人本科考试，被录取在学校政教系（马克思主义学院前身）函授本科专业学习。在三年本科学习中，深感三尺讲台上老师们讲课时的严谨与博学，以及对学生的关爱与满怀激情的期待，他们的谆谆教诲和辛勤的付出，使我们这些学生学有所获，学以致用。恩师们深耕于课堂教学之中，虽然授课风格各异，但娴熟而生动，或深入浅出，或风趣幽默，都给我留下了深刻的印象。谢琢茹、张连泰、胡卓群、胡鑫、熊大薇、胡友静、林容、白莎、田其康、喻俐贞、文建霞、缪鸿孺……一

个个老师的名字深深刻印在我脑海里，如星星在教育界的夜空闪耀。师恩如海，教泽绵长，老师们的教诲令我永远铭记于心。

我们这一代人是有幸的，生逢这个伟大的时代，有了以为中华民族伟大复兴为已任而奋力拼搏的梦想，有了不甘寂寞的时代钟声，我们所处的时代一定是热风潮雨，气象万千。如此，万千气象都阅尽，对于明天来说，我们就是历史；对于现实来说，我们就是时代。

潮起潮落，薪火相传。对于我们这些离校的老校友，母校永远是我们的精神家园，我们将始终牢记“厚德修身、博学育人”的校训。

感恩老师，感恩母校。

值此，祝贺母校七十华诞。

黄锡生：岁月如歌，青春如梭

黄锡生，江西石城人，江西教育学院（南昌师范学院前身）1983级政教专业专科班学生，现为重庆大学法学院院长、博士生导师，兼任中国自然资源学会常务理事兼资源法学专业委员会主任委员，中国法学会理事，中国环境科学学会环境法分会副主任委员，全国优秀博士论文通讯评审专家，国家社会科学基金及教育部、司法部项目通讯评审专家等职。从教近40年，始终奋战在法学教育第一线，教学效果优秀，深受学生欢迎，累计培养法学博士生60余人、硕士生170余人，为国家和社会输送了大量优秀法学人才。

离别母校已30余载。人生匆匆，俗务忙忙；久居巴蜀，心念故乡。尘封的记忆一直无缘开启，今逢母校七十华诞，写点文字穿越当年，追寻那远去的记忆，以示纪念。

"村" 里的大学，田中的校园

1983年9月，我终于接到了江西教育学院的录取通知书，全家欢欣鼓舞，杀了一头猪招待亲戚朋友和乡邻，第二天就背起行囊离开了家乡石城。经过八九个小时的颠簸，汽车终于到了南昌市中心的长途汽车总站。一出站，只见街上熙熙攘攘，一辆辆长长的带着“电辫子”的公共汽车穿梭而过，一片繁忙的景象，对于从未走出偏远小县城的我来说真是大开眼界。

负责新生接站的老师和学长们热情地将我送上校车，大约 20 分钟左右，便来到坐落于南昌市郊谢家村田野中的江西教育学院。那时宿舍好像还没有完全建好，我们男生被安排在食堂旁边的临时搭棚里过渡了一段时间。校园里除了一栋教学楼，两栋学生宿舍，几栋教工家属楼，一栋集医务、总机、单身宿舍于一体的多功能小楼，一个篮球场、一个食堂和一个澡堂，几乎没有其他建筑和设施了。阅览室分布在教学楼一层，图书馆设置在学生宿舍一楼，机关办公室好像也“镶嵌”在学生宿舍里，整个学校显得十分小巧和紧凑。

出了唯一的校门，四周都是稻田，天地十分广阔，我们晚饭后常常徜徉在希望的田野上。对于来自农村的我来说，倒也习以为常，心里想着大概日本的早稻田大学也跟这差不多吧！

20 世纪 80 年代初，能考上大学可谓是天之骄子，鱼跃龙门。1983 年是我国高中三年学制改革的初期，很多地方没有应届毕业生，对往届生来说无疑是利好的一年。但是录取率还是相当低，大中专“一条龙”从高分到低分录取，全国录取率大概 23%，能上大学的不到 10%。

我们是江西教育学院政教系的首届学生，51 位同学（其中 13 位女生，38 位男生）来自江西各个地方，大部分都上了本科线，有的同学还上了北京大学的录取线。班上年龄最大的同学 25 岁，工作多年，我们一直尊称他为“老大”，年龄最小的同学 15 岁。全班同学长幼有序、团结勤奋、互相帮助，在知识爆炸的时代紧张愉快地度过了两年短暂的大学生活。遗憾的是学制太短，才相识就别离，故事不多，宛若只有半首的大学之歌，匆匆地伴我们走上了各自的工作岗位和人生旅程。

敬业的老师，一流的教学

改革开放初期，各行各业百废待兴，人人心中充满希望和理想。老师的主要任务是讲课，没有科研的压力，同职级也没有收入的差距；学生主要是听课和跑图书馆，周末偶尔在操场上看一场露天电影，不用缴学费，每月还有17.5元的助学金，足以过上社会中等水平以上的生活。

那时母校刚刚复办不久，大部分老师从各个单位调回，扬鞭自奋，十分敬业；小部分老师刚从名牌大学毕业分来，青春闪耀，思维活跃，充满朝气。学校虽然袖珍简朴，但藏着很多大师，教学堪称一流，丝毫不输名校。现在回想起来，依然历历在目，记忆犹新：著名的逻辑学家周文英教授理论深厚，讲课基本不看讲义，一堂课没有废话，全是精华；政教系主任张连泰教授声如洪钟，铿锵有力，常以自己的革命经历诠释党的光辉历史；政教系书记谢琢如老师满脸笑容，和蔼可亲，春风化雨般的语言彰显出职业革命家的风度；哲学老师胡卓群教授讲课深入浅出、通俗易懂，一个个充满哲理的故事启发着我们的思维；哲学老师谢志诚教授课间一首东北小调《新货郎》，至今还萦绕在我的耳畔，余味无穷；政治经济学老师胡鑫教授一板一眼，十分严谨，关于剩余价值计算方法和过程的讲解让我终生难忘；法学老师田其康教授讲课生动活泼、幽默风趣，案例教学启发思维，使我走上了今天从事法学教育与研究的人生之路；国际共运史老师张书昌教授中气十足，方法巧妙，用“拍两巴掌、然后伸出双手五指”的方法教我们记住马克思的出生年月日，现在我也传授给了我的学生；党史老师陈春娥教授中年短发，鼻梁上架着近视眼镜，显得清秀沉稳，讲课条理清晰，旁征博引；近代史老师吴家俊教授个头中等，不苟言笑，上课时双手交叉叠放在肚子上，板书只写标题，不紧不慢娓娓道来；哲学新秀徐建中老师思维敏捷，能言善辩，课堂中弥漫着思辨的气氛和辩论的声音；西方哲学史学究葛国勇老师知识渊博，西装革履，一副深度金丝边圆眼镜里常常折射出智慧的光芒，同学们暗送他“伊壁鸠鲁”的雅号；党史新秀高睿老师板书清秀，刚劲有力，一手好字龙飞凤舞，常引来同学们一片赞叹羡慕的声音；伦理学新秀王玲玲老师柔声细语，润物无声，有关善恶、是非、公平、正义等一系列的伦理观点至今还指引着我的行动方向；写作才俊周文老师满腹经纶，口若悬河，民间打油诗的故事至今还让人记忆犹新；体育教练马光永老师皮肤黝黑，热情直爽，一套长拳学得我们晕头转向，常常被 20 个俯卧撑或绕场 10 圈加持；友情赞助教我们跳舞的方聆老师齐耳短发，漂亮大方，一曲“嗦朵朵咪嗦嗦朵朵咪嗦”的《青春圆舞曲》一直飘荡在操场的上空；最难忘的是班主任刘又知老师，北京师范大学刚毕业就成为我们的领路人，她那从火柴厂工人自学成才考上名牌大学的人生经历和吃苦耐劳奋发向上的精神永远激励着我们，她那认真负责、任劳任怨、循循善诱的工作态度是我们终身学习的榜样。

黄锡生在第三届中国–东盟法学院院长论坛（2021）上发言

岁月如歌、青春如梭，记忆模糊、真情浓缩，我很庆幸在那个年代遇到了诸多优秀的老师为我们传道、授业、解惑，我很高兴在那个年代能与诸多真诚的同学相遇、相知、相助。感谢母校的培育之恩，母校一直是我心中神圣的殿堂，无论走到哪里，我都不会忘记！在母校七十华诞庆典之际，祝愿母校教千万社会英才，育无数家国栋梁，为我国教育事业的发展作出更大贡献！

郭安海：俯首甘为孺子牛 不待扬鞭自奋蹄

郭安海，江西上饶人，江西教育学院（南昌师范学院前身）首届教育管理专业学员（1984级专科脱产、1987级本科函授），中共党员，硕士研究生、教授；原中共上饶市委宣传部副部长、上饶市文明办主任，2008年3月开始担任上饶市信州区福海老年公寓党支部书记、院长。他用14年时间把福海老年公寓打造成全国一流的养老机构、全国先进基层党组织、全国文明单位、全国民政标准化示范单位、江西省首批四星级养老机构、江西省五一劳动奖获奖单位。个人先后被中央精神文明建设指导委员会、国家人事部（现中华人民共和国人力资源和社会保障部）授予“全国精神文明建设先进工作者”，被国家人事部、民政部授予“全国民政系统劳动模范”“全国孝亲敬老之星”，被江西省委、省政府授予“全省抗击非典工作先进个人”“江西省第三届井冈质量奖个人提名奖”，获“全省宣传思想工作先进个人”“江西省最美老干部”“全省最美基层民政人”“江西省离退休干部先进个人”“全省老年教育先进工作者”“江西省十大老有所为之星”等省级以上荣誉12项。

母校是我人生的新起点

我 1967 年高中毕业，遇上了“文化大革命”，上大学的美梦破灭。1984 年，我已是上饶县中学（省重点中学）副校长，而只有高中文凭的我即将因学历不达标被淘汰，就在这关键时刻江西教育学院成人学历脱产进修班开始招生，终于圆了我的大学梦，从此我与母校结下了不解情缘。

1984 年 9 月份，我把父母和孩子交给妻子，打点行装，只身一人来到江西教育学院求学，开启了我人生新的求学之路。美中不足的是，当时教育管理专业第一届招收的是专科生，我只好于 1987 年再次报考母校的函授本科，1990 年顺利毕业。工作 10 年之后，我又深感知识储备适应不了时代发展的需要，报考了浙江师范大学与澳大利亚伊迪斯科文大学联合办学的教育学硕士研究生。2006 年，我被顺利评为教育学教授。

郭安海（左三）与同学在八一广场留念

可以说，没有母校五年培养打下的基础，我不可能圆自己的大学梦，更不可能获得硕士学位并评上教授职称，母校是我人生的新起点。在母校学习的那些时光里，李才栋、李旷、潘源琛、李淑华等老师都给我留下了深刻的印象。母校校园面积虽不大，却处处温馨，图书馆、教学楼、学生宿舍……到处都留下了我们刻苦学习的身影。我们这些同学年龄都较大，大家都很珍惜来之不易的学习机会。

在校两年学习期间，我学到了获取新知识的科学方法、学到了开展学术探索的路径，我的第一个调研课题“中学教师职业情感调查报告”获得学校优秀论文奖，后发表在《江西教育学院》报上；我连续两年被江西教育学院党委授予“优秀共产党员”称号；我的管理工作能力也得到了极大的锻炼提高，当时担任所在班级的党支部书记，培养了 21 名同学加入党组织，党支部连续两年被学院党委授予“先进党支部”荣誉称号。

郭安海部分著作

勇创一流是我一贯的追求

在职工作时，“勤勤恳恳做事，多干事、做好事”是我几十年来形成的工作习惯。每个双休日、节假日，只要不出差，都能在办公室里找到我的身影，因此我被同志们亲切地称为上饶宣传思想战线上的“孺子牛”。

干一行，爱一行，专一行；做一件事，成一件事，像一件事。2003年“非典”疫情暴发，我被抽调到上饶市防治“非典”工作指挥部任宣传组组长。我坚持守正创新，加以正面宣传引导，对传播防控知识起到了积极作用，被江西省委、省政府授予“江西省抗击非典工作先进个人”荣誉。在上饶工作期间，我主动找事做，专心做成事，创新做好事，主动带领全体干部为全市精神文明建设出谋划策，在市委市政府的正确领导下开启了上饶创建全国文明城市、卫生城市、优秀旅游城市、“双拥”模范城市、森林城市等“五城”同创的工作，开创了上饶精神文明建设的新局面，取得了突破性成果，打造了一批在全国、全省叫得响的品牌。2005 年 10 月，我被中央文明委、国家人事部授予全国首批 100 名“全国精神文明建设先进工作者”称号。

示范争先是我最大的工作目标

做示范、勇争先，是我最大的工作目标。患有高血压和糖尿病的我，退休后本应该在家安享晚年，然而我牢记共产党人的使命担当，领着家人办起了江西省第一家大型民办专业化养老机构——上饶福海老年公寓，以“老骥伏枥，志在千里”的姿态继续为党的建设、养老服务、社会文明建设贡献自己的光和热。

14 年来，我把福海老年公寓打造成“养老服务、医养结合、养教结合、专业培训、科学研究”五位一体的养老服务机构，成立了江西第一个民办养老机构党组织，探索了福海老年公寓党建工作路径，破解了社会组织党建难题，中共上饶市信州区福海老年公寓支部委员会因此被中共中央授予“全国先进基层党组织”的光荣称号；我领头创办了全省第一所民办免费老年大学，被中央文明委授予“全国文明单位”；实施养老服务亲情化、质量标准化、护理精准化，获得了“全国民政标准化示范单位”“国家级服务业标准化试点合格单位”等 16 项国家级荣誉和“江西省五一劳动奖状”等 13 项省级荣誉，一举成为全国“党建+养老”的示范标杆，为应对老龄化出力，谱写了我国民政史上许多第一。

我们的工作得到了中央指导组、省委领导的充分肯定，20 多个省区市 6000 余人前来考察参观，20 余家中央媒体曾多次到福海老年公寓采访报道。

2016 年 7 月 1 日郭安海在人民大会堂参加庆祝中国共产党成立 95 周年大会

悟深分享是我最大的心灵享受

我先后从事过教育工作、宣传思想工作、党建工作和养老服务工作，出版了《教育实践与思考》《思想政治工作实践与探索》等 10 部专著，撰写了有关教育、思政、党建等主题论文 100 余篇，获奖论文数十篇。从事养老服务业后，撰写了全国养老机构第一本正式出版的《养老机构管理》专著。2017—2019 年，我连续三年在中国老年学和老年医学学会年会中分享研究成果。2021 年，我参与了民政部颁布的两个养老行业标准起草工作，为养老服务标准化尽自己的微薄之力。

为了丰富老年人精神文化生活，传递党的好声音，解读天下大事，讴歌时代好人，回味美好生活，打造幸福之海，从 2010 年起我坚持每月为公寓老人作一次时事报告，至今已有 150 余场；从 2013 年起，我每季度开展一次法德讲堂活动，已作法德报告 38 场；此外，为老年人上 300 余堂养生保健课。

责任担当是我最大的快乐源泉

责任就是担当，就是付出，我始终把服务社会作为自己的责任与快乐之源。我积极支援家乡道路建设，义务开办朝阳镇敬老院，多方筹资建设家乡居家养老服务站、新时代文明实践站、老年活动中心，使农村文明程度得到新提升；连续14年办免费老年大学；连续11年春节期间慰问高龄老人；连续8年中秋节走进社区慰问千余名高龄老人；连续6年对模范老人、计划生育老人、困难老人实施优惠养老。

终生难忘的是2016年7月1日，我肩负着全国4万多家养老机构的重托受邀进京参加庆祝中国共产党成立95周年大会，亲耳聆听习近平总书记“不忘初心，继续前进”的谆谆教导，接受中共中央授予的“全国先进基层党组织”荣誉表彰。

筚路蓝缕创伟业，初心不忘再起航。2021年，江西省庆祝中国共产党成立100周年大会在井冈山隆重举行，我作为国家荣誉勋章获得代表应邀参加会议。

桃李无言，下自成蹊。我为人做事赢得了党和政府的肯定和社会的赞扬，这给了我无限的动力。我将用余生感恩党和政府，感谢母校的教育，感谢老师的辛勤培育。我将永远奋斗在感恩的路上，踔厉奋发、笃行不怠，不负历史、不负时代、不负母校——我为曾在南昌师范学院求学而骄傲！

余慕鸿：走得再远都不忘母校的恩情

余慕鸿，江西教育学院（南昌师范学院前身）1985级英语专业学生，三级教授，现任浙江财经大学哈萨克斯坦研究中心主任，历任浙江财经大学国际学院首任院长、国际合作处处长、翻译学和MTI硕士生导师、中青年学科带头人、教育部学位中心论文评审专家、中国翻译协会专家会员、中国高教学会外国留学生教育管理学会理事、浙江省外国留学生教育管理学会常务理事。

1987年毕业于江西教育学院外文系英语本科专业，1995年毕业于西南师范大学外语学院英语语言文学专业研究生班，先后在奥地利维也纳经济大学（2001—2002年）、澳大利亚悉尼大学（2007年）、美国托莱多大学（2008年）做访问学者，指导硕士研究生近20人；发表论文30余篇；出版译著、词典、教材21部；获省级教学成果一等奖、三等奖和省级社科成果三等奖；主持和作为主要负责人承担并完成国家社科基金中华学术外译项目及教育部、浙江省重点课题、浙江省新世纪教改项目10余项。

苦中有乐的求学生活

回忆起在江西教育学院的求学经历，我记忆犹新。在 20 世纪 80 年代，江西省内只有两所师范类本科院校，一所是江西师范学院，即现在的江西师范大学，另一所就是江西教育学院。同学们能够在江西教育学院读本科，是非常“小众”的，很不容易。我记得当时的本科生是非常少的，通常一个几十万人口的县，英语专业本科毕业生加在一起也不到 10 人。

1985 年，江西教育学院本科英语专业只招了 60 余名学生，整体素质都非常高。当时学校学风特别好，大家都非常珍惜来之不易的学习机会，怀揣梦想，全身心地投入学习中，非常刻苦。我现在还记得，不管炎炎夏日还是数九寒天，我们每天都要到教室或者图书馆看书。当时的条件很艰苦，物资匮乏，夏天没有电风扇，冬天也没有空调。每逢考试时，夏天整个试卷都被汗水打湿，冬天双手全被冻僵了。尽管这样，也无法阻挡我们求知的心。

当时外文系开设的课程非常丰富。外文系主任孙宜民教授为我们讲“英语语法”，他知识渊博，讲解透彻，让我们折服，大家对他非常敬

江西教育学院外文系 1985 级毕业合影　第三排右四为余慕鸿

重。刘霞老师是外文系党总支书记，对我们很好。方蒂蒂教授教“高级英语”课，她是上海外国语学院毕业的高材生，口语流利地道，语音非常纯正，对我们影响很大。张平老师讲授“语音学”，讲解专业细致，要求大家熟练掌握语音学中的各种基础知识，如抑扬格、扬抑格、唇齿音、爆破音等，要求我们天天做练音、发声练习。戴依仁老师教我们“英语教学法”课，让我们受益匪浅。纪凤姣老师、吴雁老师先后担任我们的班主任，工作敬业尽职，对我们非常关心。

当时外文系先后有过5位外教，其中我印象深刻的是教英美文学课的贝基·扬（Becky Yang），她来自美国肯塔基州，与大家关系很好。有两件事情我印象特别深刻：一是她要我们把莎士比亚的《仲夏夜之梦》从头到尾认认真真、完完整整地读。不但要读，还要做思考题，一题一题地做。研读名著，对于我们本科生非常有好处，不仅提升了我们的文本阅读能力，还提高了我们的文学鉴赏能力。二是她当时穿的鞋子没有后跟，到了冬天就特别冷。后来我们班的女生筹钱给她买了一双带后跟的棉鞋，上课的时候她特别高兴，经常对我们说：“It' s very kind of you！Once I put on the cotton-padded shoes，I am highly moved. Chinese students are so nice！”贝基·扬老师在教学上特别敬业，她批改作业很认真，几乎每次都要写评语，每次作业前都要叮嘱大家，在练习本的每页折一下，腾出一些页面空白，留出来写评语，她称之为“good margin”。我们大家看到她的眼神，读到她的评语，就特别开心。

江西教育学院给了我们宝贵的精神财富

当时的江西教育学院校园面积不是很大，地处南昌市郊，生活还算方便。每到周五、周六时，学校会在操场上免费放一场电影，记得当时放映过《中华英雄》《青春祭》等影片，能有这样的娱乐项目真是太难得了。

回望来时路，在江西教育学院求学的这段日子里，我收获很大，对以后的职业发展也产生了深远的影响。首先，外语轻轻松松是学不好的，语音有问题、单词不会、语法不好，怎么可能学得好英语呢？我们班同学比其他系的学生要勤奋很多，学外语需要日积月累的长期努力，这就需要坚持，需要执着，需要刻苦，这本身就是一种无法衡量的财富。其次，本科阶段的学习经历对于我们非常有用。本科教育与大专、中专教育有很大的区别，大专、中专阶段教的“是什么、怎么做”，而本科阶段教的“是什么、怎么做和为什么”。此外，在江西教育学院求学的几年中，我获得了满满的正能量，这是潜移默化的，也是跨越时空的，尤其是老师们的治学态度与人格魅力，是我一直学习的榜样。

国际化教育对于一所学校的发展至关重要

一个人走得再远，都不能忘了来时的路。我现在工作的浙江财经大学是浙江省重点建设大学，目前与全球 33 个国家和地区的 135 所大学建立了良好的合作关系。在我担任国际合作处处长期间，学校与海外 90 多所高校建立了合作关系，并与美国、英国、加拿大、新西兰的 4 所大学合作，开展中美、中英等 4 个本科、硕士层次的市场营销学、金融学、会计学等中外合作办学项目。

科研国际化对于一所学校跟国际接轨、走上国际化道路有很大的帮助，即通过国际合作，与国外的高校建立起持久稳定的合作关系，开展课题研究、国际论文合作发表、联合举办国际学术会议等，共同聚焦学科建设，开展深入研究，大有可为。我建议外国语学院的老师们，借着得天独厚的语言优势，以国际化带动人才培养、师资发展、科研提升。

2018 年，浙江财经大学积极响应“一带一路”倡议，成立了哈萨克斯坦经济社会研究中心。在我们团队的努力下，研究中心入选浙江省“一带一路”研究智库联盟首批成员单位，并积极开展国际出版合作，其中著作《中国精神读本》成功获批国家社科基金中华学术外译项目资助。

研究中心的研究涉及中亚五国，研究团队中有来自外交学院、上海外国语大学、浙江大学等国内著名大学的博士。研究中心连续举办了四届中哈经济社会合作论坛；与中国社会科学院俄罗斯东欧中亚研究所中亚研究室等机构合作，编写中亚经济社会发展动态研究专刊 30 多期，共计 150 余万字；在国务院参事室主办的《国是咨询》杂志发表文章；多项成果获得浙江省政府领导、湖北省政府领导肯定；《中哈经济社会研究》在复旦大学出版社出版；“经济外交与大国关系”通识课建设项目等获批。我们的工作也得到了媒体的广泛关注。

走得再远都不忘母校恩情。学生就像儿女，母校犹如母亲。我们在这里学习过、奋斗过，有着美好的记忆，我们的梦想在这里起飞，我们也愿意尽己所能，回馈母校。值此南昌师范学院建校 70 周年之际，衷心祝福母校 70 周岁生日快乐！祝福母校事业蒸蒸日上！

陈晓明：江西教育学院岁月点亮生命之光

陈晓明，江西井冈山人，江西教育学院（南昌师范学院前身）中文系1988级大专班学生，现为江西吉安市第十三中学正高三级教师。2008年被评为“江西省首批中小学学科带头人”，2011年被江西省人民政府授予“特级教师”称号，2013年被人社部、教育部核准为“江西省首批中小学正高级教师”（全省仅31人）。江西师范大学、井冈山大学、南昌师范学院等高校国培指导专家或主讲教师。《语文教学通讯》《课堂内外·中国好老师》《江西教育》《师道》《自学考试报》《追梦人生·特级教师风采录》（江西人民版）、《意林》《吉安教育》《吉安晚报》等报刊及“今日头条”“江西教师网”媒体宣传报道的专家。在全国率先提出“美丽新语文”理念，主持的“美丽新语文”工作室被江西省教育厅评为“优秀工作室”。2019年、2020年，参加江西省教育厅教研室“名师走赣鄱活动”，先后到抚州、赣州等地送教，受到热烈欢迎。2021年，参与主持和主讲江西教育传媒集团主办的“语文大阅读”国培项目，反响良好。

落其实者思其树，饮其流者怀其源。三十多年过去了，多次迁徙搬家，扔掉过许多身边旧物，大学毕业纪念册等几样东西却始终在身边珍藏。收藏的不仅是一段岁月，更是一个精神家园。

大学毕业纪念册

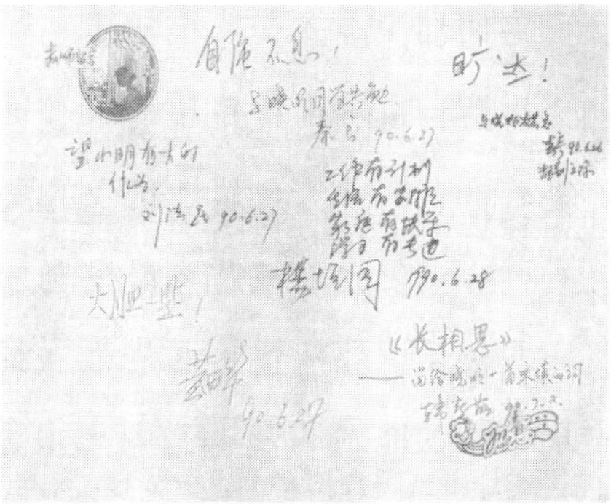

学校老师在陈晓明毕业纪念册上的留言

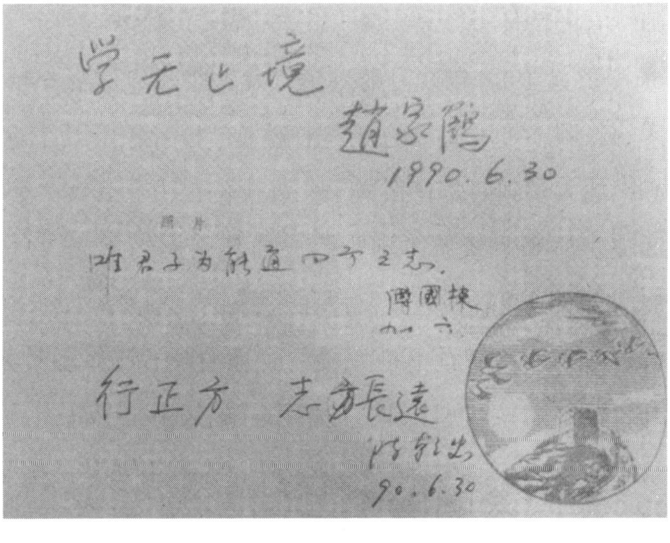

学校老师在陈晓明毕业纪念册上的留言

翻开毕业纪念册，眼前浮现出一位位老师与同学的音容笑貌，88级中文大专班全体师生的气息扑面而来：神态各异的鲜活面容，让人难忘的岁月，都凝铸在精彩文字里。有些是专写我个人风貌的，有些是带有普遍性祝福的，这与每个书写者的处世风格惊人相似。留言长的，才情横溢，洋洋洒洒，情真意切；留言短的，一针见血，隽永深刻，意在言中……

脑海里，母校的一切早已剪辑成了一部电影，这里有母校的花草树木，有奋发图强、挥洒青春与汗水的精彩镜头，更有挥之不去的师生、同学情意。

一切都像在昨天，当年我和同学们来到母校，理想与信念在这里交融，拼搏与奋进在这里汇合。校园的每一个角落都闪耀着智慧的光芒，洋溢着青春的芬芳。虽然班上的同学目前身处各地，但大家一定都怀着同一种心情思念着彼此与母校吧。多少次在梦中凝望母校，心里都会漾起一股暖意，那些树、那些草、那条路，都挂满牵念，在我的人生旅程中永不停歇地填写着一首《长相思》的词，母校便成了取之不尽的宝藏，情感的力量和心底的良知驱使我去触摸这一段不能忘记的岁月，去追寻一个孕育梦想与希望的港湾，去拾回一串促我成长的音符，去感念一位位恩师特有的情怀。

34 年前，那是 1988 年 9 月的一天，我这个没有圆大学梦的老区青年穿着朴素的衣服、带着简单的行李来到了母校，我不顾路途疲劳，急于想看看心中的大学到底是什么样子？母校不仅没有让我失望，还让我对未来充满憧憬。步入校园，刚刚落成的新图书馆阳光大气、气势磅礴。尔后的两年时光里，我时常沉浸在这书山学海之中。

有人说过，大学的基石不是大楼，而是大师。许多教过我的老师，都可以说是我精神世界里的大师，他们用开放的胸襟、高尚的精神谱写着中文系精彩的华章：周文英老师博学而干练，正如黄锡生学长所说，“周文英教授理论深厚，讲课基本不看讲义，一堂课没有废话，全是精华”；罗淦先老师就像老树新花，释放出惊人的知识能量；记忆中的周文老师口才特别好，鲁迅先生的神韵总是在周老师出口成章、妙语连珠中娓娓道来；淡泊谦和的祝春亭老师总是用睿智的话语启迪我们思考人生；谭思健老师阳光帅气、神采飞扬；秦良老师高节清风、沉稳严谨；陈朝忠老师高情远致、大气亲和；韩春萌老师大雅宏达、睿智灵秀……

正是这些风格各异的恩师点亮了我多彩的学习生活，在那个朝气蓬勃的年代，母校的一切都春意盎然、充满生机，我也为日后的发展如饥似渴地充电。忘不了，多少个披星戴月的晚上，晚自习已然时，而我和不少同学还在阶梯教室或图书馆流连，万般无奈回到寝室，没有睡意，就在心中数数那些闪亮的知识星河或诉说生命中的美丽与感动。大学，真的能把一些平平淡淡的日子过得有滋有味，有声有色，从容快乐，如诗如歌。

我觉得自己步入大学后的人生轨迹就像一篇散文一样，看起来随意地自然行走，却时刻蓄势待发。随着阅历的丰富、视野的开阔，我对于教育与人生也有了更深的认识。母校用她承载的历史文化与精神秉性为我洗涤旅途的风尘。母校那些树木、那些花和草，那些清新空气中起伏的绿浪，都洋溢着神奇的芳香，时时荡涤着我肺腑深处的浊气。

自从我背起行囊走出山外，跨入母校的大门，步入到大学知识与精神的殿堂，就看到了山外面的精彩世界：省城的城市之海（博大精深）、城市的人潮车流之海（汹涌澎湃）、大学的知识之海（广阔无垠）、人生的奋进之海（千帆竞发）。我这个山里的孩子受到山外神圣殿堂之“海”的撞击与冲刷，创新想象的浪花又能腾空而起，开始勾勒未来的美好图景。一般人在二十三四岁可能要忙着就业成家，我却倍加珍视大学时光对诗意人生的浸润与陶冶，我这个成年大学生仍然像孩子一样，教室、图书馆、寝室三点一线，在书香氧吧里吸取营养，在墨香世界中提取精华，为了构建“美丽语文”工程，在美学世界、美的历程中探宝，在创新发展的世界中览胜；为了开创富有创意的语文教学天地，在书山攀登，为拥有海纳百川的胸襟、点石成金的本领奋力前行。虽然大学时光并不惊艳，却温暖了平凡的成长岁月，促进了审美创新种子的萌发。在书山学海中扬帆起航，感知语言、山河、文化、教育这些鲜活的祖国元素，整合、优化资源，积累一笔笔精神财富，尝试用一撇一捺去书写美丽新教育中大写的“人”字，尝试营造“天地人和”的气场，融入天人合一的脉动，给自我的创新发展注入新动能，奏响激情跨越的强音，在母语学习及后来的教学中勾画精神家园的蓝图，搭乘时光年轮承载的美丽梦想乘风破浪，在创新发展的道路上越走越远，尝试美丽蜕变。

1990 年春天与班上四位同学在校园内合影　左一为陈晓明

离开母校后我进一步沉下心、扑下身、扎下根，投身到教改实践中去，回味高屋建瓴的美育与创新教育理论，反思涌动着生命气息的教改实践案例，尝试优化自己的教育人生，反复推敲，不厌其烦，像“煲汤”般细熬慢炖，夜深人静甚至梦境里都在思考更佳的教育教学方案，在艰难困苦中攻坚，为构建美丽语文教育工程而努力，在浇灌美丽语文教育教学大厦的基石中挥洒汗水，在有效推进学习与实验中发现：在璀璨的文明、中华文化荣光的照射下，语文课堂内涵的挖掘既要靠审美创新视野发现，也需要生活源头活水的创意表达。如何打造有魅力、有品位、有温度并处处有风景的精彩课堂？我不断上下求索。

由于教改取得了一定的成绩，我于 2001 年 3 月 15 日受组委会（全国中语会等多家单位）之邀，作为江西的三个代表之一（另外两位分别是南昌二中特级教师张富先生和南昌十九中特级教师王运遂先生）参加了在汕头市召开的“全国首届中学语文教学实验经验交流会暨成果展示会”，我的教改成果《探索语文创新教育的一条新路子》被评为全国二等奖，并与饶杰腾、刘锡庆、张富、余蕾、钟德赣、肖家芸、蔡伟等全国知名专家的学术论文一起被编入大会文集《语文教学实验研究》，得到了刘国正先生等著名语文教育家的好评。刘国正先生当即给我题词：“用井冈山精神从事语文教改”“在实践中研究，在继承中创新”。语文教育家、著名特级教师欧阳代娜鼓励我：“为了民族的未来而改革！”语文教育家、上海著名特级教师陈钟梁鼓励我：“弘扬优良传统，立志改革创新。”语文教育家、人民教育出版社中学语文教材原主编顾正彪先生鼓励我：“让语文教改之花开得更鲜艳。”语文教育家、全国中语会副理事长、中国教育科学研究院研究员张鹏举先生这样点赞“美丽新语文”：“美语美文美德美心美思美行。”这些语文教育界名家前辈的支持与鼓励，就像阳光雨露，给了我前进的动力和战胜困难的信心，哪怕历经重重困难，我都能初心不改，默默坚守着基础教育事业岗位。

2014 年 6 月 6 日下午，受时任文学院院长韩春萌教授的邀请，我回到母校新校区，应邀在文科楼举办了一场题为“走在美丽新语文路上”的学术讲座，我被韩院长等母校老师的盛情和学子高涨的学习热情感染着，心里涌现出“回家真好”的感觉。

拥抱春光烂漫年华的学子们像我们当年一样在校园里、课堂上、图书馆编织着人生的七彩之梦，谱写着青春灿烂篇章。承蒙母校培训学院领导的信任，前后又多次随母校的国培专家团队赴九江湖口、修水等地送教。在时光穿越中，尝试对自己的梦想不断优化、完善与升华。我三十多年坚守一线教学的汗水挥洒，终于有了三十多年辛勤耕耘的精神积淀——“美丽新语文”。这也是我在母校梦想起飞后数十年来不断寻美、探美、创美的结晶。在改革路上不断推进“美丽新语文”工程的建设，推进“美丽新语文”教育事业，不断续写师生创造美好生活、创造美丽人生砥砺奋进的篇章。

母校七十年砥砺前行、七十年薪火相承，造就精英无数，满园桃李馨香，积淀深厚底蕴。星光溢彩映衬辉煌历程，明月流辉装点金色华诞，年华流转，不变的是学子心，岁月如流，永恒的是师者魂。师恩浩荡不忘来时路。亲爱的母校，为您加油！为您添彩！祝母校在未来的日子里，宏图更展，群星璀璨，人才辈出代代强，桃李满天扬四海。

万剑声：再教育，再启程

万剑声，1991年毕业于江西教育学院（南昌师范学院前身）中文系。1993年考入中国作家协会与北京师范大学联合招收的作家研究生班，1997年成为南昌文学艺术院专业作家，现为南昌市作家协会副主席，中国作家协会会员。已公开发表文学作品500余万字。长篇小说《雄性的资本》获江西省第四届“谷雨”文学奖，长篇小说《欲望的尽头》获“江西省第二届文化艺术优秀成果奖”。

走出单位，走进江教

1989年的夏天，我考入江西教育学院，成为中文系的一名学生，开始了为期两年的学习生活。那一届的中文系一共有两个班，一个本科班，一个专科班。

那时的学校给人的印象是比较偏僻比较小，市内公交车只到谢家村，这意味着还得向东步行两站地才能到达江教。校区内比较简陋，一栋教学楼，一栋男生宿舍，一栋女生宿舍兼单身教职工宿舍，当然也包括必不可少的图书馆、篮球场，以及小树林和池塘。

在进入大学之前，我已经工作了好些年，能够在工作之后再次进入大学深造，非常难得，也意义深远。这段学习时间让我获得了一段自我调整的空档期，当我第一次从校园毕业步入社会的时候，充满了感性和被动，那时候我并不知道自己真正需要什么，也不知道该往何处去，这样的状态在很多像我一样的毕业生身上都能寻见。

我的工作单位是教育局，工作比较轻松，但是一段时间下来，我发现自己在“混日子”。直到有一天，当填写工作考核表的时候，我猛然间发现，自己竟然一事无成，还在原地兜兜转转。也是这突如其来的醒悟，让我萌生了继续读书的想法。

魅力江教，感激师恩

来到江西教育学院，这里弥漫着学府气息，流动着文化元素，这种轻松淡雅的学术氛围与工作氛围截然不同。同学与同学之间单纯朴素，学习和生活的节奏有序平静。置身于此，特别适合休整与思考，重新认识自己、认识生活。这就如同跑长途高速，中途能到服务区停靠一下，或休歇放松，或补给检查，十分有必要。

来到江教，除了获得一段自我调整的空档期，更为重要的是我获得了一次提升能力的机会。当时中文系师资力量雄厚，拥有一批特别优秀的教师，能够满足专业范围内人才培养的需求，只要你自己有意愿学，愿意踏实学，总会有老师能够提供指导。当时坊间有种说法是，省内具有可比性的是江西师大中文系，而江教在其之上。尽管这个说法无法佐证，但也能从侧面说明江教的师资力量确实很强。

那时候我们的班主任是刘法民老师，讲授美学课程，他治学严谨，儒雅睿智，擅于将抽象的概念进行简单通俗的表达。退休之后的刘老师定居在北京，研究莫言文学，我曾去北京聆听过他的讲座。系主任赵家鹤讲授外国文学，旁征博引，信手拈来，特别是讲到文学中的爱情部分，常常激情飞扬。李满老师知识积累雄厚，思辨力深邃又具有穿透性，他讲授的文艺理论让每一位中文系学生都受益匪浅。还有博学潇洒的古代文学老师谭思健，德高望重的现代文学老师罗淦先，著名逻辑学专家周文英教授，刻板孤僻从不随大流的陈永鼎老师……

值得一提的是，我们那届中文系文艺人才特别多。每次赶上学校文艺演出，虽说有专业的艺术系在，但最出彩的节目仍旧是中文系的，压轴出场的也是中文系。还记得那时候全省大学生文艺汇演，学校权衡再三之后，还是决定让中文系的几位同学代表去参赛，最终拿回了舞蹈类及小品类的第一名。

人生再启程

我是属于比较散漫的那一类学生，之前没当过教师也没打算以后走上讲台，刚进学校的时候除了象棋围棋，其他感兴趣的东西并不多。于是我常常通过阅读来打发时间，读的书几乎都是当时流行的、好看的小说，如超级火爆的《围城》，国内风起云涌的先锋文学、寻根文学及新写实文学等。到了晚上八九点钟之后，我便喜欢骑上自己的破自行车去石泉村的几个录像厅转悠，专门找经典电影看，《教父》系列和《英雄本色》都是那时看到的。阅读小说和看录像构成了我第一学年的主要生活内容，且沉迷上瘾，两三天读一部长篇，不读完就感觉缺少了些什么似的。

回过头去看，我是个实用主义者，阅读的背后潜藏着功利性。于是在第二个学年，我便开始偷偷尝试写作。第一篇是以家族为题材的寻根文学《岁月》，写着写着竟然写成了中篇，感觉有点意思，便投寄给了杂志社，然后接着继续写。《再燃一支烟》写了五万多字。这回我多了个心眼，请李满老师替我的小说把把脉。我上午把样稿给他，下午就接到他的通知让我去他家。

李满老师不苟言笑，一般人都不敢接近他。我记得他当时看完我的小说皱着眉，来回踱着步，简单地表达了两个意思：第一，小说发表没问题；第二，他来江教这么些年，写作的同学不少，但我写的是最好的。作为一个初学者，能得到李满老师的如此评价，我的内心激动不已。那次指点，可谓是推开了我人生的另一扇大门！

我的运气不错，在校期间，两个中篇小说都顺利发表。这是在进入江教之前，我做梦都不敢想的。

最后一点也是最重要的一点，是我获得了人生再启程的契机和动力。

虽然是成人教育，原则上来说是从哪来回哪去，但是事后才发现，实际情况并非如此。进修的学生本来就各有各的想法，一群“有想法”的人聚在一起，很难要求他们循规蹈矩。经过两年的学习，每个人的能力与视野都得到了提升，旧平台已容纳不下他们，再加上巨大的时代变革给个人提供了广阔的发展空间，每个人都开始渴望在更高更大的平台施展才能。

可以说，至少有百分之八十的同学借助毕业的契机实现了人生的再次启程。这批人日后大多成为学校领导或者行业中的佼佼者。还有一部分同学南下去了沿海经济特区，那也是当时最热门的选择，这批人后来事业做得红红火火。也有几位同学考取了研究生，其中两位后来成了国家的栋梁之才，令人仰慕。还有来自边远黎川的周同学，他通过江教这个平台成功逆袭，毕业时被大军区文工团选中，成为专业舞蹈演员，至今仍与舞为伴。而我本人则默默地又写了五年的小说，最后以特殊人才的身份引入南昌，成为一名专业作家……

再启程，是一种追求，一种状态。当年我们中文系的两个班集体再启程，都得益于同一个平台，我们的母校——江西教育学院。从某种角度来说，它是我们人生新起点的摇篮，也是人生再出发的助推器。

邹峥嵘：重温来时路 感恩母校情

邹峥嵘，江西教育学院（南昌师范学院前身）生物系1989级脱产大专班学生。现任江西师范大学生命科学学院院长、教授、博士生导师，兼任教育部基础教育生物学教学指导专委会委员、江西省高等学校生物科学与工程类专业教学指导委员会副主任委员、江西省植物学会和江西省生物工程研究会副理事长，获聘教育部首批师范专业认证专家。科研方面，主要从事植物活性成分研究工作，主持完成国家自然科学基金项目2项、江西省自然科学基金等省部级科研项目6项，发表SCI论文30余篇，获得国家发明专利授权5项，荣获中国药学会和中华中医药学会科学技术奖二等奖等奖项。教学方面，主要承担“植物生物学”等课程的教学工作，系国家级一流本科专业建设点生物科学专业负责人，把“植物生物学”课程建设成为江西省省级精品在线开放课程、江西省省级育人共享计划项目和首批国家级线上线下混合式一流课程，先后获得江西省高等教育教学成果奖一等奖1项、二等奖2项，连续多次获评江西师范大学十佳百优教师。

初识母校

1984年9月，我进入江西省高安师范学校普师专业学习，不出意外的话，三年以后我将成为一名小学教师。曾经的初中同学，在碧落路另一侧的高安中学里继续寒窗苦读，三年以后，他们中的一部分将开启自己理想的大学生活。师范学校的日子衣食无忧，琴棋书画、吹拉弹唱，懵懂的乡村少年过得很是惬意。在一次全校晨会上，王志礼校长说他前几天去了一趟南昌的江西教育学院，“校园里环境优美、绿树成荫，垃圾桶摆得整整齐齐，路面扫得干干净净；同学们都彬彬有礼，充满活力，图书馆和教室里座无虚席。大家要好好努力，争取进入这个学校进一步学习深造”。这是我第一次听说江西教育学院，于我而言，那是一个可望而不可即的神圣殿堂。

走进母校

1987年6月，三年的师范学习如期结束，我和另外5位同学一起被分配回我毕业的初中工作。报到上班的时候，校长问我：“峥嵘啊，你想教什么科目呀?”我毫不犹豫地说我想教语文，可最后安排我教的是生物学。于是我成了当时全校“唯二”的专职生物学教师（另外一位就是我当年的生物老师，已经快到退休年龄了，其实他还是体育老师)，负责初一年级4个班的“植物学”和初二年级2个班的“动物学”教学任务。在当时的师生心目中，初一初二的生物学课程是中考不用考试的副科，大家都不太重视。尽管如此，我还是不敢掉以轻心，认认真真地备课教学，生怕出了差错被领导和同事批评，因为那些同事也都是我曾经的老师。

1989年3月，学校获得了一个名额，选派一位生物学教师去江西教育学院脱产进修专科，但要参加并通过6月份全国统一的成人高等教育入学考试。机会是如此难得，时间是如此仓促，但是在对江西教育学院强烈向往的驱使下，我用了不到三个月的备考时间，终于顺利通过考试并远超录取分数线。

暑期来临，入学通知书迟迟未到，我心里不禁有些不安。于是在7月中旬的一个早晨，我独自登上了开往南昌的客车，想去看看这所学校。到了南昌，走出八一大道长途客运站，我才意识到自己根本不知道江西教育学院在南昌的具体位置。徘徊再三，出门右转，沿着八一大道走到了八一广场。在广场四处张望，突然看见一辆车身写着“江西教育学院”六个大字的灰色大客车转向北京西路疾驰而去！于是我决定沿着北京西路边走边找，一路走、一路问，临近中午终于来到地处石泉村旁边的江西教育学院！在高大的校门前，我伫立良久，曾经的梦中殿堂，终于呈现在眼前，真有点不真实的感觉。进入学校大门，看着右手边长长的教学大楼和正对门高高的图书馆大楼，敬畏之心油然而生，我不敢到处乱走，围着这两栋楼转了一圈，就悄然离开赶赴车站了。9月初，入学报到时间如约而至，我带着简单的行李来到学校报到。曾经的梦中圣殿，我终于实实在在地置身其中。走出大校门，看到对面绿油油的水稻和小水塘中的鸭子，我仍然感觉恍如梦境。

母校生活

母校校园（现南昌师范学院青山湖校区）麻雀虽小却是五脏俱全。从19栋宿舍出门左转往北走几百米可以到图书馆和教学大楼，右转几百米往南走可以到兼做大礼堂的食堂，十分方便。89级生物系脱产大专班有近50人，都是来自省内各中学的一线教师。虽然大家年龄差别很大，但是都十分珍惜这来之不易的学习机会，班风正，学风好。给我们上课的老师都师出名门、知识渊博、待人友善，对待工作认真负责，授课总是一丝不苟、兢兢业业。受学制时间和当时的办学条件限制，我们的实验课程开设有所欠缺，但是通过老师们认真的讲解示范，我们也熟练掌握了中学生物实验教学所必需的技能。

母校的记忆是那么的快乐，那是属于青年时代的美好。宿舍前的球场上，周末经常播放露天电影，大家坐在小板凳上看得津津有味；每逢重要节日，礼堂大厅里总会上演精彩文艺演出，吸引同学们观看，人头攒动，欢声笑语，好不热闹。以至于毕业后的很多年，我如果来到南昌，总会挤时间回到母校的校园里转转，回味当时那种充实而快乐的生活。

当时的母校还是一所成人高等教育性质的高校，我们的学制只有两年，但是每一个教学培养环节都得到很好的实施。修完“植物学”课程之后，系里安排了为期一周的庐山植物分类实习；修完“动物学”课程之后，系里安排了为期半个月的海滨动物实习，吴志强等老师带着我们从厦门沿海一路北上，在沿海滩涂捕捉识别各种海洋生物，最后从福州返回南昌；第四学期，学校安排我们在南昌三中进行了为期两个月的教育实习。一系列扎实有效的实习实践活动，有效提高了我们面对问题的定力和解决问题的能力，为今后的工作打下了更为坚实的基础。

课余时间，我也会积极参加一些体育锻炼。一年级上学期，我会到校园后门对面的附属中学晨跑。后来，对周围环境熟悉后，凌晨时分，我就会从校园出发，沿着南京东路、青山湖大道一直跑到赣江岸堤，然后再跑回学校上课。那段校园时光真是充实又美好。

感恩母校

1991 年 6 月，我结束了在母校两年的学习，回到原单位继续工作。此后每年，我都留在初三毕业班承担生理卫生课程的教学。1995 年，生理卫生课程不再列入中考考试范围，我开始改教初三化学课程。再后来，受任教化学学科的同事影响，我也走上了考研、求学之路。一路跌跌撞撞但总能坚定前行，这都离不开母校扎实有效的教育培养。

感恩母校，为我们打下了坚实的专业知识基础。母校两年的学习中，各位恩师严谨治学、因材施教，使我们扎实掌握了生物学基础理论知识，这也是我能够坚持以同等学力参加研究生入学考试的底气所在。

感恩母校，培养了我们淡定而坚定的品格。当年的母校，偏居一隅，交通也不便利，但就在这方校园小天地里，老师们认真工作，学生们努力学习。安详宁静的校园氛围，潜移默化地培养了学子们淡定而坚定的品格，并一直激励着广大学子们行稳致远、勇毅前行。

感恩母校，孕育了我们爱岗敬业、爱生如子的教育情怀。母校的老师为学子们提供了最优质的课程教学和人生指引，母校的各项设施为学子们提供了最优质的后勤服务和生活保障，于无声处孕育了广大学子深厚的教育情怀，使我们回到自己的工作岗位之后，能够迅速成长成为所在单位的骨干和中坚力量。

2022 年，适逢母校 70 周年校庆，作为母校万千学子中的一员，感慨良多，心潮澎湃。70 年筚路蓝缕、栉风沐雨，母校的今天已是今非昔比。学校领导班子坚强有力、改制和合格评估圆满成功、师资力量更加强大、办学条件大大改善、学科建设突飞猛进、人才培养捷报频传……这一切都意味着我亲爱的母校未来可期、前途光明！

衷心祝福你，我亲爱的母校！

吴泽俊：三载求学路，难忘母校情

吴泽俊，浙江义乌人，中共党员。1990年考入江西教育学院（南昌师范学院前身），江西省委党校研究生，南昌工程学院党委副书记、二级教授、硕士生导师，江西省水安全与可持续发展研究基地主任，江西省高校中青年学科带头人，江西省百千万人才工程人选，中国水利教育协会高等教育分会常务理事，中国水利思想政治工作研究会常务理事。多年来一直从事高校教育管理工作，历任南昌水利水电高等专科学校党委副书记、纪委书记，南昌工程学院副院长、党委副书记。1996年获水利部“水利系统优秀干部”称号，2022年获得中共江西省委、江西省人民政府记功。主要从事教育经济与管理、水安全与可持续发展方面的教学与研究。每年面向本科生和硕士研究生讲授“组织行为学”课程，指导江西师范大学教育经济与管理方向、南昌工程学院管理科学与工程水安全方向的硕士研究生；出版论著与教材4部，发表论文50多篇；主持完成国家及省部级课题16项，横向课题5项。获江西省科技进步奖二等奖1项，江西省社会科学优秀成果奖三等奖1项，全国高校学生公寓工作优秀成果一等奖1项，江西省教学成果奖二等奖2项，水利教指委教学成果奖二等奖1项。

往事如风，岁月如歌

我是1985年在江西水利专科学校毕业留校工作后，于1990年专升本考入江西教育学院（南昌师范学院前身）教育管理专业。那时，大专毕业还能继续读大学很不容易。班上50余人都是专科毕业参加工作后来读书的，有许多同学是单位的骨干。入学时年龄小的同学二十三四岁，年龄最大的已经58岁了，是一所县中学的校长，还没等拿到毕业证就退休了。大家都为学习知识而来，非常珍惜来之不易的学习机会，都有一种“不待扬鞭自奋蹄”的感觉。

虽然毕业快30年了，但每每回顾当年在母校的求学历程，依然感慨万千。每当到了寒假暑假，全日制同学离校之时，就是我们进校之日，在英雄城南昌最冷和最热的时候，才有我们面授的机会。

三年的求学，留下了太多美好的回忆！母校的温暖关怀及严谨治学一直成为同学之间的美谈，例如为解决假期监考老师不足的问题和严格考风考纪，学校教务部门发明了隔排隔双位、不同专业不同课程同场考试的妙招，既省人力又严考风，实在是绝！恩师们战酷暑、斗严寒传授知识与谆谆教诲的场景还历历在目。李拣才教授教育我们要向班上年龄最大的同学学习，李教授说：“他才是真正想学习的，你们其他年轻的同学都有混文凭的嫌疑。”为了证明我们也是爱学习的，“教育学”这门课程大家都学得特别认真。李淑华教授拿着手帕挥汗如雨、激情满怀地讲授“外国教育史”，感染着大家，更开拓了我们的眼界。叶存洪老师娴熟而生动的“中国教育史”讲授，把我们的思绪都带到了那遥远的过去，让大家明白教育的过去、现在与未来！以他们为代表的老、中、青教师，严谨治学、关爱学生的画面时常在我们眼前浮现。同学们汇聚南昌同窗共读、相互鼓励、团结友爱、亲密无间的友谊，依然历久弥新。

人们常说“知识改变命运”，在江西教育学院求学的三年，也深深地

吴泽俊荣获的事业单位工作人员记功证书

改变了我，为我以后继续求学、科学研究、教书育人、取得科研成果和教学成果奖、成为教育经济与管理学科二级教授，以及从事学校管理工作都打下了坚实的基础。老师们的教诲更让我学会了许多做人做事的道理，坚定了自己的追求，让一个一心想当优秀工程师的人，转变为要成为一名优秀的人类灵魂工程师！特别是“厚德修身、博学育人”的校训，更让我懂得：做人一定要以德为先，要有高尚的品德、坚强的意志和广博的学识。

饮水思源，薪火相传

转眼间 30 年过去了。2022 年 5 月 26 日，我再次回到母校，看到母校在办学条件、校园风貌上发生了翻天覆地的变化，在人才培养、科学研究、学科建设等方面都取得了巨大成就，感受着母校日新月异的发展变化和荣光，我备感骄傲与自豪！

古话说得好，饮水思源。母校是我们的事业之基。此时此刻，我和所有校友一样，感恩老师，感恩母校！

母校隆重举行庆祝建校 70 周年“薪火相传”活动启动仪式，更让人感触良多！我的理解，薪火相传更多的是传承学校的办学精神和良好的校风，是一个学校文化的传承！母校是我们每个校友永远的精神家园！作为离开母校多年的老校友，我想对在校学习的同学们说：“希望你们牢记‘厚德修身、博学育人’的校训，珍惜人生中最美好的学习时光，不负韶华、不负时代、不负青春！我相信，你们所有的美好愿望都会通过努力变为现实！你们个个都将成为优秀的‘大先生’！”

余伍林：母校七十年，从艰辛迈向美好

余伍林，江西萍乡人，江西教育学院（南昌师范学院前身）1993届校友，美术专业毕业；现任深圳市智慧文博运营管理有限公司董事长、广东百川历史建筑保护修缮设计工程有限公司总经理、深圳市文宝文化产业股份公司董事、深圳市汉南文物建筑研究所所长、龙岗区人大代表、深圳市萍乡商会常务副会长。

我清晰地记得，我在学校读书的时候，学校规模不是很大，当时进学校是从谢家村的一条小路进去，虽然入口的路不是特别宽阔、气派，但是校园氛围还是挺不错的。

当时对我影响比较大的老师是徐秋福、李美玲夫妇。他们是学校美术系的创建者，专业精湛、为人和善，对我的帮助非常大。我们与老师之间的关系都比较密切，亦师亦友，如与郭树琨老师、孙宪老师都相处得非常好。关系比较好的同学有隔壁班的王伟和陈铜强，他俩专业比较好，我们三个人在学习和生活上相互帮助，在工作方面他们也给了我一些非常好的建议。

我们在学校期间非常活跃。记得当时我还是学生会文体部部长，经常组织开展一些文化活动。我个人比较擅长舞蹈，在学校文艺演出中拿过奖，还在江西全省拿过交谊舞大赛一等奖。非常幸运的是，当时由学校教育系牵头组织成立了一个大学生歌舞团，到全省各地巡回演出，我也有幸参与其中。虽然舞蹈与我的美术专业看起来并没有直接关系，但是舞台设计、灯光、动作美感及舞蹈本身对于人内心的影响，都对我的专业学习和发展起到了至关重要的作用。

我于2000年创业从事装饰类的业务，一直没有放弃过自己的专业。虽然没有从事画画和美术创作，但是美学运用这一块，在工作中还是得到了很好的发挥。我们公司主要从事文化产业园区开发、古建筑研究规划设计，包括政策研究、古建筑研究、规划研究，以及文物的保养、设计、修缮和文化遗产保护等，都已经形成了良好的闭环。我当时在学校学习的时候就有了创业方向的大致想法，毕业后不久就开始尝试并创业。

企业在初创期间是比较艰难的，业务拓展面临不少困难，到公司发展到一定规模的时候，团队建设，包括公司的管理、投资，还一度遭遇比较大的瓶颈。由于我们是做园区投资，属于重资产开发，基础投资很大，文化产业的回报周期相对又比较长，在投资回报这一块就面临着非常大的资金压力。终归功夫不负有心人，总算都扛过来了，直到现在我回想创业之路，仍经常感慨坚持下来真的很不容易！

我认为，坚持做好一项事业，把它做到极致，就一定会得到行业的认可。近20年来，我们在古建筑这个领域持之以恒，不断充实团队，加强队伍建设，在专注专业的同时也涉猎其他领域的业务，目的是希望能够做深做精做到极致。做到业界有一定的口碑、形成稳定的市场后，就相对轻松一些了。目前在深圳乃至全国，在我们这个行业，能够实现完整闭环的企业确实不多，我们已经形成了完整的产业链，也得到了业界的广泛认同。由于在业务拓展方面由原来的被动需求转变为广受市场的认可，有关单位和企业主动上门寻求合作的情况就比较多了，业务的提升、企业的发展就水到渠成了，花大量的精力去寻找客户的局面就相应改变了。

回首创业之路，母校对我影响深远，主要是培养了我对美学的认知、理解和对艺术的追求。尤其像我现在从事的领域，不管是园区开发还是古建筑保护，不管是传统文化的美还是古建筑的美，都是对美学的运用。

我觉得，现在大学的专业比较丰富，学生的选择也很多，但是不管是在哪个专业，关键还是要树立目标导向、需求导向、实践导向，广泛了解社会发展形势和产业需求。作为大学生，要养成改进学习方法与提高学习能力的习惯，学习的同时要注重思考，寻找专业与社会需求的对接点。作为美术专业的学生，首先不仅是一个美术实践者、艺术创造者，更多的是一个社会实践者，这样就更容易把所学专业融会贯通到整个工作领域中。要走出校园，主动了解社会、融入社会，寻找、萌发符合时代背景与主流意识的灵感，这个非常重要。

关于大学生创业，希望师弟师妹们要珍惜大学时光。课余时间，最好有一段在大企业工作的经历，为日后工作打下比较好的基础。大众创业、万众创新的理念应该是在对领域、对市场、对自己从事的行业都有比较深入的了解，做过非常细致的分析以后再去创业，这样创业成功的机会才会更大一些，所面临的压力才会更小一些。没有充分的准备，懵懂创业很容易失败，毕竟创业的试错成本还是挺高的。

毕业后我多次回过母校，昌北校区我也去过几次，对学校的发展变化我由衷地感到高兴。母校 70 年办学，六易校名、十迁校址、几更体制，走过了艰难坎坷而卓有成效的办学历程。如今，母校正大踏步走在高质量内涵式发展的道路上，朝着更好的目标大步前进。衷心祝愿母校越办越好！

汪晓万：母校老师素描

汪晓万，江西婺源人，江西教育学院（南昌师范学院前身）1991 级音乐教育专业学生。现为上饶师范学院音乐舞蹈学院党总支书记、副教授，中国音乐家协会会员、中国教育学会会员、江西省方志敏研究会理事、上饶市音乐家协会副主席。曾获上饶师范学院“青年教师教学比赛”第一名、上饶市大中专院校“优秀班主任”称号，多次获上饶师范学院“十佳文明班主任”“优秀共产党员”“三育人”先进个人、“师德师风先进个人”“课堂教学优秀教师”等称号，2020 年获江西省教育厅“名师工作室”授牌。科研成果获“华东地区社会科学研究优秀成果”一等奖、“第 19 次江西省社会科学优秀成果”三等奖。著作《婺源徽剧研究》入选“中华民族音乐传承出版工程精品出版项目”。

作为江西教育学院 1991 级音乐专业的一名学生，入学时系名为“艺体系”，但毕业时经过系领导和师生的共同努力，同学们的毕业证上最终还是盖上了“音乐系”三字。

进入江西教育学院，万象更新，同学们大都来自五湖四海。新环境与新朋友，帮助我逐渐缓解初入学校的不适感，逐渐融入了简朴的学习环境中。回想大学时光，上理论课时，我们喘着粗气赶到学校最后一栋楼的6楼；上专业课时，我们又争分夺秒地下楼到琴房。琴房条件简陋，由学校车库的空房间改造而成，中间一条走廊，每个房间里空空荡荡，只有一架钢琴和四面墙壁，没有吸音处理设备，弹琴唱歌声音相当宏亮。还记得当时有两架进口的“波兰”牌钢琴，由于水土不服，手感音质极差，分琴房时大家都畏之如虎。没有舞蹈房，我们就在食堂大厅或者食堂门口空地上“形体与舞蹈”课，有点上体育课的感觉。

当年汪晓万在母校琴房练琴

艰苦的条件并没有打击我们专业学习的积极性，更不会动摇我们好好学习的决心，我们依然能出色地完成学业、获得优异成绩，当然这些都离不开一批好老师。老师们存在一个共同点，那就是专业非常出色、教学非常认真、工作非常敬业，也非常关心爱护学生。两年的学习中，老师们给我留下了深刻的印象，他们呵护学生、爱岗敬业的精神也一直影响着我，他们的一言一行、一举一动，深深地刻印在我的脑海里。工作至今，我仍以老师们为榜样。

移宫转调高手“老王”

王大昌老师，我们的系主任。印象中的王老师，精力充沛，整天有着使不完的劲。他嗓门大，体格壮，个性突出，棱角分明。我们当面喊他“王主任”，背后叫他“老王”，对他是又敬又爱又怕。

汪晓万与年逾八旬的恩师王大昌老师（左一）合影

敬“老王”专业之强，他才华横溢能作曲写歌，同时兼任我们的“音乐欣赏”“视唱练耳”以及“二胡”的老师。他上课时声音宏亮，对音乐总有自己独特的见解，课堂信息量超大，谈论课题时幽默风趣。每次我们都听得津津有味，每节课都满载而归。“老王”对我们很好，他是刀子嘴豆腐心，实际上很关爱学生，甚至有些护短。记得有次我和几个男同学剃了个光头，怕“老王”骂，上他的课时我们都戴了帽子，心里惴惴不安，他看了我们一眼，嘿嘿地笑了几声说：“敢剃光头怎么不敢露出来呀？”我们顿时心中释然。“老王”每次上视唱练耳课，在旋律听写的时候，他经常中间来个移宫转调，还没有固调思维的我们经常写错。后来我在歌曲创作中也经常运用移宫手法，便是受益于此。

和风细雨的乐老师

乐玫老师是我的班主任，也是我的小提琴选修课老师。印象中的乐老师是典型的南方美女，温柔美丽，穿着打扮大方得体，显得温馨而恬淡。她和我们说话也总是轻声细语的，偶尔生气时，也没见她有激烈的言辞语气。乐老师的小提琴课，是轻松愉快的，在上课中我们没有达到要求，或者是出现错误，无论是姿势、手形、指法，还是节奏或错音，乐老师都如和风细雨一样，耐心地指出问题，不厌其烦地示范和纠正，但我们也不会因为老师不训人骂人而有所松懈偷懒，课后练习仍是很勤奋，以最大的努力回馈乐老师对我们的教导。

1991 年 10 月，班级组织到西山秋游，与恩师乐玫老师（右二）合影，右一为汪晓方

午休时间无偿补课的万老师

万绍芷老师，我的声乐老师。万老师为人开朗热情，对人真诚，富有同情心。她总骑着一辆能换挡的自行车，上下班时风风火火的，有种来去如风的酷感。她的声音富有穿透力，声乐专业昭显无疑。虽然万老师工作繁重，但她每节课的声音始终浑厚明亮，足见其声乐功底扎实深厚。此外，跟着万老师学声乐，我们还有一大福利，就是万老师的“加

餐”——经常利用中午的时间给我们无偿补课。那时没有电话，万老师站在一楼仰头大喊，我们在四楼迷迷糊糊地从睡梦中被喊醒，随后凉水一冲就赶去琴房上课。

1993 年 7 月汪晓万毕业时与恩师万绍芷老师（左一）合影留念

爱“打”手的郭老师

郭正航老师，我的钢琴老师。印象中的郭老师有点富态，坐在钢琴边显得气质不俗。她上课时不苟言笑，认真讲解、认真示范，从不多说一句，更没有闲聊习惯。郭老师弹琴时落指灵巧，听她示范是一种享受，每次一曲终了意犹未尽。同学们都说郭老师上钢琴课时，如果手型或指法不对就会被“打”手，虽是小惩，但大家却有些乐在其中，可惜我没有享受过郭老师的这种“优待”。毕业后再遇郭老师，课下的她平易近人，不似上课时那般严肃，判若两人。

飙 High C 的男中音

钟传志老师刚入学校不久，我还没上过他的课，据说是“老王”连哄带骗把他“忽悠”来的。钟老师年龄与我们相差不大，性格豪爽，常和我们“混”在一起。记得那时我们最喜欢捉弄钟老师喝酒，半杯啤酒下肚，他人已晕乎乎，然后倒头大睡。

钟老师是男中音，当年以江西师范大学音乐学院第一名的成绩毕业，年纪轻轻载誉甚多。最令我们敬佩的是，他这个男中音能飙 High C！我们常蹭到他琴房，听他飙高音，我们非常敬佩他的高音技术，也希望能偷学一下，可惜终因资质不行而无所收获。

1992 年与钟传志老师一起，右二为钟传志老师，右一为汪晓万

当年教过我们的老师还有很多，都是数得着的好老师，如美丽的李勤老师、可爱的陈南宏老师、才华横溢的黄池老师，还有教我们“形体舞蹈”的肖灵老师、教我们“歌曲写作”和“音乐分析”的徐希矛老师等。一路走来感谢老师们给予的关怀和帮助，祝你们青春常在、健康快乐！

母校是我们改变命运的起点，适逢母校 70 华诞，开启新的起点、新的征程，感谢母校，祝福母校！

谭克虎：梦怡之地——母校记忆点点滴滴

谭克虎，江西永新县人，江西教育学院（南昌师范学院前身）1992级数学本科班学生。现为北京交通大学应用经济学专业教授、博士生导师，研究方向为运输经济理论与政策。

2022年3月，南昌师范学院党委委员、党委宣传部部长常颖老师打来电话，希望我能为庆祝母校建校70周年写篇回忆文章。当时觉得自己很普通，工作很平凡，业绩很一般，很想推脱。后来与我哥哥微信聊家常，谈及此事，他却鼓励我写几句，说普通人可以从普通人的视角去挖掘自己的点点滴滴，权当对母校的一个思想汇报，也算是自己离开母校30年来的一个总结，或许对学弟学妹有一点小小的启迪，于是起笔。

初识江教

在上高中的时候，我就对江西教育学院有着朦胧的认识。1984年我哥哥在省会南昌参加考试，被录取在江西教育学院物理系本科班学习。那时我对江教的印象为考试规格高、要求严，好中择优。学历教育在当时社会经济背景下很受重视，很多学历较低的教育管理者若要提升学历，提高管理水平，江教是攀登的阶梯；教师为了习得新的教育理念，获取相应的文凭，江教也是进取的首选；对于那些想借助江教优质的教学资源，希望有更多的时间和精力追寻自己理想的一线教师而言，江教更是宁静的港湾，是加油站。

2016 年谭克虎与独立培养指导的博士研究生郭云合影

1988 年我从吉安师范专科学校毕业，被分配到了乡镇中学。学校安排我任教高中数学学科并兼任班主任。初来乍到，一切都是新的，既要钻研教材，又要熟悉学生，工作紧张而忙碌。通过自己一段时间的努力，教学和管理都取得了较为理想的成绩。但是，在乡下工作总觉得缺少点什么。当时有同事业余学习报考了研究生，并顺利录取，对我触动很大。县教育局的领导虽然不反对在职老师报考研究生，但有明文规定不得请假离岗复习，并只同意报考师范类同学科专业。为了既不影响工作，又能追求自己的理想，1992 年，我参加了江西省成人高等教育考试，并被江西教育学院录取。

我对江教并不陌生，既有敬畏感，又心神向往。所谓敬畏，是因为哥哥曾在这里物理系本科脱产学习两年，哥哥在我心中一直是我的榜样，我也想沿着他的足迹前行；所谓心神向往，是因为我可以暂时告别繁重而忙碌的中学教学工作，全身心投入到教学进修和考研复习中，将思绪归零，重新规划自己的人生蓝图。

2017—2018 年访学美国期间，谭克虎调研美国铁路公司 BNSF 在芝加哥地区的多式联运中心

江教时光

地处石泉村的江教在当时有点偏僻，但丝毫不影响我们对学习的热情。学员们都有过工作经历，且大多数还是单位的骨干。总体感觉是大家都很珍惜这来之不易的脱产学习机会，在学好专业课程的同时，还能做自己想做的事情。学院老师也鼓励我们在努力学好功课之余复习考研。

学院校园面积不大，但基础设施很齐全，特别是图书馆开放时间长。学校的业余文化生活也很丰富，周末有露天电影，还有舞会，可谓多姿多彩。宿舍 8 人一间，当时也不觉得拥挤。五湖四海的同学们聚到一块，是一种缘分，可以深入交流不同地市的文化特色和风土人情。

那时江西教育学院恢复办学不久，却为我们创造了很好的学习和生活条件，我一直心怀感激。如果有人问，江教给我印象最深的是什么，我会毫不犹豫地告诉他，是图书馆抢占座位学习的情景。大家工作日一般都有课程安排，于是周末的图书馆就成了学习资源的稀缺宝地。为什么会抢占图书馆座位？现在想来，主要有三个原因：一是图书馆座位有限，先来先得；二是图书馆安静，能够静心地学习和思考；三是图书馆的学习气氛能够感染自己，似乎有只争朝夕之感，你追我赶之妙。所以每到周末，去图书馆占座学习成了江教一道自豪、靓丽的风景线。

正是有了学院优厚的教学资源、老师们的支持、同学间的相互鼓励，使不少学子圆了考研梦；正是江教以人为本的培养理念，使得学子们得以收获满满；也正是这里如饥似渴的学习氛围，培养了学子们珍惜时间、努力前行的内在品质，使得他们毕业后无论走到哪里，都能攻难克艰，总能使自己做到最好。我用“江教时光”来表达对江教的思念，是因为我在江教学习生活的时间很短，只有半年。我于 1993 年年初便参加了全国硕士研究生入学考试，被华中师范大学数学系录取，研究方向为运筹学与控制论。

受国家留学基金委公派，谭克虎在美国西北大学凯洛格商学院访学

感恩母校

1993年9月起我在华中师范大学读研。1996年7月毕业后，一直在北京交通大学经济管理学院工作，先后任讲师（1997年）、副教授（2002年）、四级教授（2008年）、三级教授（2020年），2009年被遴选为产业经济学专业博士生导师。期间在职攻读经济学博士学位，担任过经济系的系主任。有两次国外访学经历（2003年9月—2003年12月在美国杜肯大学商学院访学；2017年8月—2018年8月由国家留学基金委资助公派在美国西北大学凯洛格商学院访学）；累计培养已毕业的硕士研究生79名、已毕业的博士研究生5名；主持来自国家发改委、北京市社科基金重点项目等课题20余项，发表学术论文70余篇。

这些点滴成绩的取得都得益于江教留给我丰富的精神营养。可以说，江教的脱产学习对我的影响是历史性的，也是深远的。没有江教的脱产学习，没有老师们和同学们的无私帮助，没有江教图书馆幽静的学习环境，我就不会那么顺利地考上研究生，也就不会成为一名大学教授和博士生导师。

如果要我对母校的学弟学妹们说几句话，我只想说，不要在意你的起点，相反，你的目标及不懈的努力决定你人生的高度，要调整心态，砥砺前行。江教是理想人生的奠基石，是人才培养的摇篮，更是成就事业的加油站。

最后，祝愿母校70周岁生日快乐，也祝愿母校的恩师们工作顺利、健康愉快，祝学弟学妹们身心愉悦、学业有成、前程似锦！祝愿母校越办越好！

彭矿山：有幸两年母校深造 无悔终生杏林育人

彭矿山，江西教育学院（南昌师范学院前身）1992级政教系学生，中小学副高级教师，一位终生从事基础教育的普通教育工作者，从事教育教学管理工作45年，先后从教于小学、中学，担任校长及乡镇教育办公室主任、党总支书记等职，曾多次荣获省、市、县先进教育工作者称号。在谢家滩镇任教育办公室主任期间，该镇（原谢家滩乡）教育工作得到了上饶市、鄱阳县教育主管部门的充分肯定，1990年被评为上饶地区农村教育示范乡，全地区各市县教育部门多次组织人员前来参观学习。

我长期从事教育工作，但在工作中总觉得缺乏理论知识的支撑。1992年得到一次机会，当时江西省教育厅出台政策，先进教育工作者有一定名额保送到江西教育学院深造，鄱阳县教育局征求意见问我是否愿意深造。与此同时，我又面临鄱阳县委组织部考察并拟提拔任职乡镇科级领导。面对选择，我没有做过多的考虑就放弃了提拔，选择了到江西教育学院政教系进行学习深造，继续从事自己终生热爱的教育事业，这也是我的初心。

1992年至1994年，在江西教育学院政教系学习深造的两年里，在恩师们的教导下，我系统学习了教育教学和教育管理等理论知识。特别是得到刘又知书记、陈大明同学等良师益友的教导和帮助，为自己以后的教育管理工作中奠定了坚实的理论基础。

彭矿山 2009 年在江西省鄱阳县梦想实验学校参加会议

1994 年毕业后，我被调往鄱阳县教育局工作，期间先后担任县教育局教育股副股长兼监察室副主任、人事股副股长兼局机关工会主席及人才交流中心主任；曾任第十四届鄱阳县政协委员、鄱阳县人民政府督学。在教育行政部门从事教育管理工作 28 年，足迹遍布全县 500 多所中小学，调研教育教学和教育管理中存在的问题，对中小学班子队伍建设、教师队伍管理、农村义务教育网点布局和教师流通等情况进行深入调研，并提出解决方案。

当时的鄱阳县是一个 150 多万人口的大县，也是一个国家级贫困农业大县，民办学校较多，教师无序流动现象比较严重。为了遏止这种现象，我参与起草了《鄱阳县人民政府关于教师队伍管理暂行规定》等一系列政策文件，有效遏止了这一现象，为义务教育学校均衡发展提供了人才保障。

由于工作业绩比较突出，我得到了鄱阳县委、鄱阳县政府和上级教育主管部门的认可，加之有一定农村教育管理经验、实践经验及在江院深造学习时的理论知识，2011 年 2 月，江西省教育厅抽调我参与关于曾经在教师岗位上工作过的民办教师和代课人员的调研和考察工作，并参与起草调研考察报告，为江西省教育厅出台相关政策提供决策依据。在 2013 年，我被授予“江西省教育系统人事人才工作先进个人”称号。

在教育战线奋战的 45 年中，不管组织上安排在何岗位，我都始终践行忠于党的教育事业的拳拳之心和不悔的坚强信念。

彭矿山获奖证书

“衣带渐宽终不悔，为伊消得人憔悴。”几十年的杏林育人，我在教育岗位奋斗了大半辈子。2019 年 10 月我退休，离开了一生热爱的教育岗位。回首职业生涯，虽然自己只是一名普通的教育工作者，但做到了尽职尽责，也获得了党和人民给予的许多荣誉，我无怨无悔。

特别庆幸的是，在江西教育学院遇到诸多优秀的老师为我传道授业解惑，我能在教育工作中取得的点滴成绩与学校的培养和恩师的关心指导密不可分。感恩母校的培育之恩！在母校 70 华诞之际，祝愿母校不断进取，再创辉煌！

吴建平：两载求学路，难忘母校情

吴建平，江西进贤人，1995 年毕业于江西教育学院（南昌师范学院前身）美术系工艺美术专业，分配在江西印刷集团担任美术设计工作。1996 年在东莞市一家外企担任副总监职务，1999 年创办东莞市第一家纸制品公司——谢岗万顺达纸制品厂，2008 年创办东莞平兴电子有限公司，是国内较早从事硅橡胶制品及橡胶制品生产的企业。2016—2021 年，连任两届东莞市江西商会谢岗赣乡联谊会会长；现任东莞市江西商会第三届副会长、东莞市谢岗工商联副会长。

良师益友，言传身教

我来自南昌进贤的一个乡下农村，那时候乡下孩子能通过读书走出来很难，因此，我对大学充满了向往和遐想。后来到江西教育学院就读，那时候学校还在青山湖校区，图书馆、小亭、小湖都成了我和同学一起经常学习和漫步的地方。如今回想起来，依旧历历在目。

当时我们美术系的徐秋福书记和李美玲老师夫妇，一个教习书法，一个教习白描。他们十分亲切，又喜欢和学生开玩笑，既是良师益友，又像父母一样关心我们。每当学生遇到问题，他们始终会站在学生的角度去考虑。

我对孙宪老师的印象也非常深刻。当时孙老师教我们速写，经常带我们去校外写生。孙老师教学非常严格，对自己也非常严谨，可以说是严以待己、宽以待人。记得有一次去杭州写生，他跟我说："吴建平，你画得很不错呢，其实像你这样发展的话，可能会成为一个农民画家。"孙老师的肯定让我学习的积极性变得更高了，虽然最终没有坚持走美术这条路，但是我依然十分感激孙老师对我的鼓励。

美术系工艺美术专业 1993 级 1 班毕业合影　第三排左四为吴建平

1995 年，毕业第一年我就定向分配到了江西印刷集团去上班了，在那里工作了没多久，1996 年我下海来到东莞进入一家日本企业担任副总职务。来广东的这份工作，靠的是我的专业和我大学学到的知识。我在工作中做事非常认真，也非常严谨，想想真的应该感谢孙宪老师，这是从他那里学习到的。

心怀大志，不拘现状

我来自农村，家里兄妹五个，我是老大，家里条件不好，因此上了大学和工作以后，很大的一个现实问题就是要靠自己赚钱。

在大学期间，每周五之前，哪怕是通宵我都一定会把老师布置的作业认真做完，然后周末跑到洪城大市场去卖衣服。家里从父亲当兵开始就一直在做衣服，后来也开过服装店，所以大学期间，我就在洪城大市场开了个服装批发部，自己做衣服去卖，那个时候我就已经有了自主创业的意识。

那个年代从农村到城市，属于鲤鱼跃龙门，但是进了城市参加工作以后，每个月工资也就是300多块钱，生活依然是很拮据的。虽说那时房价不是很贵，我记得当时洪城大市场的房子每平米大概800块钱，但我觉得如果要买房子，再加上生活费用，自己好不容易攒下的钱就没了，有点不甘心。

当时广东有一家企业有意招聘我去工作，我在江西印刷集团上班没多久，正好有一个月的假期，就利用假期跑到广东去，看了一圈后，觉得很符合自己的期望。其实刚开始的时候，我进的是一家做塑胶的香港企业。我在企业里面负责产品设计，那家公司很大，员工差不多有上万人。在这家企业待得其实挺舒服，身体开始发福，这样一来，我就觉得这个企业太轻松了，后来便跳槽到东莞的一家日企去干了半年。

一次军训，终生受益

大学里有件事印象非常深刻。军训时练习向左向右向前向后转，当时我和同学在聊天，结果我们两个都走错了，然后教官就把我们拉出来，惩罚我们做俯卧撑、跑圈，挺狼狈的。后来我也进行了深刻的反思，做每一件事，哪怕是件小事，都要严谨、认真地去对待，不能因为自己开小差就影响了整个队列。这件事对我在企业打工，包括后来创业，都影响深远。比如刚开始打工的时候，老板叫我报价，结果我计算错误，后来我就想办法解决问题，从那以后我就再也没出过这样的错误。我觉得以前在大学里所学的本领、所接触的知识、所受到的教育，对自己影响很大很深。

我当时所在的那家日企，做事也非常严谨，他们对产品品质要求十分严格。我在那里做副总监，必须考虑到几个问题：老板的利益，员工的利益，客户的利益和供应商的利益。这样才能走得远，才能做得长久。

青春是拿来奋斗的

说起创业，我认为勇气很重要，需要怀着梦想去追求去探索。首先要有梦想，确立了目标，有了想要去做的事，同时还必须要立即行动才会有结果。其次从理念上来说，必须要以人为本，包括对企业也好，对员工也好，人都是非常重要的。再次是诚信经营、创新进取，只有不断创新，才能得到持续性的发展，才能和谐发展。

我于 1999 年创办万盛达纸制品公司，做扬声器。企业经过 20 多年的发展，发展得红红火火。企业发展三年靠运气，十年靠管理，百年靠文化。所以企业要走远的话，一定要形成自己的文化。我一直坚信，无论做什么事都不能三分钟热度，成功与否没有关系，青春是拿来奋斗的，想到什么就要去做，错也好，对也好，努力后才会有结果。

感恩母校，惟愿更好

借此机会，给师弟师妹们分享几点经验。

一是希望大家能够珍惜光阴，学好本领，提升自己。技能、思维、习惯都是在大学期间养成的，因为大学期间的生活离创业、工作是最近的，也是最佳的时间，成功的要素要在这里养成。准备好之后按照目标去努力，理想也就可以慢慢实现了。

二是要学会做人处事。比如说想要创业，不是一个人单干，是团队一起干，因此要学会团结团队中的每一个人，形成团队向心力和凝聚力，才能成功。

三是关于创业，个人建议创业要谨慎。可以先进入一家与自己目标相关且比较有发展前景的企业，做好市场调查，把这家企业的发展历程、发展经验、客货源等问题了解清楚，把企业老板的事业作为自己的事业来学习和实习，这样创业才容易成功。

四是关于就业，我希望每个班级都能建立一个就业的网络平台。如已经找到工作的和还未落实就业的，一对一互相帮扶，就跟我们经常说的要信息共享一样，入职的学生可以引荐未就业的学生，有一个完善的互助系统，会帮助解决学生的就业问题。

在江西教育学院求学的两年，深深地改变了我，为我的事业打下了坚实的基础。老师们的教诲让我学会了许多做人做事的道理，使我坚定了自己的追求，让我懂得做人一定要以德为先，要有高尚的品德、坚强的意志和广博的学识。古话说得好，饮水思源，母校是我们的事业之基和精神之源。此时此刻，我和所有校友一样，感恩老师，感恩母校！

邱江宁：烛灯心影忆华年

邱江宁，江西南城人，江西教育学院（南昌师范学院前身）1993级中文系本科生，复旦大学文学博士，中国社会科学院文学所博士后，英国剑桥大学、北京大学访问学者；浙江师范大学人文学院教授，2018年入选教育部人才计划；主要从事元明清文学研究；主持国家社科基金项目“13—14世纪丝路纪行文学文献整理与研究”；在《文学评论》《文艺研究》《文学遗产》等权威刊物发表论文数十篇，出版《奎章阁文人群体与元代中期文学研究》《元代馆阁文人活动系年》等著作，专著《元代文人群体的地理分布与文学格局》（130万字）入选国家哲学社会科学成果文库。

忙碌而无心的日子，一晃数十年。恍觉当年在江西教育学院的日子真如云端天上，点点滴滴都是最好岁月的见证。

烛光里的执着

对我和我们班考研的同学来说，江教生活印象最深刻的就是晚上点蜡烛看书的记忆。20世纪90年代初，考研还是一件较稀罕的事。在来江教学习之前，我从来不知考研为何物，更没想过进江教准备考研的事情。不过，我有一个执拗的认知，就是任何时候不能浪费时间，要努力多看书，所以，一入学就马上去图书馆借书、看书。我的这个行为被班里的考研带头大哥颜小留注意到了，他鼓励我去考研。我几乎没怎么考虑就跃跃欲试，对自己将要进行一件如此高大上的事情感到无比激动和憧憬。

真正准备考研，才知道其中的艰辛与不易。学校图书馆每天八点半闭馆，教室里也是八点半就熄灯，之后的时间就必须靠点蜡烛看书。每天晚上八点二十五左右从图书馆走出来往教室走去，就能看见教学楼的烛光在八点半左右一瞬间亮起。刚开始点蜡烛看书的感觉特别好，黑暗中，只眼前一簇光芒，特别安静，特别有氛围。时间久了，不仅氛围感消失，视物不是那么清晰，更讨厌的是，夏天点蜡烛看书时，不仅特别热，而且蚊子一直在脚底下肆虐。因为怕蜡烛熄灭，不能大幅度地赶蚊子，只能忍受着蚊子的叮咬；冬天点蜡烛看书，则要面对南昌特别凌冽、呼啸的风和飘忽不定的烛光。可就是这样的条件，教室里一簇一簇的烛光还是在不断增加，每一天大家都会鏖战到晚上至少 11 点以后才会恋恋不舍地离开教室。

我们 1993 级中文系本科班，一共有 40 余人，李志农、颜小留、陈宁宁在校期间就考上了研究生，之后陆陆续续有潘正文、陈桃生、王晓生、吴华荣、黄英、涂青林、张园、陈正红、沈华柱，以及我考上研究生。对那时的我来说，从来不知道自己的命运将因此彻底改变，只是单纯地不想成为教室里第一个吹灭蜡烛退场的人。

“文星”创作大赛

我们 1993 级中文系本科班的班主任是谭思健老师。他是第一次当班主任。记得开学第一天，他给我们开班会，穿了一身白西装，头发锃亮，脚底下还蹬着一双白皮鞋，特别意气风发、神采飞扬。

为了激发我们班的文学创作活力，开学后不久，谭老师就以班级为单位组织了一场“文星”创作大赛。比赛结果，“文星”是潘正文，何洪生和我得了二等奖。而且我所在寝室的四个人，全部都获奖了。在公布奖项的那天班会上，谭老师说，他最喜欢读的是获得二等奖的何洪生的《姑父》。

最有趣的不是我们写的文章，而是发表感言的现场。那一天，谭老师一番侃侃之言后，突然，坐在侧边后面的张永高，自发地走到讲台前进行了一场持续十余分钟的精彩演讲。具体内容我已经记不起来了，但当时我们全班同学都被震住了。说实话，在此之前，我从来没有注意到张永高，但张永高在讲台前的自信、流畅、滔滔不绝，让他那颇显臃肿的身材陡然变得丰厚沉稳、风度翩翩。孤陋寡闻如我，第一次知道县城重点高中的“头牌”语文老师原来是这样的风采。张永高之后，获得“文星”之称的潘正文也突然从后排走到讲台前。尽管彼时的潘正文身材颀长，颇有白面书生的俊朗，但比起张永高娴熟的表达技巧，潘正文显得青涩而局促，尤其是他那满口赣南腔的普通话，让整个教室的氛围一下子变得轻松活跃，每个人似乎都从刚才张永高的气场震撼中舒活过来，找到了一丝自信。

不清楚那次“文星”创作大赛之后，班里的创作氛围是不是浓郁了许多，但这场创作大赛的确起到了以文会友、增进大家相互熟悉与好感的作用。从那以后，至少我在观察和对待每位同学时似乎都多了一些认同和认可，少了一些被工作和社会侵蚀的世故和缺少交流见识的浅薄。

新年礼物

在谭老师的带领下，我们的班委也似乎变得有些不甘沉闷，第一学期期末组织了一场元旦晚会。晚会上七七八八的节目，让我们这些年龄跨度不小的班级成员都融入跨年的快乐与期待中。晚会的最后，是抽取礼物的环节。之前，班委通知每位参加晚会的同学都准备一份礼物，不用太贵，但一定要用心。

终于到了抽取礼物的环节。具体过程就是班委准备了一副扑克牌，每张牌上都写着一位同学的名字，然后轮流到每位同学面前，让其抽取其中的一张牌，抽到哪一张，那张牌上同学的礼物就送给这位同学。在所有的礼物中，张园抽到的那一份礼物最引人注目。它包裹得特别精致漂亮，我们都有些羡慕，很希望她能打开包装纸让我们看看里面包的到底是什么。也许张园跟我们的想法一致吧，她在大家的期待和围观中，打开一层包装纸，又打开一层包装纸，再打开一层包装纸，一连打开五六层……经过漫长的等待，万万没想到，拆到最后，竟然是当时考研同学常拿来补充能量的一块萨其马，一块钱一个！准备礼物的那位同学，是李志农吧，他和颜小留两个都笑得前俯后仰，特别得意，全然不顾经过漫长等待的围观同学跟着张园一起尴尬。

我准备的礼物是一张自认为精心挑选的卡片，卡片上的语言也是自认为很抒情很煽情的，但可惜我的字实在稚嫩难看，在漂亮的卡片上显得有些拙劣，至于写了什么，已经不记得了。在拿出礼物的当时，我就已经觉得有些尴尬了。但更尴尬的是，抽到写有我名字扑克牌的是潘正文。仿佛本来就很拙劣而又用力过猛的劲头被人逮了正着似的，我觉得自己那些酸叽叽的小女生文字在大才子面前丢够了面子。直到后来，我和潘正文一起考上研究生并成为伴侣之后，我才知道，腼腆的他在抽取元旦晚会礼物的时候，曾暗暗地许愿，如果他抽到我的礼物，就从新年开始，鼓起勇气追求我。

从江西教育学院 1993 级中文系本科班毕业后，我只匆匆回去过江教一次。但现在提笔，一切仿佛就发生在昨天——拖着腔调、韵味悠长地念沈尹默《三弦》的罗淦先老师，绘声绘色地描摹高老头形象的赵家鹤老师，述说唐代之后无神骏、骑马似骑狗的谢苍霖老师，能用古琴般的韵调念古音的郭晓云老师，第一次课就用纸做的太极阴阳图快速旋转来讲解中国传统美学之原理的李满老师，在课上总是意气风发的韩春萌老师，课前、课中、课后总是一脸朝阳的陈朝忠老师……一幕幕，一帧帧，宛如还在眼前、耳边。

我记得入学报到后第一周的某天上午，我们班只有前面两节课，下课后，我们寝室四个人——我、杨春燕、杨芳、吴华荣，高高矮矮，我们的脚步声在空空的宿舍楼走廊上回荡着，我突然想起那时流行的广告歌：“我们是害虫，我们是害虫，正义的来福灵，正义的来福灵……”不想，我才刚起一句，她们全都跟唱起来，一直唱到回到宿舍里。从此，我们寝室里年龄最大、个子最高的杨春燕有了“大虫”的绰号，而吴华荣年龄最小，绰号“小虫”。同学间的那种亲密无间，至今让人神往。

回首往昔，我从来没想到，江教那略显粗粝简陋的生活，却成了我人生最富足、最丰沛的开始。谢谢江教当年给了我们的人生一个新的开始！

杨杏元：专业发展路上有巨人牵手一直伴我左右

杨杏元，女，南昌师范学院“江西省首期中小学名校长培养对象”培训班学员。江西省特级教师，中小学正高级教师，赣州市直接联系专家，赣州市督学。获得江西省小学数学学科带头人、江西省骨干教师、江西省中小学优秀网络工作室负责人、赣州市劳动模范等荣誉称号；建有杨杏元工作室，是江西省教育厅认定的名师网络工作室。从教31年，有20年校长任职经历。执教的数学课多次获省、市一等奖，近年来为省内外骨干教师及骨干校长培训班作讲座或现场教学100余场，通过网络辅导青年教师10 000余人，出版教育专著《耕耘梦想》。

31年的教坛耕耘，桃李满天下，收获无尽鲜花和掌声。其实，幸运的我只因为，教育事业发展路上一直有巨人牵手，伴随我左右！

我是1988年以瑞金一中中考状元身份、怀揣着做一名优秀小学教师的教育梦，考入师范学校的“那一代中师生”。没有正经进入大学的门，却于工作后牵手巨人，在南昌师范学院这所大学里，一直在学习、在汲取、在成长，拥有了弥足珍贵的三段培养经历：2013年国培江西省农村中小学校长培训，全省进修学校校长研修和全省首期中小学名校长培养对象培训。

那一次，我知道了做专业引领的校长方向在哪儿

杨杏元参加江西省首批名校校长培养工程开班式

执着于耕耘教育梦想的我，由人群中普通的一名小学数学教师，慢慢成了一个小小团队的领跑者，成为一名校长，热爱讲台的校长。可一路走来，有时会迷茫，找不到教学的发展方向。这时，南昌师范学院承办的"国培计划（2013）"——江西省农村中小学校长培训来了，在高质量的培训课堂里，形式丰富多样，愉快的破冰活动、精彩的专家课堂、活跃的互动对话，让我终于找到了答案。尤其在听了上海教育科学研究院在课程规划和高效教学经验方面有独特造诣的杨四耕教授的课后，我对自己的高效教学探索的重要事件进行了反观，反观我的第一次高效教学改革，反观我对高效教学经验的一次系统整理和更新，从课前三细节，到课中六环节，再到课后三关键，发现诸多做法竟与专家杨四耕老师的提倡和观点有些相似之处，我豁然发现：路，走对了；方向，没错！

课堂让我回望和反观，更是给我许多启迪：我们缺的是总结和提炼，不断实践、积极反思，在"实践+反思"的历程中升华，提炼出自己的经验，不就是可喜的教学教研成果吗？要乐于尝试和改变，留下自己更多的实践财富。鲜活的教育场景，是我们一线教师最宝贵的阵地，是我们每一位教师为之努力奋斗、辛勤耕作的土壤。尝试改变，激情耕耘，终结硕果。

那一年，我清晰地了解踏上新岗位的自己该怎么做

在调任教师进修学校校长之初，面对新岗位、新使命，以及与中小

学不同的工作内容，我急需充电。这时，主题为“中小学教师培训模式创新”的江西省教师进修学校校长研修班来了，于2016年4月5日开班，为期7天。期间，我虽是受训者，却以培训者视角仔细观察了每一个培训项目设计、培训课程安排，这次“对口”学习，收获沉甸甸，让我内心止不住地欢喜。

从理论学习到实践考察，我听了10场专家报告，考察了深圳的一所小学，参观了深圳龙岗教师进修学校。

感叹于深圳龙岗教师进修学校原校长刘静波对教师培训课程开发、设计与管理的探索高度和贡献，在他的《课程设计七维模型》报告中，一斑窥全豹，我终于知道龙岗教师进修学校领跑全国教师进修学校的奥秘。

感念于来自发达省市教师进修学校的一位校长所作报告——《教师培训方式的变革》，我领悟了在新时期，培训主体已经从以培训者（专家）为中心转变到以参训者为中心，培训内容从以学科为中心转变到以问题为中心，培训方式从讲座式、授受式转变到参与式、体验式，要更多地思考如何让培训更吸引人。

感激于教育培训学院饶玲院长所作的题为“如何当好校长——基于《义务教育学校校长专业标准》视角”的报告，很好地帮助到了我。我原来有一个关于校长管理的课程，只是自己朴素的实践呈现，饶院长的报告让我学会用理论来审视、支撑和充实自己的观点，重建自己的课程，有了质的飞跃。

感怀于不期然邂逅了全国知名特级教师黄爱华的培训课堂，这样的顶级教学专家真是为教学而生，之前只听过他独具魅力的数学课，没想到对教师培训亦有如此多的精辟见解，智慧头脑、精妙语言、生动表现力集于一身，难以言喻的享受！

回到学校，我把所学用于瑞金全市的新教师跟踪培训中，小试牛刀，效果出奇好。终于，我无比清晰地知道，作为新岗位上的我，怎么设计项目，怎么建构课程、开发课程，如何组织培训等，职业的世界瞬间明亮。

那一刻，我看见脱胎换骨实现蜕变的自己很自豪

2015 年，我成为全省首期中小学名校长培养对象培训班 41 名学员中的一分子，备受鼓舞；为着“培养教育家型校长”这一目标和定位，备受激励。

三年的培养历程，我汲取、吸收、借鉴、滋养、改善、革新、实践，实现了几乎脱胎换骨的成长变化。我们赴国家教育行政学院学习，高端大气的专家报告、谦和低调的专家姿态让我痴迷；我们在南昌师范学院的教室里讨论，参与题为“我是草根教育家”的主题演讲，令人动容的草根实践、激情四射的草根教育家让我起敬；我们去深圳中小学校考察，五彩缤纷的校本课程、硕果累累的创新课程成果让我大开眼界；我们赴上海随特级校长的实践导师跟岗，丰富立体的管理实践、极富冲击力的教育理念让我豁然；我们赴台湾研修，特色鲜明的每一所学校、每一个人让我难忘。每个阶段的培训里，丰富多彩的课程安排、细腻实在的培训管理，让我暖心。

三年的培养历程弥足珍贵，看着蜕变的自己，我很自豪。这份荣耀，属于昨天、今天和明天，属于我一直没有也不会离开的母校——南昌师范学院！

今值母校 70 华诞，万千感怀、无尽感恩化祝福，祝母校枝繁叶茂，永远蓬勃昂扬，育桃李，撒芬芳，谱写不朽诗篇，铸就教育新辉煌！

黎雪晴：改变中沉潜，深水中静流

黎雪晴，南昌师范学院“江西省第三期中小学名校长培养对象”培训班学员、班长，中小学正高级教师，江西省化学特级教师，南昌市优秀校长；曾任南昌市第二中学副校长，现任南昌市洪都中学党委书记、校长，南昌市政协第十五届委员会委员，南昌市青云谱区第十七届人大代表；担任江西省教育学会中学校长研究会常务理事、副秘书长，江西省教育学会中学化学专业委员会副会长；江西教育干部培训学院书记校长培训班特聘讲师，江西师范大学全国化学骨干教师“国培计划”研修班特聘讲师，江西师范大学兼职硕士生导师；多次在全国有影响力的基础教育论坛做教育教学专题报告，在中文核心期刊发表教育教学论文 30 多篇，主持国家级、省级教育教学科研课题 6 项，主编或参编教育教学论著 5 本。

在我学习成长的记忆簿里，最生动的注脚就是“改变”。四年前，我参加了南昌师范学院承办的“江西省第三期中小学名校长培养对象”培训班（2018—2021 年），在新老校区的绿影婆娑中、在校史馆恢弘的教育记忆中、在阶梯教室的凝神静听中，在走南闯北的学习交流中，我度过了深度学习的三年。三年时光折叠成一本厚厚的书，书中有我成长中不可替代的开始与结束，有我教育阅历由薄变厚的积累，有我教育思想由浅入深的蝶变，有我教育格局由小变大的升华。感谢南昌师范学院，值此70华诞送上我的感恩！

黎雪晴在教育论坛上作主题报告

这三年，我们亲历了教育改革的轰轰烈烈：“双减”落地，教育在质和量之间重新选择；“双新”开启，高考人才选拔在新格局下重新布局。犹记得，2020年12月，在由南昌师范学院承办的江西教育学会中学校长研究会第二届学术年会上，一场教育盛宴——《韧性，是教育自我更新的力量》，让我对新时代背景下的教育变革有了全新的理解。

这三年，我们经历了突如其来的新冠肺炎疫情，它倒逼我们在不确定的世界里重新构建应急应变的教育管理机制。南昌师范学院给我们创造了一个浓缩教育实践思想精华的机会，我们用心完成了《赣鄱校长思与行》系列教育论文集的编写，为江西基础教育界留下了宝贵的实践思考。

这三年，于我个人而言，起点时，我还是优质舒适区的安逸副校长，终点时，我已是攻坚克难区的奋斗校长。起点到终点，终点又触发新的起点，人生永远没有停止，时间虽转换了空间，但成长依然时时发生，变化刻刻在线。从老校区庄重朴实的素色辗转到新校区红白镶嵌的亮色，每一次讲座，每一次分享，每一次听者与师者角色的变换，让我一步一步走向成熟。

这三年，是一场跨越南北的教育行走，它让我的教育视野有了新的打开方式。从南到北，再从北到南，我的学习半径从赣鄱大地延伸到首都北京，再延伸到美丽苏杭。我亲历了京派、苏派、杭派教育的风格，倾听了各个角度的教育表达，享受着刘彭芝、李希贵、王殿军等名家给我们带来的教育饕餮大餐，倾听了严华银主任对我的“校长办学思想”的宽容而有激励性的点评，至今意犹未尽。

我还记得四年前，在青山湖老校区阶梯教室的开学典礼上，饶玲院长给我们的康德四问“我是谁？我要干什么？我能干什么？我如何去干？”让我一直没敢懈怠自己；我还记得九江六中原校长梁明的主题分享“面对面”，让我看到了一位优秀的赣派教育家朴素的教育初心、贵族的教育追求。能听见最好的教育声音，看见最美的教育风景，是我这三年在南昌师范学院校园里最大的收获。

这三年，是一场集智慧与勇气的教育重建，它让我的教育思维有了全面调整的底气。如果说四年前，我的思维还局限于局部与单一，那么现在，我的思维已经开始定位于全局与立体。三年理论与实践的滋养，最大的意义在于形成了我心中改变的力量，它成全了我在第二届赣派教育家论坛上的主题报告——“习惯认真，自然优”，成全了我在中国南昌第五届未来教育家成长论坛上的主题报告——“站在离真实教育最近的地方”，也成全了我在中国长春第六届未来教育家成长论坛闭幕式上的深情发言——“给我一个视角，让我重新打量争论背后的教育”。无数个日子的积累，让我在当校长的第一天勇敢地说出“我们都是改变的力量”；无数个日子的沉潜，让我在教育的洼地里大胆地思考着“如何在低资源教育配置下优质地发展”。

这三年，是一场没有终点的教育生长，它让我的学术积累增加了弥足珍贵的厚度。通过学习，我成功获得了江西省特级教师的荣誉，取得了中学正高级教师的专业技术资格，完成了多项省级课题的立项与结题，发表了多篇教育类学术论文，作了无数场教育类学术讲座，培养了一批优秀的青年骨干教师。教育是一本读不完的书，需要我们用不断增长的才情和智慧为它续写未来。

我们常说，培养人要静待花开，每个人都有自己的花期，感谢南昌师范学院给我准备了一个从花蕾到绽放的花期，让我慢慢找到了自己的教育时区，并且相信每个时区都有最好的安排。无论我们此刻在舒适时区还是在艰难时区，我们都要坚信，一切没有太晚的开始，一切都是最好的成全，让我们好好享受属于教育的美好时光吧。

再见三年！我们需彼此珍惜，让缘分永远都在。

你好未来！在改变中沉潜，在深水中静流。

祝福南师院！70 年情怀厚植，理想路上，山高水长！

李青：我的大学老师们

李青，江西省湖口县人，江西教育学院（南昌师范学院前身）1993级音乐学专业学生，曾在九江一中、九江市教育局等单位任职，现任九江市第七中学校长，教育部首届全国中小学美育教学指导专业委员会委员，中国教育学会学校文化研究分会理事会理事，中国教育学会音乐教育专业委员会会员，江西省教育评价改革专家，江西省教育学会音乐教育专业委员会第六届理事会常务理事，江西省音乐家协会会员，江西省名校长培养对象，江西省中学音乐骨干教师，九江市政协委员，九江市音乐家协会副主席、九江市课题评审专家，浔阳区人大代表；主持参与省级教科研课题3项，参与省级教材教辅编写2次；获得国家、省、市级各种荣誉奖项50余项，在各类刊物发表文章30余篇；多次受聘担任省、市的校长、教师培训主讲。

今年是学校建校70周年，回忆过往，思绪万千，忍不住想写点什么。提起笔，最先浮现脑海的是上学期间的老师们，就顺着记忆之笔写了下去。

严父慈心的王大昌老师

王大昌老师是我读书期间的系主任，也是我的二胡导师，同时还兼授和声、音乐欣赏等课程。王老师教我们的时候年逾五十，是系里年纪最长的老师。他个子较高，性格直率，中气十足，声如洪钟，同学们经常老远就知道他来了。他在工作中坚守原则，对学生要求也十分严格，大家都十分敬畏他。记得我们毕业晚会时，王敏惠同学有个节目是手风琴独奏《西班牙斗牛士》，班上安排我打架子鼓给她伴奏，但当王老师在彩排时发现架子鼓摆在舞台上，立即要求搬到台下来。我不敢多问只能照办，猜测十有八九是因为艺术原则性很强的王老师认为这种流行乐器不宜上正规的毕业晚会舞台。演出的结果，自然是只闻鼓声不见其人了。

一向严格的王老师有一次在上午下课后单独请我吃饭，我受宠若惊又倍感疑惑，尽管有疑虑，一直吃学生食堂肚皮瘪瘪、脸泛菜色的我还是毫不犹豫地欣然前往。依稀记得，王老师在学院大门旁的小店给我俩点了三菜一汤，一盘煎鱼、一盘炒肉、一盘蔬菜，还有一个汤不记得是什么，只记得味道鲜美，时光美好。大快朵颐后，我才知王老师请我吃饭是想提醒我要专注学习，不要分心，我不禁惭愧不已。

爱生如子的万绍芷老师

万绍芷老师是我的声乐老师。我一直认为她是人中之凤，值得尊敬，因为她教会了我们如何对待工作和自己的学生。她是一个把工作当成事业的人。我记得在校时，声乐小课大约是 40 分钟或是 45 分钟一节，但万老师上课，往往长达一个小时，甚至一个半小时，那是家常便饭。没有达到满意的教学效果，她就不松口气，经常起早上班摸黑回家。入校的第二年，万老师要去上海音乐学院进修，为了不让我们的学业受到影响，她私人出面请了当时全省最有名气的吴一帆老师给我们上课。尽管如此，她仍多次因自己的外出学习向我们表示歉意。她是一个把学生当成亲人的人，她对我们的称呼是“孩儿们”，她带我们一起郊游、一起游戏、一起度过开心的时光，无论哪位学生有困难，她都倾力相助。总而言之，她既是一位德教双馨的良师，又是一位可交心的益友。

学识渊博的黄池老师

记忆中的黄池老师总是西装革履，发型一丝不苟。受他的影响，我毕业后也系了几年领带，一度引领了单位男士衣着风潮。他讲起课来有板有眼，不紧不慢，特别有方法，很难的内容在他的讲解下也变得非常容易理解。特别令人敬佩的是，他在上视唱练耳课时，简单枯燥的视唱曲被他一弹，都像姑娘化了妆一样，模样大变，非常好听。值得一提的是，我在第二学期曾有幸和黄老师共用一间琴房，练琴时间上得到极大保障，受益匪浅，感激不尽。

可爱可亲的刘永红老师

刘永红老师大学毕业后分到学校，一参加工作就担任我的班主任。那时的她是一位亲切的邻家女孩，为人和善、笑容可掬，说话细声细气，一点也没有老师架子。因为年龄相仿，加上我们本来也是参加过工作的成人学员，因此特别投缘。每到周末，就会有几位同学到刘老师的单身宿舍弄点吃的，打打牙祭。刘老师是舞蹈老师，自然近朱者赤，刚开学时班上不少非舞蹈专业的男生总会上演蹩脚表演，但到毕业时，都能够拿出一个类似于《达坂城的姑娘》之类的民族舞蹈，有模有样，颇有几分神韵了。

学校优秀的音乐教师还有很多，诸如内外兼修的李勤老师、和蔼可亲的乐玫老师、循循善诱的汤志红老师、胸怀宽广的钟传志老师、温柔细心的郭正航老师、琴艺高超的陈南宏老师……他们给我的教诲都令我受益匪浅，受用终生。借母校70周年校庆的机会，我衷心祝愿各位尊敬的师长身体健康，工作顺利，心情美丽，祝母校南昌师范学院广育栋梁，名贯四海，再上层楼！

尹利民：往事堪回首，追忆意犹新

尹利民，江西永新人，江西教育学院（南昌师范学院前身）教育系1994级教育管理专业本科班学生，现任南昌大学公共政策与管理学院党委副书记、院长，南昌大学公共管理学院教授、法学博士（政治社会学），博士生导师，全国基层政权建设和社区治理专家委员会成员。

人到中年，总爱回忆往事。前几天，学兄张劲松院长向我发出邀请，希望我能写篇小文章，回忆在江西教育学院学习生活的情景。我思绪良久才提起笔，开始在记忆的长河中搜寻，希望自己的文字可以为母校校庆添彩。

我是1994年进入江教学习的，专业是教育管理。依稀记得，我到江教报到是中秋节后，学校已开学有月余。由于是在职学习，对于仅仅是提升学历的学习，自觉意义不大，对于是否要去进修很是纠结，这也是为什么迟迟没去报到的主要原因。后来听说，江教的学习氛围很浓，考研的环境很好，我想可以利用这个机会，静下心来好好学习一下，继续深造读研，说不定还可以走出另一条路。事实证明这种想法可行，最后变成了现实。1997年我考入云南大学，后来又进入华中师范大学学习。尽管我还是老师，但是视野更开阔了，工作环境也发生了巨大的变化。可以说，没有江教提供的自由宽松的学习环境，就没有我的今天。

我们的班主任老师是肖余春教授，很巧的是肖老师也是永新人，这份老乡情一下子拉近了师生的距离，也成为我常常到他家蹭饭的理由。肖老师本科专业是英语，研究生专业是心理学，像众多的江教老师一样，他对学生拥有很深的教育情怀，经常与我们在一起，有时周末还会跑到寝室与同学们一起谈心。我还记得，教育系的系主任是周丽老师(听说后来调到上海去了)，她是一位治学严谨的老师，教我们“教育统计学”，周老师上课非常认真，对学生要求也很严。我的“教育统计学”在毕业前通过补考勉强通过，成了我在江教的“难忘记忆”。

在那时，江教教育系师资力量很雄厚，甚至超过了江西师范大学教育系。比如，书院史专家李才栋教授，学问精湛，上课风趣幽默，对中国的书院史非常熟悉，特别是江西的书院史，他更是如数家珍。我还记得全国管理心理学知名专家李旷老师，他爱人——教我们“管理学原理”的潘源琛老师，可谓“比翼双飞，相濡以沫”，在当时是为数不多的“双教授”家庭。李老师高高的个子，学识渊博，讲课抑扬顿挫，很有感染力。李老师很有才华，除了自己的专业领域，在文学方面也有造诣，听说还擅长演奏各种乐器，可惜他没有向我们展示过。教我们“外国教育史”的李淑华老师也给我留下了深刻的印象，她表达能力特别强，上课很有激情，对外国教育史了如指掌，有着自己深刻的理解，并常常不吝与我们分享。另外，胡小萍老师的授课也令我们受益匪浅，她总是那么温和，那么儒雅。还有爱生如子的李和平教授，平易近人的叶存洪教授，等等。时过二十年，有些老师已经离我们而去了，有些老师已经或快要退休，但老师们的爱岗敬业、对学术的执着，仍然深深地影响着我们，也成了江教给我们的一笔宝贵的财富。

在江教，我们还收获了难能可贵的同学情。一般情况下，由于同学们都有工作，部分同学还成了家，成人在职学习的同学情谊比较淡薄，但江教似乎是个例外。比如我们班，时至今日，同学们之间仍然有来往，经常回忆在江教的日子，分享有趣的故事。比如，班长周浩明年龄比我长几岁，也是永新老乡，他给我们留下了很多有趣的故事。他来学习之前，就是一所小学的校长，具有比较丰富的管理经验，性格豪爽，讲话幽默，一个普通的故事到他嘴里总能生色，给同学们带了很多乐趣。周同学现在仍然活跃在中国基础教育的第一线，成为永新县里田中学的校长，很有意思的是，这所学校正是我原来工作过的地方。每次回到永新，我总是第一个联系他。我们见面总要喝上几杯，已然成为一种常态。我记得，与周班长交往比较多的同学，有彭勇、聂志平、金剑、陈新生等。毕业后，聂志平和陈新生还来过永新，2020 年我去乐安，还联系过陈新生，可惜他不在，遗憾错过。金剑是一位多才多艺的同学，我清晰记得在学校“管理学”这门课程上，他对中学的教育改革侃侃而谈，很有见地。金剑毕业后就没有联系过，听说他去了沿海，发展得很不错。彭勇去了上海，听说下海经商了。前些天我们还电话联系，他热情邀请我去上海，去他家里聚一聚，但苦于疫情，一直未能如愿，有些遗憾。印象中，我们班来自余干的同学比较多，有很多有才华、对生活充满热爱的同学。印象比较深的就是任小兰同学，性格外向，有“假小子”美誉，而与之形成鲜明对比的汤淑燕同学则文静多了。班上学习成绩比较好的是学习委员张禹芳同学，张同学现任上饶中学校长，做管理很有一套，既有理论又有实践经验，她是上饶市模范校长。我经常去上饶出差，与张禹芳同学的联系比较多，她时常会把在铅山工作的边霞同学邀上，一起吃个饭，共叙同学情。

俗话说，往事堪堪亦澜澜，前路漫漫亦灿灿。在学校学习的往事值得我常常回首，这里有无私的师生情，有纯洁的同学情。江西教育学院虽然是一所成人高校，但毫不吝啬地给了我们需要的一切。江西教育学院现已改名为南昌师范学院，但江教的文化传统、育人理念仍在继续传承并发扬光大。祝母校的明天更美好！

朱文斌：人生因江西教育学院而美好

朱文斌，江西彭泽县人，江西教育学院（南昌师范学院前身）1994级中文成人脱产本科班学生，南京大学文学博士，浙江大学博士后，现任浙江越秀外国语学院副校长、二级教授、稽山杰出学者，马来西亚新纪元大学博士生导师；主要从事海外华文文学与文化传播方面的研究，兼任国家社科基金项目通讯评审专家、中国中外语言文化比较学会副会长、中国世界华文文学学会副会长、浙江省比较文学与外国文学学会副会长、浙江省当代文学研究会副会长、绍兴市文艺评论家协会主席等职；在《文学评论》《文艺研究》《学术月刊》等刊物上发表论文60余篇；主持国家社科基金项目“东南亚华文诗歌研究”以优秀等级结题；现主持国家社科基金重点项目“中国海外华文文学学术史研究”、浙江文化研究工程重大项目“浙江文学翻译家年谱”等；出版《东南亚华文诗歌及其中国性研究》等专著5部；获得第三届“啄木鸟杯”中国文艺评论年度推优作品奖、浙江省教学成果二等奖等省部级优秀成果奖多项。

时光如白驹过隙，转眼间我从江西教育学院毕业已有二十多年。人们常说：值得回忆的总是刻骨铭心的难忘和感动。是的，在江教求学的日子如品一杯热气腾腾的龙井，曾经的青春与快乐，令人难忘的笑容、感动、忧伤、哀愁、友情、爱情，如泛着清香的茶叶，沁人心脾，氤氲人心。

追梦江教

1991 年暑假，只有 18 岁的我从九江师范学校毕业，回到家乡的一所村办初级中学任教。教学之余，我参加了自学考试，之后顺利拿到了南昌大学汉语言文学专业专科文凭。接着，我又参加了成人高考，1994 年 9 月顺利考入江教中文本科班。20 世纪 90 年代初，江教是我们江西成人类本科高校的最高学府，在省内很有名气；但它还有一个更大的名气，那就是考研基地。据说，当时每年考研录取率远远高于不远处的江西师范大学，经常一个班有一半同学考上研究生，令人称奇。全省各地像我这样来江教进修的学生（一般都是基层中小学老师，年龄相差也比较大），大部分人是作为追梦人，为了考研而来。我也很幸运地成为其中一员。

追梦江教，了解江教的神奇，一切都要归功于我的同村好友吴成年。成年和我一样，都是中师毕业后回到家乡教书。他于 1992 年考入江教，两年后顺利考上广西师范大学硕士研究生，三年后又考上北京师范大学博士研究生，博士毕业后留校任教，现在已经是北京师范大学的名教授了。正是在他的带动和鼓励下，我全力以赴考上江教，果然如他所言，一入学就遇到一群志同道合的好朋友——肖萍、黄飞、吴日明、张旭东、江海昌、况中华、邵国松、王军强、叶再春、汪光胜等。大家从全省各地考上来，很快就被江教浓厚的考研氛围所感染。我们班有 50 多人，一大半都有考研意向，考研团队逐渐形成。后来事实也证明，我们班陆续有 20 多人考取研究生，延续了江教考研神话。

更为幸运的是，我们遇到了终生难忘的班主任——孙亦平老师。记得入学第一次的班会上，孙亦平老师戴着一副宽边眼镜挂着笑容走进来，白净温润，全身散发着青春活力与知性美，一开口就说这是她第一次当本科班班主任，今后两年要和我们共同度过，让我们倍感亲切。要知道，环顾一下四周，孙老师看起来比我们班好些同学都还年轻呢！孙老师对我们这些考研的同学格外关照，我们也乐意和她聊天谈理想，甚至好多次跑到她家，因而也提前结识了她的先生、后来为我们上课的韩春萌老师，还有刚上幼儿园的可爱女儿——妞妞。这么多年过去了，我们班同学还始终与孙老师、韩老师保持联系，亦师亦友。

天道酬勤

2021 年 6 月 5 日，朱文斌在浙江越秀外国语学院镜湖校区，浙江省高校文艺评论联盟成立仪式上致辞

江教坐落在昌东学院路，一条破旧的马路进去，就是学校略显老旧的大门。说实在的，与当时气派的江西师范大学和南昌大学的大门相比，我们江教大门是有点寒酸的。整个校园面积也不大，但草木繁茂，郁郁葱葱，环境清幽。进大门是一条主干道，主干道尽头是图书馆，左边是行政楼，右边是教学楼，穿过教学楼也是一条大道，路两边分别有篮球场、艺术楼和学生宿舍，往里走还有教职工宿舍和食堂。入学后我到宿舍一看，10 人一间，同学们挤在一起，倒也颇为热闹。可是，如果我们要复习考研，环境是不利的。我与刚认识不久的同学肖萍、黄飞商量，是不是到学校毗邻的石泉村租房复习？大家一拍即合，我们很快就在一家农户的二楼租了一间房，记得房租是 70 元/月，三人平摊没有什么压力。当时的石泉村，家家户户基本上都把空余的房子拿出来租给我们这些考研的学生，甚至我们还看到不少往届已经毕业的师兄师姐们，因为毕业当年没考上研究生，还继续租房复习迎

考。石泉村因此也扬名省内，被誉为考研“福地”。

我们三人都很努力，每天除了上课之外，就是去图书馆看书复习。为了改善伙食，我们三人还买来煤油炉和电饭煲，大家轮流买菜做饭，有时周末还请女同学一起来聚餐，间接也促成了黄飞与曾辛健的爱情。学校并不巍峨的图书馆，成了我们复习备考的最佳营地。每逢周末，我们一大早就要到图书馆门前排队等候，因为看书的人太多，图书馆往往是一位难求，所以门一打开，大家就争先恐后地冲了进去。

我是中师毕业，考研对我来说，最大的拦路虎就是英语。大家都知道，中师课程难度相当于高中，但不开设英语课。虽然我初中时英语水平还不错，中考英语是满分，但考研英语至少要达到相当于大学英语六级的水平，英语就像一座高山矗立在我面前，必须要翻越。在好友吴成年的指导下，我选择了《新概念英语》一套四册进行自学。后来我发现，江教考研的同学基本上都是选用这套教材来自学英语的。《新概念英语》已成为我们这些考研追梦人秘密提升英语水平的制胜法宝。为了快速提升英语水平，我大部分时间都花在英语学习上。每天早晨六点起床，背诵英语单词和短篇文章，白天阅读英语文章和做模拟题，晚上临睡前还要复习一下今天所学的英语内容。在江教的两年时间里，前面一年半时间（当时研究生入学考试时间为每年一月份）我们都是废寝忘食，咬定考研目标不放松。我们心中都有一个坚定的信念，那就是天道酬勤，功夫不负有心人。

不甘失败

现在回想，在江教学习的日子忙碌而充实。虽然只有短短的两年，却在我们人生旅途上留下了浓墨重彩的一笔。至今难以忘怀的是各位恩师的谆谆教导：将中西美学打通而自成一派的李满老师，从不打开教材却将现代文学娓娓道来的罗淦先老师，对外国文学经典熟稔于心且如数家珍的赵家鹤老师，追溯语言起源的郭晓云老师……因为我要报考中国现当代文学专业的研究生，所以就找张桂年老师做我的毕业论文导师，记得当时张老师问我，对谁的作品比较感兴趣？我有点发懵，刚好前两天看了几篇梁遇春的散文，就说对梁遇春的作品有兴趣。张老师说研究梁遇春散文好，她觉得梁遇春是一个被人忽视的作家，我可以写出新意的。至今已记不起当时毕业论文是怎么交差的，但张老师对我的支持与鼓励一直让我感动于心。

2021 年 4 月 27 日，在浙江越秀外国语学院镜湖校区，
朱文斌在中国作协新时代文学研究实践中心成立仪式上发言

我们三个一起租房的小伙伴早有自己心仪的报考学校。黄飞的妹妹当时就读于汕头大学，为他牵线搭桥，让他报考汕头大学文艺学专业；肖萍喜欢语言学研究，考虑南昌大学比较近，就报考南昌大学；我当时向往繁华大都市上海，又与早两年考上华东师范大学的师兄陈宁宁联系密切，于是我立志报考华东师大中国现当代文学专业。后来，研究生考试成绩揭晓。黄飞与肖萍都以高分顺利考上研究生，而我的成绩总分未达到国家线，令人唏嘘。真是“几家欢喜几家愁”，考上的同学大家为他们祝福，没考上的同学则陷入苦闷彷徨的境地。我总结了自己的失败原因，最担心的英语竟然考了 63 分，政治也考了 65 分，但三门专业课每门都只有 60 多分，结果总分不达线。痛定思痛，我反思这与平时专业课用力较少是有关系的。

江教的最后一个学期，我是在彷徨不安、矛盾挣扎中度过的。从江教毕业，按道理我应该回到原来的单位报到上班，这就意味着我要放弃考研的梦想，到底何去何从，这个想法一直盘旋在我脑中。最终我没有放弃自己的梦想，决定不回原单位上班，而是留在南昌继续考研，恰好当年江西师大开始招收研究生预科班，在朋友的帮忙下，我顺利进入预科班。实际上也就是在南昌多待了半年时间，在这半年里，我开始弥补短板，加强专业课学习，当然英语与政治也不敢放松。这次在黄飞同学的大力引荐下，我考上了汕头大学。因为没有回原单位上班，我的工资被停发了。生活陷入困顿时，是班主任孙亦平老师和韩春萌老师给予我热情帮助，不但介绍我去代课，还让我写文章赚取稿费。当时韩老师在《知识窗》杂志兼职，就让我向《知识窗》投稿，在他的指导下，那段时间《知识窗》连发了我四五篇文章。每每回想起那段日子，想起孙老师和韩老师对于我的关爱与帮助，我的心里就充满感动与温暖。这是江教最让我难以忘怀的地方。

2016 年暑假，在南昌工作的万长根、李敏联合我与肖萍，发起组织了江教 1994 级中文本科班毕业 20 周年纪念活动，我们班近 30 位同学冒着酷暑从全国和省内各地赶回母校，大家与班主任孙亦平老师、韩春萌老师、秦良老师、李满老师、张福荣老师、徐筱虹老师等相聚一堂，共话师生情谊，畅谈美好未来。大家还相约毕业 25 周年即 2021 年再聚一次，结果被新冠疫情耽搁了。

收笔之际，王国维在《人间词话》里的文字浮上心头："古今之成大事业、大学问者，罔不经过三种之境界：'昨夜西风凋碧树。独上高楼，望尽天涯路。'此第一境也。'衣带渐宽终不悔，为伊消得人憔悴。'此第二境也。'众里寻他千百度，蓦然回首，那人却在灯火阑珊处。'此第三境也。"这三种人生境界，作为追梦人的我不是在江教都体验过了吗？谢谢江教，感恩各位老师，让我们拥有了一个全新而美好的人生！

丁澎：感恩母校，赓续相传

丁澎，江西彭泽人，中共党员。曾获深圳市创新型人才奖励，江西教育学院（南昌师范学院前身）数学与计算机科学系1997届计算机应用专业毕业生，在校期间曾担任学校学生会副主席、系学生会主席、班长等职务；1997年到深圳工作，1998年参与创办深圳麦格星电脑科技有限公司，所持有“皇朝”品牌电脑主机板2000年入选“中关村十大电脑主板品牌”；2003年进入手机研发领域，担任深圳经纬科技副总裁。作为中国最早的手机研发公司，其服务于市场上绝大多数品牌，如天时达、波导、CECT、TCL、创维、步步高、金立、万利达、先科等。其中，金立第一款手机就是出自于经纬科技，深圳经纬当时被列为首批深圳创业板上市公司对象之一。

光阴荏苒，日月如梭，时光煮雨，岁月经年。不知不觉中，已经从母校毕业25年了，每当回忆起在母校的时光，总是令人无比陶醉与幸福。那里有老师热情的关怀、同学温馨的友爱，还有成长的喜悦和许多感恩的往事。20世纪90年代，我来到母校接受高等教育，并在这段最美好的青春年华加入中国共产党，练就积极向上、勇于奋斗的品格。在母校的熏陶引领下，我在智能手机研发方面有突破性的创新。人虽然离开了母校，但母校对我的关怀一直都在，我也尽自己所能地回馈母校。

点滴记忆，温暖青春

还记得上学的时候，老校区的生活条件比较艰苦，没有礼堂放电影，但是为了丰富同学们的周末生活，学校经常在周五晚上从外面请来专业公司，在篮球场播放露天电影。每到这时大家都非常高兴，早早地吃完饭，从宿舍搬好凳子，三三两两，找一个视线相对较好的地方，等候电影播放。我仍记得刚到学校看的第一部电影是《一半是海水，一半是火焰》。

那时候没有手机，联络基本靠吼，只有宿舍一楼有一部公共电话机，如果遇到家人或朋友打来电话，就会听到宿管工作人员对着楼上吼："419，某某某电话！"然后就听到同学"咚咚"跑下楼的声音，而且一边跑还喊着，"来啦来啦！"

每到炎热季节，南昌便犹如火炉，高温难耐。此时，学校食堂会很贴心地免费赠送甜绿豆汤，对于我们这些穷学生来说，这绿豆汤简直就是降暑神器。而且老校区宿舍的水有一个特点让同学们非常喜欢，那就是因为抽的是地下水，所以冬暖夏凉。夏天把从食堂打来的绿豆汤用饭盒盛好放在凉水里，过半个小时再喝，真是人间美味！

每每想起这些学校生活的点点滴滴，就感恩母校对我们的关怀备至。

入党初心，永难忘怀

今年是母校建校 70 周年，也是党的二十大召开之年。让我骄傲的是，我也是一名光荣的中国共产党党员，而且是在母校入的党。至今，我依然记得那个激动人心的时刻：面对鲜红的党旗，我们紧握拳头，庄严宣誓。这么多年过去，那个场景依然历历在目。

2018 年丁澎回母校作题为“企业对员工的素质要求”的讲座

作为一名党员，我时时刻刻严格要求自己的学习和工作。当时，老校区有的死角卫生不好搞，比如图书馆斜对面的教学楼一楼灌木丛里，如果长期不打扫，就会积累垃圾，容易产生异味。于是，带着年少的激情和对学校的热爱，我组织系学生会干部和各个班的同学，轮流每周打扫，通过几次攻坚，那些卫生死角彻底被我们数学系搞得干干净净，既美化了学校环境，也愉悦了自己的身心。

不仅是读书时期，在如今的工作中我也时时告诉自己，要保持着共产党员朝气蓬勃、不懈奋斗的革命精神，继续努力为人民服务。

心系母校，赓续相传

我一直在前行的道路上努力践行着母校的校训——厚德修身，博学育人，我所创办的公司的价值观就是“上善若水，厚德载物”，集团管理层的价值观为“不官僚，不厚黑，有担当；不欺软，不媚上，有责任”。我也经常抽出时间，用自己的亲身经历，回母校和学生干部交流如何做好学生干部、做好学生干部的意义，也经常和学弟学妹们沟通就业观和找工作的面试技巧。希望学弟学妹们能以积极进取、豁达乐观的人生态度，以敢于拼搏、直面挑战的精神及永不熄灭的热情，不断开拓自己的人生。

沧海桑田，世事多变。蓦然回首，内心时刻感恩母校对我的关怀与栽培，使我一直走在正确的人生道路上。我于十年前代表我们 1994 级计算机 1 班在新校区操场旁种下了一棵树，寓意着我们一直以来被母校栽培着、滋养着、成长着。

希望每位从母校毕业的校友都能秉承母校的教诲，不懈奋斗，为自己赢得一个精彩的人生，为国家和社会做出更大的贡献。

祝母校生日快乐，桃李满天下，春晖遍四方。

陈波：两载校园，受益一生

陈波，江西鄱阳人，中共党员，江西教育学院（南昌师范学院前身）1994 级旅游文化班学生，曾在武警抚州市支队服役，先后担任婺源县第一小学总务处主任、婺源县教育印刷厂厂长、婺源县教育局校建办主任、婺源县旅游经济发展中心副主任，现任婺源县广播电视台党支部书记。

时光如白驹过隙，转眼间离在江西教育学院校园度过的两年学习生活，已经过去近 30 年了。回首往事，感慨万千。于我而言，可谓“两载校园，受益一生”。

1994 年 9 月，我告别当时的工作单位和尚在襁褓中的孩子，背上行囊，来到省城南昌，开始了在江西教育学院政史系旅游文化专业的求学。对于一个有过从军和教书工作经历的人，在阔别校园 7 年后，重新走进大学校园，聆听老师的教诲，接受知识的熏陶，结识更多的同学，这些都让我充满好奇和渴望。而让我更激动的是，在老师的鼓励和同学的支持下，从 1994 年 9 月至 1996 年 7 月，我先后担任了班长、政史系团总支书记、系学生党支部书记、院学生会自律委员会主任，这些历练对我日后的工作大有裨益。

相逢时难别亦难。两年的大学时光匆匆而过，我和同学们都忙碌在各自的工作岗位。大学毕业三年后，我被婺源县教育局委以重任，到婺源县教育印刷厂当厂长，并在2000年荣获了江西省教育厅“全省十佳校企厂长”等荣誉称号。2002年，我任婺源县教育局校建办主任。在主持全县校建工作期间，负责完成了集中安置全县教师住宅的园丁小区工程建设，同时完成了江西省首批优秀重点中学——天佑中学整体搬迁、江湾中小学扩建等县重点项目，2005年婺源县教育局校建办被江西省教育厅评为“全省校建工作先进单位”。

政史系1994级旅游文化班毕业合影　第一排右一为陈波

进入21世纪以后，婺源县依托优美的生态环境和深厚的文化底蕴，大力发展旅游业，从一个“养在深闺人未识”的僻壤之地一跃成为“天下谁人不识君”的全国知名旅游地。2008年3月，由于大学就读的是旅游专业，组织上将我调整到婺源县旅游经济发展中心副主任岗位，负责全县旅游对外营销推广工作，并作为地方政府股东代表到婺源县旅游股份有限公司兼任市场营销总经理及景区总经理。在婺源县旅游产业飞速发展的大潮中，当年在母校学习的旅游文化专业知识助我在工作中大显身手。我认真落实婺源县委、县政府战略目标，积极带领营销团队赴全国各大中城市（含港、澳、台）及韩国部分城市等地宣传推广婺源乡村旅游资源，为婺源唱响“中国最美乡村”“梦里老家”品牌贡献自己的力量。现在的婺源，有 1 个国家 5A 级景区、13 个国家 4A 级景区，是全国国家 4A 级以上景区最多的县，先后荣获了中国首批旅游强县、国家级文化生态保护区、国家级徽州文化生态保护区、全国县域旅游综合竞争力百强县等几十项国家级荣誉。为了积累景区管理工作经验，我主动要求深入景区一线，去思溪延村景区任总经理。那是一个古村落景区，包含了思溪、延村两个相邻的村庄，有 136 幢以商宅和官邸为主的明清古建筑群，村落以青石板铺地，背靠青山，面临清溪和稻田，四周是绿地和茶园，村庄与秀水青山的优雅自然风光融为一体。我去了后，注重整治景区环境和秩序，挖掘景区文化资源，多次与当地镇政府、村干部进行沟通，逐家逐户上门做群众工作，争取他们对景区运营管理的支持，形成了发展旅游的共识和合力。经过大家共同努力，最终在不到一年的时间里，思溪延村景区就通过了国家 4A 级旅游景区评审。

2016 年，我的工作岗位又迎来了变动，被组织任命为婺源县广播电视台党支部书记。虽然对于我来说，这是一个全新的领域，但三十多年的工作经历，让我很快适应了新的角色。上任伊始，按照台领导的分工，在认真抓好党务工作的同时，我挑起了筹办婺源广播电台的重任。从办理相关手续、设备选型采购到人员招聘、培训上岗、节目编排，再到开播，无一不亲力亲为。为了夯实广播电视事业发展的经济基础，我主动请缨，主管江西蓝鹏文化传媒有限公司的日常运营，抓好企业创收工作。在我和同仁们的共同努力下，从 2017 年至 2021 年，婺源电视台工作连续 4 年被评为上饶市新闻宣传工作年度考核一等奖（第一名），2021 年在全省融媒体中心考核中名列全省第 6 名（上饶市第一名）。

在母校迎来 70 华诞之际，我有幸能成为一名见证者，当年的情景至今还历历在目，那段经历我将永远珍藏。明亮的课堂里，老师们的教诲言犹在耳；校园的树荫下，有我们的青春身影；寂静的图书馆里，翻动的书声是我们与智者的对话；寝室里深夜的梦呓，见证了我们那段美好的时光。虽然这一切都已远去，但已深深地融入我的生命中。借此机会，我也想对学弟、学妹们说，你们身处在一个更好的新时代，希望你们珍惜时光，不负韶华，学有所成、奉献社会，为梦想前行、为人生奋斗。最后，衷心祝愿母校在未来的岁月中，如一座高高耸立的灯塔，照亮更多学子的人生方向；如一艘劈波斩浪的大船，满载无数学子的梦想抵达彼岸。

刘宏：不断续写的南昌师范学院故事

刘宏，江西教育学院（南昌师范学院前身）1995级音乐学脱产专科班学生。南昌市音乐家协会副主席，江西省音乐家协会理事，江西省艺术教育协会副主席，江西艺协音乐专业委员会副主任，江西文促会钢琴艺术指导委员会副主任，江西文促会钢琴专业委员会秘书长，南昌市东湖区第十七届人民代表大会代表，江西省女企业家商会副会长；2003年创办“宏声琴行”，2008年扩展为“江西省宏声文化艺术发展有限公司”，涉足艺术培训、乐器销售、文化传媒等多行业；创业19年，用爱与坚持的力量，为成千上万艺术学子打造学习的乐园。

光阴荏苒，每当回想起在母校求学的时光，心头便感到温暖而幸福。1995年，我走进江西教育学院的校门，开启大学生活。在琴房、舞蹈教室，老师、同学们日日手指飞舞叮叮当当、天天开声亮嗓咪咪呀呀。如果有人走在楼梯上时突然吼一嗓子，那一定是我们音乐班的同学。晨起，我们在校园操场上集体压腿练功；晚间，我们在教室琴房里一起读书向上，很多同学半夜还赖在琴房不肯休息，直到午夜“扰民”被宿管大爷强行撵去睡觉。

1995级音乐学脱产专科班毕业照　第三排左四为刘宏

伴随着歌声与舞姿，转眼就到了毕业汇报演出的日子。我记得那段时间特别忙，因为班里学生人数不多，为了让节目更加丰富精彩，我一个人又唱又跳，弹钢琴、拉小提琴，硬是上了四个节目。现在回想起来特别有意思，艺术师范生大概就是这样，综合能力强，吹拉弹唱都能上。还记得在校学习的两年时间里，老师让我负责琴房管理，通过各种算算画画，我把同学们的练琴时间点分配得清清楚楚。现在工作时我经常感慨，多亏了当年老师给我这样的锻炼机会，才使我有了后来创业做企业的“统筹管理能力”。

一晃毕业已25年了，在母校的长远影响下，做好一名社会艺术教育工作者，一直是我的目标，我将这份初心也一直珍藏在心中。2003

江西教育学院音乐系1995级毕业晚会　第一排左四为刘宏

年，我成立“宏声琴行”，开始创业之路，构建“音乐舞蹈艺术普及、乐器零售批发、赛事演出等文化活动”三大板块相互支撑的经营模式。经过 19 年的发展，秉承“以商养学、以学促商、以赏兴业”的经营理念，形成了三家子公司、十九家直营门店、几百家合作机构集团化发展的“江西宏声”企业。但无论走得再远，我都牢记艺术学子应在艺术领域发光发热的使命；无论身在何处，我也始终记得师范生教书育人的本分。

南昌师范学院音乐舞蹈学院 2018 级实习生 · 江西宏声公司
教育实习启动仪式　第一排左三为刘宏

这些年，虽离开了母校，但故事一直在续写。母校时时刻刻关注着我个人的成长和事业的发展，母校的领导和老师多次来公司参观指导，给予了我很多关怀。在母校的感召下，我也尽自己所能真心回报学校。2020 年，我为母校音乐舞蹈学院引进“舒密尔奖学金”项目，帮助更多心怀音乐梦想的学弟学妹们实现理想，展示学习成果，交流音乐文化。通过与学院联合举办“舒密尔”师范生基本功比赛和颁奖音乐会等活动，让师生们近距离感受到音乐殿堂的艺术魅力，鼓励艺术学子不断提升专业水平，更好地在音乐教育的道路上发展。

2021 年 9 月，在母校的充分信任下，江西宏声公司与学校进行了深度校企合作——联合成立了南昌师范学院音乐舞蹈学院教育实习实践基地，为学弟学妹们搭建社会艺术教育实践平台。基地建成短短半年时间，宏声公司为50余名母校学子提供了实习岗位，吸纳多名毕业生留在公司工作，这不仅让他们的专业知识和能力在社会实践中得到充分历练和展现，也为母校优秀应用型人才的培养打通了最后一公里。

在江教院的校园时光很短，但想要回忆的故事还很多、很长……在这个鲜花盛开、阳光温暖的季节里，我们满怀喜悦迎来学校70华诞，作为一名江教院的毕业生，请允许我向母校致以最热烈的祝贺和最衷心的祝福！祝福母校的莘莘学子，在校园里的学弟学妹们学业有成、朝气奋发；祝福走上各行各业、社会各个工作岗位上的校友们事业有成、生活美满！祝福母校敬爱的领导、老师们，身体健康、平安幸福！祝我最亲爱的母校，积历史之厚蕴，宏图更展，在下一个70年唱响更华美的篇章！

赖晓辉：感恩相遇 幸福记忆

赖晓辉，南昌师范学院“江西省首期中小学名校长培养对象”培训班学员，中小学正高级教师，现为宁都县人大常委会副主任、宁都县社会主义学院院长，系江西省第十三届人大代表、江西省家庭教育报告团成员、赣州市督学、赣州市同心圆智库专家成员；先后被评为“全国先进工作者”“全国优秀教育工作者”“全国正能量校长”“国家开放大学杰出校友”“江西省三八红旗手”“江西省五一巾帼标兵”“江西省先进工作者”“江西省信息技术学科带头人”“赣州市优秀教育工作者”“赣州市优秀校长”等；个人先进事迹被《全国先进模范事迹汇编》收录，并被《光华时报》《赣南日报》等媒体报道。

岁月不居，时节如流。我在母校——南昌师范学院参加“江西省首期中小学名校长培养对象”培训班结业已四年多。近日，欣闻母校即将迎来 70 华诞，作为母校的一名学子，我由衷地为母校感到高兴和自豪！

“相逢一见太匆匆，校内繁花几度红。”在母校学习的三年时光，那些美好的过往、美妙的记忆时常萦绕在我的脑海。三年，对许多人来说，也许仅仅是一个时间概念，但对于我们这批江西省中小学名校长培养对象来说，却是故事，是感恩，是成长，是希望。

三年，我们有着太多的故事。还记得 2015 年 10 月 11 日，我们从 17 个县市的 41 所学校首次相遇在了南昌，带着期待和向往，我们开始了为期三年的学习之旅。从这里出发，我们走向了北京、深圳、上海，还有祖国宝岛台湾，共享了许多专家、名校的精品。我们在各大都市感受着最前沿的办学思想和理念，享受着最丰盛的精神大餐，开讲着我们首批中小学名校长培养对象培训班的动人故事。谁都不愿错过任何一场讲座，谁都不想落下任何一次作业。在这里，男同学拒绝应酬，女同学拒绝购物，留下的只是我们互相探讨、共话未来的魅力身影。不过，我们也并不是迂腐的书呆子，破冰活动中的趣味竞赛，参观途中的幽默调侃，文艺晚会上的曼妙身姿，都足以书写我们的灵动和智慧。我们就这样思之、写之、歌之、舞之，演绎着一群教育追梦者的故事。

2020 年 11 月，赖晓辉在北京参加全国劳动模范和先进工作者表彰大会

三年，我们有着无尽的感恩。感恩江西省教育厅领导的高瞻远瞩、长远规划，划拨专项经费保障项目的顺利实施，让我们有宝贵而又难得的学习机会；感恩南昌师范学院教育培训学院领导和老师们的每一次精心安排、贴心服务，为我们解决后顾之忧，让我们享受到最优质的教育资源；感恩所有专家、名家的精彩授课，他们或儒雅风趣，或睿智沉稳，都给了我们不同的启示与引导；感恩实践导师毫无保留的辛勤指导，感恩理论导师不厌其烦的细致修改，虽然他们任务重工作忙，但并不影响我们的良师益友情。我们不会忘记汤赛南总督学在开班仪式上对我们所提的严肃、严谨、严格、严实“四严”寄语，不会忘记程裕秋处长对我们“带着希望而来，带着责任而学”的厚重期许，不会忘记王定华司长亲授的“基础教育改革的形势与任务”，

也不会忘记国家教育行政学院于建福、于维涛，北京教育科学研究院褚宏启等一大批顶层专家的教育论述。我们感恩所有阳光雨露的滋养和润泽，纵然是大山为笔，江河为墨，也难表感恩之情。

三年，我们也有着无形的成长。带着渴求，步入母校；载着收获，圆满毕业。通过三年的学习，我们的理念、我们的行动、我们的面貌、我们的学校正悄然发生着变化。我们的微信群很严肃，从不聊与教育无关的话题，但也不乏掌声和欢呼声，那是同学们取得成绩以后，大家由衷的喜悦和赞美。有的校长获评正高了，有的校长获评省部级荣誉了，许多学校获评各级各类先进了……如今，我已在宁都县人大常委会副主任的岗位上工作了。虽然身份变了，工作岗位变了，但在母校三年学到的知识、启迪的智慧，始终影响着我、教育着我、鞭策着我，一路伴我前行，一路伴我成长。

只要说起母校，说起江西省首期中小学名校长培养对象培训班，我的脑子里便会浮现出江西省教育厅和母校各位领导的深切关怀、殷殷嘱托，浮现出优雅严谨的饶玲院长、聪慧婉约的朱晓颖老师、帅气认真的敖峰老师带给我们的许多温暖和感动，浮现出同学们之间互帮互助、互相勉励的坚定和执着。三年时间，我们的情已深，谊也重，爱更浓。

赖晓辉参加 2020 年 11 月全国劳动模范和先进工作者表彰大会并获奖

如果说美丽的相遇无处不在，那么我想，我们和江西省首期中小学名校长培养对象培训班的结缘就是一场幸福的邂逅。感恩相遇，幸福记忆。让我们记住这段故事，这份感恩，这份成长，这份希望，用虔诚之心、股肱之力来书写各自的流光溢彩，为母校70华诞献礼，为母校明日辉煌祝福！

梁盛平：四年沉淀，二次起跑

梁盛平，江西瑞金人，中共党员，江西教育学院（南昌师范学院前身）美术系1997级工艺美术专业学生，北京大学政府管理学院区域经济学博士后（城市与区域规划方向），研究员，2019年进入国务院发展研究中心，现为国研大数据研究院首席研究员，中国生态文明研究与促进会理事，赣州市人民政府顾问专家，重点研究数字经济、产业园区、绿色发展、传统文化等；曾担任中国进出口银行公司业务部副总经理、第八个国家级新区贵安新区总规划师、国务院发展研究中心国研科技集团战略与技术发展部总经理、贵阳市南明区副区长、北京市平谷区乐谷管委会副主任、南昌大学教师等职；主持国家社科基金重大专项1项，2022年参与国家发改委重大课题；负责完成的编著或专著10本，有《中国设计全集》（20卷）、《中国少数民族设计全集》（54卷）、《新城：贵安微讲堂5年》《生态文明与低冲击开发》《新时代经济关键词（2019）》、“国家级新区绿色发展丛书”、《绿色再发现：贵安新区绿色创新发展侧记》等，发表论文多篇；曾获得中国博士后基金特等奖、“优秀博士研究生”等荣誉，主编的《十八大以来中国开发区建设与区域发展》列入迎接党的二十大重大选题。

遇见江教

我在中等师范普师专业毕业后，在中学教了 3 年书。1997 年，我通过考试进入江西教育学院美术系工艺美术专科学习，1999 年，我再次通过专升本进入美术教育专业学习。

来到学校，我对未来充满憧憬。还记得专科班的班主任是沛雪立老师，我当了一年的班长；本科班的班主任是贺军爱老师，她对我们是满满的关怀。那时，专科班、本科班的同学们基本都是中小学校的老师，来大学进修；那时，天空是湛蓝色的，草地是绿油油的；那时，我拥有强烈的学习欲，尽管英语学习很难入脑，依然天天坚持学习《新概念英语》；那时，沛老师满满的工作热情，舍己为公，让我们受益很深；那时，我们对于美术的学习只争朝夕——看美术史幻灯片、到龙虎山写生、说些不完全听得懂的“画空气”“点结构”“有法到无法”的专业词。

天道酬勤

大学四年生活可谓多姿多彩，丰富至极。但临近毕业时，新的困惑随之到来，是回原中学任教，还是继续读书闯世界？我终于下定决心继续通过自学加入“考研大军”。由于英语一直不行，我毅然决定从“零”自学口语并租了个旧电脑，备战广州美术学院工业设计方向的硕士研究生考试。

那段时间，同学们大都备考硕士研究生，图书馆成为大家争抢的“地盘”。抢到了图书馆的“地盘”，一天的学习效果就有了保障。早上抢到了，把书保留在座位上可以管一天，座位权利可以“日抢日清”，可见大家的学习劲头之足。那时，美术系还没有一个师兄师姐在读硕士，没有这方面的资讯，只能自己摸着石头过河，现在想来，还真是应了“无知无畏”这句话。

在母校的第四年我顺利考上了硕士研究生，人生有了新的开始。成功上岸给了我更多的信心，后面的诸多不可能变成可能，也有了实践的沉淀。感谢当年的江西教育学院，祝福现在的南昌师范学院。

砥砺前行

在普师学习时，除了日常练习的“琴棋书画体”，我选择美术进行重点训练，而后从业余爱好进阶到江西教育学院专业学习美术绘画，这些对我后来从事设计文化、区域经济、数字经济、绿色发展等专业的学习产生了积极影响和巨大支撑。在调离国家级新区贵安新区总规划师之前，我用电脑加手绘画了一幅“贵安山水图”，了然自己内心的贵安蓝图。从高校教育、城市规划、金融管理、政府服务、开发区建设等工作岗位到现在的宏观经济研究、数字经济攻关、参与国家宏观政策的相关研究，以及为“政策前一公里、政策后一公里”服务，无不受益于在母校的四年学习沉淀。

转眼，不惑之年已过，更需要自己只争朝夕，把半辈子的学习融入国家建设中，投入到践行“功成不必在我，功成必定有我”的“国之大者”中去。

近期，南昌师范学院美术学院卢小平院长（当年的跨班同学）邀请我作为校友代表谈谈母校回忆。整整 23 年过去了，如今提笔写下那年那景那感，既给自己重温青春岁月的机会，又为学弟学妹们提出努力学习的建议，更是对母校的祝福和对母校老师们的感恩！“百年大计，教育为本”，谢谢您，我的母校！

黄友平：忆母校的一些人一些事

黄友平，江西瑞金人，江西教育学院（南昌师范学院前身）外语系 1997 级成人英语专科三班学生，现为浙江文锋文具有限公司和义乌市拓普文具有限公司董事长、义乌市文化用品行业协会常务理事、中国诗歌学会会员、金华市作家协会会员；毕业后下海从商，自 2008 年起先后创办现有公司，公司为金华市生产实力雄厚、销售网络健全的专业文具制造商，有自营进出口权，拥有多个注册商标，生产的各类办公文具产品深受国内外客户喜爱，产品出口意大利、葡萄牙、俄罗斯等 50 多国；黄友平业余爱好写作，曾在《诗选刊》《文学港》《浙江诗人》等多家报刊发表诗歌、小说、评论等文章。

……

你把一个春天的梦境
托付给秋云
一株蔷薇的秘密
飘成远天的风景

……

——节选自黄友平《蔷薇的秘密》

自1999年7月从江西教育学院毕业，已有20多年了，但母校许多的记忆依然清晰，包括水池边、书亭下朗诵的一些诗，更包括一些人和事。

你好，桑迪（Sandy）

记得1997年9月开学第一天，一到车站，正好有学校的大巴等着。我走过去，一位高个子同学迎上来，他自我介绍说是96外语系的桑迪，他帮我把行李搬上车。等到更多同学后，大巴启动了。桑迪一路介绍沿途的街道、广场、建筑，很快我们到了绿树成荫、鸟语花香的校园。桑迪领着我先报名，然后带我到明亮洁净的宿舍，随后到宽敞干净的食堂用餐，再领我参观自己的教室。学校的一切，新奇而陌生。这是我第一次离开瑞金老家到南昌，几百公里之外，初到新的城市，难免产生离家感伤的情绪。而在车站、在校园，遇上桑迪，他贴心的相随和引领，洋溢的青春和热情，让我感到特别的亲近和温暖，如校园初遇的热季的风，带着宾至如归的热浪，把我离家的感伤，一下子吹散了好多。

江西教育学院外文系1997级专科三班毕业合影　第六排左二为黄友平

如今，距离那天遇见桑迪已经25年了，在欧洲、在印度、在东南亚，我也曾见过些别的叫桑迪的客户或朋友，每次跟他们打招呼，总会想起开学第一天遇见的桑迪，并在心里默默说声：你好，桑迪！虽然那天以后，我几乎没有再见过他，我甚至一直不知道他的中文名字。

忆同学成洁

初见成洁是在开学典礼上，她作为学生代表发言。这之前我也听过看过些她的事迹——九岁被高压电击中双臂截肢，但她没有被击倒，而是克服了常人难以想象的困难，学会了用双脚写字、吃饭、洗衣服。1989年，她被评为“全国十佳少先队员”，并受到过党和国家领导人接见。

那天，她长发整齐，身着深色的长裙，端庄而飘逸，娓娓讲述了成长过程中经历过的一道道坎坷和克服的一个个困难，谈论着自己的收获和喜悦。她的声音清脆动人，表情透着坚毅，也有着含苞欲放的笑意。现场，除了激动处大家如雷的掌声，便是安静，安静得只能听到自己心跳的声音。她用清脆如铃的声音，如星星一般闪亮的眼睛，把我们这群新生们的心灵点燃点亮。

江西青年报
JIANG XI QING NIAN BAO
为老区输送强劲力
成洁入党了

黄友平撰写的《成洁入党了》在《江西青年报》发表

没想到我机缘巧合，竟然能与“全国十佳少先队员”成洁在同一所学校读书！听着她热诚动情的讲话，我感到特别幸运，而且心潮澎湃。“断肢的小鸟，也可以自己飞翔。我们作为校园新的逐梦人，有着更健全的翅膀，在风雨中如何自强和飞翔？”听完成洁的发言后，我不禁深思，胸怀里擂起了咚咚的战鼓。

成洁是我们外语系的学生，我偶尔会在教学楼下碰到她。每次见到她，我都会过去跟她打招呼、问个好。她会点头笑笑，说声“你好”。后来，由于我担任外语系学生党支部书记，她正好是党员发展对象，一来二去有了些接触的机会，她入党问询材料和表决，让我有过几次与她较近距离的接触。我也曾在《江西教院报》和《江西青年报》写过关于她的报道。我一般会悄悄站在教室窗外，看她怎么用脚记笔记、写作业；有时问她同班同学，了解她的学习生活近况；或者在某一个雨天看见她，跑过去想为她打伞，但她摇摇头，说“雨不大，路不远”，自己跑了，我看着她风雨中奔跑的背影，感触满怀。

弹指一挥间，20 多年过去了，我依然会想起母校的成洁和更多的同学，想起校园里奔跑的身影、清脆的声音、细微的感动和持久的温度。这些回忆，如一支老曲在心弦反复弹拨，为今日的旅程伴奏着流连的歌谣。

学生食堂的常客

毕业后，除了常想起同学，也会常想念老师，如端庄大方、细心体贴的班主任周小英老师，高挑美丽、笑口常开的肖红萍老师，高大魁梧、富有绅士风度的外籍老师……而其中，“学生食堂的常客”章启明书记，更是时常出现在我的脑海中。

遇上章书记的那天，我与一位同班同学在学生食堂用餐，他说他的辣椒炒肉有些肥，我说我的炒黄瓜有点咸。可能是我们说话的声音有点大，惊动了旁边用餐的人。一位五十多岁的长者坐过来，一边继续用餐，一边微笑着询问我们对食堂伙食的看法。见有人加入，我们更是起劲，好的和不足的，噼里啪啦说了一大堆。他不时微笑着点头，并鼓励我们提出更多更细的意见和建议。后来，食堂的一个师傅过来，叫了他一声“章书记”，我们才反应过来：原来，学校的党委书记章启明老师就近在我们的餐桌前。

这以后，一周、两周、一个月、两个月……我时常看到章书记高瘦的身影出现在学生食堂，听他用餐时和蔼的话语，餐后走出食堂时爽朗的笑声，感到特别的亲切。于是，我在院报投了一篇题为《学生食堂的常客》的文章。后来，作品在院报1998年度“学员好新闻、好作品”评选活动中，获得优秀作品奖。

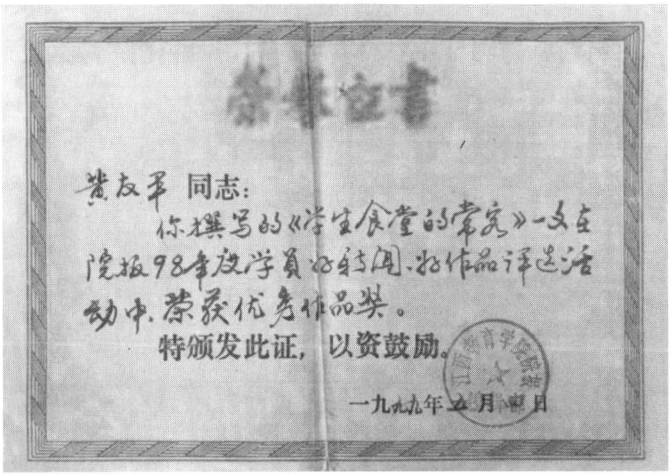

荣誉证书

黄友平 同志：

你撰写的《学生食堂的常客》一文在院报98年度学员好新闻、好作品评选活动中，荣获优秀作品奖。

特颁发此证，以资鼓励。

一九九九年[illegible]月[illegible]日

荣誉证书

直到今天，我仍把这份获奖证书挂在书桌前，提醒我以章书记为榜样。章书记做学生食堂的常客，如今的我也一直做公司员工食堂的常客。即使今天创业有所成就，我也激励自己不忘初心、厉行简约。

晏卫华：江西教育学院的记忆与思念

晏卫华，1997 年 9 月至 1999 年 8 月在江西教育学院（南昌师范学院前身）数学与计算机科学系脱产进修，现任中共高安市委常委、常务副市长；曾任江西省政府机关事务管理局副主任科员、主任科员，江西省政府办公厅综合处主任科员、副处长（挂职江西省丰城市人民政府副市长），樟树市人民政府副市长，铜鼓县委常委、宣传部部长，江西铜鼓工业园区党工委第一书记，宜春幼儿师范高等专科学校党委副书记、校长。

往事如昨，感恩不减

在江西教育学院的两年学习时光，我觉得有“三个好”。一是学校的教风很好，老师对我们循循善诱，学术水平都很高。二是学校的学风好，因为那个时候来读书的都是中小学老师，有的已经从事教师职业很多年，能来到江西教育学院学习，大家都格外珍惜这个机会，都很认真。记得当时图书馆和自习室总是有很多人，每次去图书馆都要抢座位。三是生活保障好，学校虽然面积不大，但基础设施、教学设施都很齐全，关键是学校有一种积极向上的氛围，促使我们这些中等师范学校的毕业生有一种比学赶超的紧迫感。

在江西教育学院的学习时光，对我个人的成长有很大的帮助。第一，让我养成坚持学习的习惯。良好的学风熏陶，让我无论在校期间还是离开学校之后，都能做到坚持学习，始终把“活到老学到老”的精神贯穿始终，尤其是每到新的工作岗位，我心里都会想着要学习，工作再忙也要坚持学习。第二，个人能力得到很大提升。在学校担任班长的经历，培养了我的组织协调能力、沟通能力，也让我增强了自信心。以前学校举办的活动，如演讲比赛等，我都积极认真参与，在赛事活动中提高能力水平和个人素养，对以后的工作学习有很大帮助。第三，树立正确的人生目标。当时的江西教育学院，学风十分浓厚，被《信息日报》《江南都市报》等媒体誉为“考研部落”。每年都有很多师兄师姐考上研究生，对我的激励很大。大家都说学校是加油站、充电站，我觉得学校同时也是改造和提升我们的地方，让我们树立新的人生目标。

晏卫华在铜鼓县留影

师泽如山，微以致远

我对班主任徐向阳老师印象特别深刻。徐向阳老师讲授数学，同时又是江西电视台财经证券频道的特邀评论员，他身上完美体现了“学高为师、身正为范”，对我们的影响很深。一方面，徐老师学术水平很高，听说我们有考研的打算之后，专门抽出时间给我们讲解“概率学”“统计学”等难度较大的课程，一直到我们听懂为止。另一方面，徐老师为人正直，教育、引导我们全班同学积极努力向上。我们班女生多男生少，部分同学来自外省，大家学历背景不一样，年龄相差大，行为习惯、性格相差也很大，管理起来很有难度，但是他能够把我们很好地凝聚在一起。他不仅传授我们知识，还经常解答我们的困惑，指导我们做好未来的人生规划和工作规划。在学校这两年，徐老师对我们的认真教导和关心爱护，对同学们以后的发展都有很大帮助，大家对他都非常感激。

还记得当时我们参加会计从业资格考试，学校不仅提供了高水平的课程教学，会计老师课后还会专门辅导我们，最后我们班的会计证通过率很高。

思念如故，期盼如初

毕业之后，我经常回到当初学习的校园，也就是现在的老校区去看看。之前在北京学习的时候，每年暑假回来，我都会到老校区走一走，转一转，后来在南昌工作也经常回去。新校区搬迁后我还去参加了校友聚会，学校很漂亮，风景很优美，适合学习深造。

欣闻母校办学层次不断提升、办学成果喜事连连、办学实力不断增强，看到母校日新月异的变化，让我们为自己的母校感到骄傲，也激励自己要更好地工作，为母校增光添彩。

不负韶华争朝夕，跑出青春加速度

七十年薪火相传，七十年奋发图强。祝母校的发展蒸蒸日上、再创新辉煌。希望学弟学妹们秉承学校优良的传统和学风，趁年轻带着梦想在青春的赛道上奋力奔跑，不负韶华争朝夕，跑出青春加速度，跑出当代青年的热血青春。

余慧英：饮水思源，不忘初心

余慧英，江西教育学院（南昌师范学院前身）数学与计算机科学系1998级计算机科学教育本科专业（第一届计算机本科）学生。现任北京永信至诚科技股份有限公司副总裁，中国（中关村）网络安全与信息化产业联盟副秘书长，CSA云安全联盟大中国区北京地区理事，中国网络空间安全协会人才培养教育工作委员会委员，是工业控制系统信息安全技术国家工程实验室技术委员会专家、全国科技成果评价专家库专家；长期从事网络空间安全及相关互联网行业产业研究，具有多年行业从业经验，对国家网络安全与信息化及相关战略、政策法规有着较深层的理解，组织过信息安全专项、金融IC卡专项、科技部专项等多项国家级专项，参与过多项国家、行业信息安全标准制定，参与研发的技术项目曾获得北京市科技进步一等奖、省级优秀新产品二等奖、市级科学技术进步奖三等奖；曾参与《信息安全策略编制指南》（原著第12版）书籍的翻译、编写工作。

时光荏苒，岁月如梭，一转眼已经从母校毕业20年整了。穿越时光隧道，回到20年前的江教生活，那些难忘的往事和温馨的记忆，立刻浮现在眼前。图书馆仿佛还留有我们借书的笔迹，以前的宿舍还洋溢着我们的欢声笑语，教室里老师们还在神采飞扬地讲课，篮球场还有我们奔跑的身影，人工湖边花间小径柳绿花红，依然灿烂……绵绵思念暖心头，一砖一瓦总关情。

2022 年，母校南昌师范学院迎来 70 华诞，承蒙当年我的班主任徐新爱院长挂念，邀我在这个有纪念意义的时刻对母校、对校友们说上一些知心话。点滴记忆涌上心头，千言万语却又不知从何说起。江教四年，回忆很多，时间有限，先就几个我记忆最深刻的点和大家分享。

时不我待 只争朝夕

1998 年，我刚踏入江西教育学院的大门，就见到了活泼可爱的班主任徐新爱老师，班里同学不多，大部分同学都是从江西省教育系统通过成人高考考入学校来进修的。所以，班里学习氛围非常好，特别是有几位学霸同学，基本不是在学习，就是在去图书馆或者教室的路上。

在学校的图书馆边上，有一个小小的人工湖，一年 365 天，无论天晴下雨，还是寒冬酷暑，人工湖边每隔 10 米左右就有同学拿着书本大声朗读。当时，“疯狂英语”在各大学校风靡一时，在江教亦不例外。大家都雄心勃勃、争分夺秒地努力学习，同学们经常钻进图书馆阅览室，如饥似渴地研读各种专业书籍和刊物。这么好的学习氛围，除了学校的高要求外，更多的还是因为绝大部分同学作为一名教师，更珍惜宝贵的学习机会，并期望学到更多的知识以回馈给自己的学生。

在毕业后的 20 年里，当时大家这种“时不我待，只争朝夕”的学习劲头，一直在工作中影响着我，让我面对技术上的难题、管理上的难点、生活中的痛点时，都能以积极向上的心态去面对问题、解决问题。

厚德修身 博学育人

四年大学生活，母校校训一直给我们激励。毕业时“厚德修身 博学育人”这八个字牢牢地印在了我的心中、刻在了我的骨子里。但在我毕业后的这20年间的人生中，才真正地体会、理解并践行着这八个字。

在工作岗位上，立身之本为德、带团队靠德、团结合作伙伴更要有德为支撑；在工作中不免有很多纷争，但解决这些问题最根本的举动就是先修自身，而在家庭生活和家庭教育中修身更为重要。毕业20年间，我从研发人员、项目经理转变为科研管理人员、职业经理人，只有在各个阶段都主动积极地学习，才能让自己适应工作岗位角色的转变。育人是师范专业的特点，虽然最终没有回到三尺讲台，但育人二字依然适用于我的管理工作和家庭教育，对我的帮助非常之大。

向阳而生 不负韶华

江教的生活是快乐而又美好的，除了学习外，课余活动也很多，篮球场是去食堂的必经之路。记得当时大家都是打好晚饭围在篮球场边上，边吃饭边看篮球赛。每年学校还举办各种文艺演出和辩论赛等活动。正是这种积极向上、张弛有度的生活态度影响着我，陪伴着我，让我在生活和工作中，始终能以积极向上的心态面对各项挑战与难题，尽量做到得意不张扬、失意不气馁，牢记越是艰难处、越是修心时。

毕业后历经20年的斗转星移、风云变幻，母校的同学们像种子撒遍天南地北、生根发芽、开花结果，我们像一块块砖头，为祖国建设大厦、成就时代辉煌。不管从事什么工作，同学们都能带着母校的教诲，勇于拼搏进取、不负时代使命，用责任与奉献向祖国、向母校深情告白。

正值母校建校70周年，愿所有的学弟学妹，心如花木、向阳而生，以梦为马、不负韶华，以乐观积极的态度迎接每一个挑战，努力绽放自己的光芒！衷心感谢母校的栽培之恩，祝愿我的母校生日快乐，百尺竿头，更进一步，再创辉煌！

胡晓东：忆母校往事，感师友情怀

胡晓东，江西教育学院（南昌师范学院前身）音乐系1998级音乐教育专科班学生，中央音乐学院博士、中国音乐学院博士后，现为江西师范大学音乐学院教授、博士生导师，研究生部主任、党委委员、学术委员会委员，中国音乐学院中国音乐研究基地特聘研究员，泰国宣素那他皇家大学博士生导师，云南艺术学院特约研究员，美国东北大学（NEU）访问学者；入选江西省创新创业高层次人才“双千计划”，获得“重庆市第三批学术技术带头人”等人才称号；国家社科基金艺术学项目评审专家库成员，国家艺术基金评审专家，教育部学位中心论文评审专家，江西省“非遗”评审专家。曾获教育部首届教师基本功大赛全能二等奖及专业单项奖，江西省第十八次、第十九次社科优秀成果二等奖，中国音乐家协会第四届和第六届“中国音乐评论奖”等奖项；主持并完成国家社科基金项目2项、中国博士后基金1项及其他省部级项目10余项；出版专著6部，在《音乐研究》《中国音乐学》《中央音乐学院学报》等专业学术刊物发表学术论文60余篇，其中多篇被《中国人民大学复印报刊资料》转载。近五年受邀参加国际、国内学术会议并做主题发言70余次，受邀在中央音乐学院、中国音乐学院、哈尔滨音乐学院、广西艺术学院、福建师范大学、重庆市文化艺术研究院等高校与科研机构举办学术讲座30余场。

壬寅虎年，喜迎母校 70 华诞。恩师永红院长嘱我撰文，叙母校情缘，以示祝贺。忆江教往事，感师友情怀，言来内心温暖。

2021 年 5 月，胡晓东在美国东北大学访学期间于波士顿图书馆前留念

戊寅初秋，吾怀揣梦想渴求，离家赴昌，入江教求学。两载时光，沐校园阳光雨露，享恩师哺育栽培，如雨后春苗，茁壮成长。青松林里练簧管，图书馆内习乐理，“悉尼剧院”引高歌，不负韶华，只争朝夕。一路追梦，无问西东！

彼时江教，设施简陋。独栋老楼，状如古堡。琴房数间，四壁斑驳。全体教师，甘于奉献。爱生如子，潜心教学。

授业恩师，黄钟大吕。吾系主任，王大昌师，白发苍苍，声若洪钟，训导教诲，振聋发聩；黄公池师，风度翩翩，治学严谨，学子肃敬；吾师乐玫，内涵娴雅，教学有度，引人入胜；万绍芷师，卓尔不凡，因材施教，热情似火；李勤师长，英姿飒爽，教学风度，和正清雅；汤志红师，温文尔雅，动晓之间，春风和煦；郭正航师，严谨古雅，操琴弄乐，神度弘远；钟传志师，阳光开朗，钢伴精湛，令人称奇；刘永红师，舞姿轻盈，魔鬼训练，令人胆寒；张旦丹师，腹有诗书，气质高雅，严而有爱；陈南宏师，钢琴才女，颦笑嫣然，白雪阳春；邓春慧师，秀外慧中，视唱练耳，教学有方；吾师魏娟，年轻才高，钢琴乐理，并举益彰。

幸甚至哉，母校师尊有道，不辞辛劳。业务精湛，细心呵护。春风其训，化雨其情。不离不弃，助梦远航。莘莘学子，求知若渴。楼内灯火，彻夜通明。琴声铮铮，通宵达旦。笨鸟先飞，终有所成。言辞有尽，谢意无疆。敬祝吾师，康泰吉祥。

庚辰千禧，行将毕业。感专业不精，欲赴京深造。然囊中羞涩，难以成行。数位恩师，慷慨解囊，借资捐物，倾情襄助。乘车北上，洒泪风中。唯有努力，不负师恩。天道酬勤，中榜国音。攻读本科，持之以恒。母校鼓励，动力之源。百尺竿头，更进一步。立志考研，昼夜苦读。甲申九月，如愿以偿。录取国音，继续深造。硕士毕业，入职西南。教学科研，资历尚浅。庚寅之秋，再赴央音。逆流而上，攻读博士。四年之后，攻博士后。廿三载求学之路，漫漫修远不畏难。个中艰辛，冷暖自知。惟初心不改，矢志不渝，乃江教传统，母校品格熏习使然。育天下英才，圆学子梦想。羊羔跪乳，乌鸦反哺。母校恩情，感激涕零。

恰逢盛世，母校旧貌换新颜，拓新发展开新局！壮哉江教，70载披荆斩棘，筚路蓝缕！伟哉江教，70载风雨前行，桃李天涯！美哉江教，70载高帆远航，再著新篇！

赖良涛：忆往昔峥嵘岁月稠

赖良涛，江西赣州人，江西教育学院（南昌师范学院前身）外文系1998级成人英语本科班学生，2006年福州大学外国语学院硕士毕业，2011年厦门大学外文学院与悉尼大学语言学系联合培养博士毕业；现任上海交通大学外国语学院副教授，外国语言学与应用语言学、翻译专业硕士及英语教育硕士研究生导师，马丁适用语言学研究中心研究员；兼任中国英汉语比较研究会教育语言学专业委员会常务理事兼副秘书长、功能语言学专业委员会与生态语言学专业委员会常务理事、《教育语言学研究》主编；在国内外各级学术刊物上发表论文、评论40余篇，其中SSCI与CSSCI等国际国内核心期刊论文20余篇；出版专著4部、编著6部、译著2部；在国际国内学术会议做大会主旨发言20余次；应邀在北京大学、北京师范大学、北京外国语大学、四川外国语大学、澳门大学等高校讲学20余次；主持国家社科基金项目1项、浙江大学和上海交通大学项目4项，作为主要成员参与国家社科基金重大项目2项；主要研究领域包括功能语言学、话语分析、教育语言学、翻译理论与实践等。

恩师指路，华丽转身

作为一名江教外语学子，印象最深的自然是外语人和外语事。李玉英老师教授的“高级英语”，每篇课文都要深入细致分析，不时穿插自己的科研心得。犹记得李老师的名言——“这个点可以写一篇很好的论文”。邓毅群老师的“阅读课”，引入小说、散文、新闻媒体等各种英文资料，大大拓展了我们的阅读视野。吴熹老师、敖得列老师、方蒂蒂老师等都是我们的良师益友，使我们在听、说、读、写、译等方面都打下了牢固的基础，受益终生。

凭借在江教打下的扎实英语功底，秉承江教奋勇拼搏的精神，广大莘莘学子不断进取，取得了辉煌成绩。以1998级成人英语本科班为例，有10余位同学考取了复旦大学、浙江大学、南京大学、厦门大学、华东师范大学、暨南大学等高等学府的硕士和博士研究生。其中，贺梦依同学在高校外语界从事教学科研工作；李华敏同学在科研院所从事教学科研工作；曹礼平等同学在政府、国有企业担任重要领导岗位；郭建宇同学依托外语优势，毕业后投身于市场经济大潮中，成为优秀的实业家。更有不少同学不忘初心，毕业后继续投身于国家基础教育，成为优秀的一线英语教师，如郭溢红等同学。

书海相伴，一路逐梦

学院路因江西教育学院而得名。对我来说，这不仅仅是一个地名，更是一条求学之路。我是一个中等师范学校毕业生，这意味着我缺乏完整的普通高中的学习经历，尤其是英语，仅仅是初中程度。然而，因为热爱，我选择了英语专业。为了不至于太落后，在课堂学习的同时，我找来国内几乎所有版本的听说读写译教材，包括张道真的《实用英语语法》、章振邦的《新编英语语法教程》、张培根的《英汉翻译教程》、喻云根的《汉英翻译教程》等；同时借阅或购买当时几乎所有能找到的英语散文、语言学、翻译经典著作，想尽办法提高英语水平。

记得那时在图书馆的借阅室中一遍又一遍地翻遍所有英语语言类书籍的登记卡片，找到一本便如获至宝，深度阅读。例如，国外学者编的散文集，其中收录了爱因斯坦的科普版相对论、休谟的人性论等；夸克

的大部头权威语法 *A Comprehensive Grammar of English Language*；也有经典的英文原版语言学著作，如德怀特·L·鲍林格的 *Aspects of Language*，维多利亚·弗洛姆金的 *An Introduction to Language*。读语言学著作时，常常困于其艰深的知识，只好慢慢做笔记，一点点地梳理，反复揣摩、领会。

图书馆之外，学院路也是捡宝的好去处。晚饭后的学院路上除了一众小饭店外，最吸引人的就是时不时出现的旧书摊。书摊老板仿佛摸准了学生们的心态，不兜售各种常见书籍，而是摆满了各专业的旧书。在这些书摊上，我以便宜的价格买到了夸克的原版语法书、钱歌川的《翻译的技巧》、连淑能的《英汉对比研究》、刘宓庆的《汉英对比研究与翻译》等当时几乎绝版的经典著作，让我如获至宝。

那时的学院路上，还有一个著名的学海书店。说是“海”，其实只是一个十分拥挤的房间，尽其所能地塞满了各专业的本科、考研书籍。老板也是性情中人，顾客所看中的书，可以先拿回去读一两天，再决定是否购买。如果需要什么书，店里一时缺货，可以登记，无论所需数量大小，老板都会竭尽所能从全国各地调运过来。在这个小书店里，我买到了各种新版的经典著作，如平卡姆的《中式英语之鉴》、刘宓庆的《文体与翻译》、中国文学出版社编的《中国文学》等。甚至在 20 多年后的今天，这些著作依然被列入上海交通大学外国语学院研究生的必读书目。

母校托举，引航学术

在江教求学的经历，为我日后的翻译工作和学术研究打下了扎实的基础。为了提高写作能力，我选了几本国内著名高校的写作教材，给自己定写作任务，一个小时完成 500 个单词的英语作文，把教材里所有的写作练习都做一遍，在一年多的时间里写了 100 多篇英语作文。为了提高阅读和翻译能力，我把杨自伍的《英国散文名篇欣赏》、张培基的《英译中国现代散文选》，以及杨平编著的《名作精译：〈中国翻译〉》

当作教材，先是深度阅读，而后整本翻译，再和书上的名家译文对照。有时发现自己理解不够深刻，读了名家译文之后如醍醐灌顶；有时惊喜地发现竟然和名家译文十分相似，甚至发现名家译文也有提升空间。

回想起来，我的学术生涯也得益于江教的苦读岁月。为了提高自己的语言学素养，我自学了 *Aspects of language*、*An Introduction to Language* 等经典普通语言学著作；为了提高汉语语言素养，又自学王力的四卷本《古代汉语》、黄伯荣的《现代汉语》、胡裕树的《现代汉语》等；为了提高汉语的文化素养，还自学了中国古代文学史和中国现代文学史，熟读一整本的汉语典故词典；甚至还读完了整本的《西方现代派文学概论》《西方文学理论》等书籍。在江教积累的这些知识为我今后的考研和学术生涯带来极大的帮助。

2000 年毕业后，我一边工作一边考研。当时报考复旦大学外国语言文学学院要考一门汉语，涉及古代和现代的汉语语法、文学甚至西方现代派文学知识，而我在江教读书时对汉语知识的学习无疑对上了路；同时还要考一门英语综合，包括阅读、翻译、写作，江教时期高强度的读写译训练无疑也正中下怀。2003 年，我以 394 分（总分 500）的成绩在全国 100 多位考生中名列第 6 进入复试，不巧的是，当时复旦英语语言文学硕士只统招 4 人（保送 6 人），而我所仰慕的功能语言学方向的导师正好出国访学了，最终没能被录取，调剂到了福州大学。凭借原来积累的翻译和语言学功底，在福州大学的三年硕士生涯中我游刃有余，获得了老师和同学们的一致认可。

江教艰苦高效的读书经历，使我能静下心来应对学术工作。记得当时的硕士论文，我用一个月的时间写了 3 万多字英文，得到导师高度认可，直接定稿了。为了准备考博，我开始钻研各类语言学英文原著。当时细读的就有普通语言学、语义学、语用学、功能语言学、认知语言学、社会语言学各流派的经典著作 20 多本，其中大部分都做了笔记。而积累的翻译和写作功底，也使我能轻松应对博士考试中的英语综合科目考试（主要是翻译和写作）。2007 年，我以第一名的成绩考入厦门大学外文学院攻读博士，师从杨信彰教授。杨老师以严厉闻名，正是江教的严格训练让我得以自如应对杨老师近乎苛刻的海量语言学阅读和论文写作训练。我记得第一年就写了8篇语言学论文提交给导师，再加上其他几门课的论文，整整写了12篇。2008年，我被选派去悉尼大学语言学系学习，在国际著名语言学家马丁（J. R. Martin）教授的指导下，又写了4篇英文论文；到2010年2月回国时，博士论文初稿已经完成了。2011年毕业答辩时，我的博士论文得到了专家表扬，时任东北师范大学副校长的杨忠教授赞扬说“得到马丁真传”；2012年博士论文出版，马丁教授亲自作序推介，认为该论文是功能语言学理论的一大发展。

不忘初心 赓续使命

2011年毕业后，我来到浙江大学外国语言文化与国际交流学院从事博士后研究，从此开始了10多年的教育语言学研究生涯；基于我的博士后出站报告完成的《教育语言学：一个社会符号的模式》成为我国第一本教育语言学专著，被北大资深教授胡壮麟教授认为开创了我国教育语言学的新领域。2013年我博士后出站，来到上海交通大学外国语学院参与创建马丁适用语言学研究中心；在中心主任马丁教授和执行主任王振华教授的带领下，马丁适用语言学研究中心已经成为世界著名的系统功能语言学研究中心。

赖良涛参加第36届国际系统功能语言学大会

经过多年的不懈努力，我已在教育语言学领域出版了2部专著、4部编著，创办了我国教育语言学会刊《教育语言学研究》，为我国教育语言学发展做出了一定的贡献；同时在功能语言学理论和话语分析等方面取得了一定成果。这些成果的取得得益于母校老师的教导，得益于求学期间打下的坚实基础。

赖良涛在北京科技大学做大会主旨发言

回想往事，最感动的还是江教的苦学精神，江教永远是我们这一代学子心中的金字招牌！

易艳丹：为学习而来，因生长而在

易艳丹，南昌师范学院“江西省第二期中小学名校长培养计划”培训班学员，中小学正高级教师，南昌师范附属实验小学教育集团理事长、校长、党委副书记，中国少年先锋队全国工作委员会委员，全国德育工作指导专委会委员，第十三届江西省人大代表，江西省特级教师，江西省督学，江西省青年联合会常委，南昌市教育学会副理事长，南昌市政府津贴获得者，江西师范大学研究生学院实践导师，豫章师范学院客座教授；入选中国陶行知研究会、北京师范大学教育基金会、广东省国强公益基金会、北京师范大学教育学部主办的“未来教育家成长计划”，2021 李吉林卓越教师支持计划。易艳丹参加工作以来，沉潜探索，锐意进取，曾先后荣获“全国课改优秀教师”“江西省五一劳动奖章”“江西省五一巾帼标兵”“省语文学科带头人”“省骨干教师”“省基础教育课程改革工作先进个人”“全省教育系统先进工作者”“江西省基础教育教学成果奖一等奖”“南昌市十佳校长”“南昌市名师”等荣誉称号。近年来，她带领学校获“全国文明校园”“全国少先队先进集体”“江西省三八红旗集体”等各级奖项多达数百项，学校的办学经验得到新华社及《中国教师报》《未来教育家》《教育家》等报道。

还记得2019年，我作为“第二期中小学名校长培养计划”培训班的学员代表做毕业致辞，一晃就三年过去了，让人忍不住要感叹时间的匆匆。真是“师生情谊时光快，恩施莘莘桃李扬”。

欣闻母校即将迎来第70个生日，作为校友，我满心溢满自豪与欣喜。

七十载春秋风雨兼程，南昌师范学院文脉绵延，春华秋实，桃李芬芳。

在母校学习的三年，有了老师们的悉心引领和同伴们的并肩前行，900多个日子变得暖暖的，不再是单行线，时光画出了一个个内涵丰富的圆圈。这里有我们的努力、我们的追寻、我们的故事和我们的回忆。

还记得2016年10月10日，我们在青山湖畔集聚，拍下了第一张合影，进行了第一次有意思的破冰，让我们互相结识，走近彼此。从那时起，我们就结为了一个共同体，因为我们都有着同样的愿景，那就是“为学习而来，因生长而在”。

三年时光，我们学习，如饥似渴

我们从南昌出发，学习的半径不断延展，北京、山东、芬兰……从省内到省外，从国内到国外，从“学校品牌建设”到“校长领导力实践探索”，从“办学规划”到“以生为本的教学”，从幸福素养课程到快乐教育，从聆听讲座到跟岗培训，种种精彩、各美其美，可谓一场场精神的饕餮盛宴，一次次点亮心灯的学习之旅。专家们、教授们、校长们的谦谦君子之风、滔滔悬河之才更是让我们心向往之，让我们在日常工作中反思反刍。

培训让我们更加明确了一个立场：让儿童站在学校的正中央。不管是专家的讲座，对教学的研究和学校品牌的打造，还是名校长们的办学实践，都让我们感受到一种教育立场的明确，那就是让儿童站在学校的正中央。什么是教育？教天地人事，育生命自觉。只有把儿童放在学校一切工作的正中央，才能更专注培育学生的精神，提升生命质量，把学生的核心素养落到实处，实现“学力形成”与“人格形成”的统一。

培训让我们有了“3T样态”的思考：让教育生活完整而幸福。T是态，3T就是液态、气态和固态。液态，指的是如水流动的规划管理；气态，指的是像空气一样无处不在的课程；固态，指的是固化的校园环境，打造之后，形成新育人境界。

培训让我们有了“3D效果”的显影：让培训助推成长“家”速度。D是度，3D就是温度、广度、深度。3D合成，让我们每个培训者都享受着一种成长的“家”速度。我们也越来越明晰，不是为了结果而努力，而是为了过程而坚持。人生的路不是由一件事情决定的，但每一个境界都能够历练自己的心，通过这个过程收获的内心成长，才是对更长远的未来最有价值的财富。

三年时光，我们生长，如鱼得水

学以致用才是学习最大的意义。我们带着更新的理念，回到各自的学校，开始了教育变革的新探索。

我们开启了对新素质教育的纵深式透视，即落实新时代要求，体现新生代特点，把握新人才标准，满足新生活需要。我们建设和谐的师生关系，构建一体化大德育体系，加强学校的课程建设，全面落实课堂革命，推进大阅读、大艺术、大体育、大创客四大行动，大力开展作业创新，深化学生评价改革，把社会主义核心价值观教育融入教育全过程，切实培养爱国、敬业、诚信、友善的合格公民；加强中华优秀传统文化教育，一体化，分学段，有序推进，把中华优秀传统文化全方位融入教育各环节，定期开展未成年人思想道德建设测评，培养文明的文化人；深入地探究学习和利用网络化信息技术进行个性化学习。

我们描绘着新智慧办学的景深式构图。我们尝试站在孩子的立场，带有精神的队伍，办有故事的学校，做有温度的教育，创有色彩的生活。南康二小“从善如流，有容乃成”，奉新二小“翰墨修身，书道育人”，德兴一小“唯德乃兴，尚雅人生”，九江金安高级中学“水样文化，花样年华”，兴国六中“厚德博学，弘毅卓立”，上犹一小“乐知乐行，和美人生”，瑞金金穗学校“一路书香，一生阳光”，赣县区红金实验学校“红心尚学，金玉为质”，湘东区实验小学“和美人生”，永丰县恩江小学“立学以读书为本”，余干县古埠镇中心小学“信水文化，向阳生长”，贵溪市第二小学“心学文化，党建引领”，武宁县鲁溪中心小学“尚真而笃志，重生而贵柔”，新余六中“以德促智，修德长艺”……愿景、使命、价值、品牌，成为我们办学思考的新维度。

易艳丹与班级学生合影

我们进行着新课程变革的精深式写生。我们陆续在学校里展开了一场基于核心素养的课程结构变革，把学校打开，呈现出一幅幅课程变革的精深式写生。过去教科书是学生的世界，现在世界是学生的教科书。我们由表层向深层进行课程结构变革，将体系课程转为谱系课程，由统一课程转向差异课程，由单维课程转向立体课程。由静态转向动态，由群体转向差异，由机械转向活力。

四度春风化绸缪，几番秋雨洗鸿沟。我们在实践中体悟以“少”滋养“多”，以“简”驾驭“繁”的智慧与通达。朱伟校长登上“学习强国”学习平台，讲述英雄故事；葛银锄、刘立涛两位校长在日照市“学校管理、学校文化与课程建设”论坛上发言；张云华、周加成校长在“中国好老师”公益行动计划论坛上发言；杨凌英、贺利云校长和我在江西全省课程建设峰会上发言；毛素莲、彭学华校长和我被评为江西省教育系统先进工作者；有些校长获评了“正高”，有的校长获评了省部级荣誉，许多学校获评了各级各类先进……总之，我们都在这三年里成长、进步了许多。在这里无法细数幼儿组、中学组园长、校长们的精彩，但我知道，我们共融于一个美善的学习共同体、生命共同体之中，彼此聆听、对话，共同成长进步。

三年时光，我们感恩，如花似锦

感恩母校领导老师们每一次的精心安排、贴心服务，为我们解后顾之忧，让我们享最优资源；感恩所有专家、名家的精彩授课；感恩实践导师毫无保留的倾囊相授，感恩理论导师不厌其烦的细致修改，一遍又一遍，如磨如琢，让顽石变美玉，砂粒变珍珠。

我们不会忘记优雅严谨的饶院长、帅气认真的敖老师、聪慧婉约的晓颖老师带给我们的许多温暖和感动；不会忘记同学们互帮互助、互相勉励的坚定和执着。

师心好善善心渊，承恩阔步青云端。虽然在母校的三年学习结束了，但是我们这个学习共同体还将永远存在，因为我们“因学习而来，因生长而在”，生长不息，我们不散。努力向下扎根，奋力向上生长，无愧于名校长班这三年的培养和学习，无愧于党和国家对我们寄予的厚望和重任，这也是对恩师们最好的回报。

“兴教当以百年计，育人当为百年谋。”母校正是带着这样的视野和胸怀，领悟教育本质，坚守教育初心，勤耕不辍，写就七秩辉煌。这第70个生日，是学校发展的里程碑，更是继往开来的新起点，寰球校友翘首以盼，四海贤达同庆嘉祥。

我们深情祝愿，母校俊采星驰，点亮教育的盏盏心灯，舒卷教育的醇美画卷，律动教育的执着情怀，澄澈，聚合，启程，再为祖国创辉煌！

再一次致敬母校所有的领导、老师们！

韩华：心安不惧，皆得所愿

韩华，江西教育学院（南昌师范学院前身）数学与计算机科学系1998级电会班学生，中国民主建国会会员，民建江西青年委员会委员，民建江西师范大学委员会副主委。主要从事电子政务、智慧城市、数字政府、乡村振兴等方向的研究与实践工作。

相遇·青春

星光不负赶路人，江河眷顾奋楫者。大学求学时光是我人生中浓墨重彩的一笔，朴素中带着甘甜，无数青春故事在此谱写。回忆起22年前那段充满激情、梦想与活力的青春岁月，仍历历在目、温馨如昨。师恩如山，铭记心间，难忘于授课恩师的谆谆教诲，或严肃认真、或幽默风趣；难忘于在学校的舞厅和同学们一起舞动青春，留下欢笑和曼妙舞姿；难忘于和同学骑自行车共游梅岭，一路上你追我赶，结果乐极生悲，不慎与“骑友”光荣负伤；难忘于在校两年，和室友秉烛夜谈，心怀美好，畅聊诗与远方……在江西教育学院度过的这段时光，我收获了学识，赢得了挚友，更重要的是培养了务实创新和探索未知的精神，我的未来从这里启航。

启程·逐梦

20世纪90年代初我从师范学校毕业后，子承父业，成了一名光荣的人民教师。那个年代，同事们授课之余都沉浸于各自的爱好或追求。那时的我朝气蓬勃，一门心思想给自己一个活得“更精彩”的机会，所以才有幸进入江西教育学院接受再教育。

从江西教育学院毕业之后，我考虑再三最终还是放弃了回归体制内的安稳生活，选择了新的人生道路。凭着在学校积累下的知识储备，先是顺利进入了省级金融单位科技公司工作，后来又继续求学、工作、再求学、再工作。摸爬滚打的这些年，时常怀念在学校单纯的学习生活，有的时候觉得自己实在撑不下去了，就会回母校看看，走走来时的路，时刻提醒自己要不忘初心。可以说，母校就是我的加油站，仅仅是在远处看一眼，就能将我的疲惫一扫而空，重新点燃奋斗的热情。

踔厉奋发行致远。一路的艰辛付出，开始有了收获。在理论研究方面，我作为项目负责人先后完成了国家自然科学基金面上项目、国家自然科学基金青年项目及教育部人文社会科学基金项目等多项国家级、省部级科研课题；作为子课题负责人参与国家自然科学基金重点项目1项，国家社会科学基金重大项目2项。其中，我主持的国家自然科学基金面上项目“中国信息技术服务标准化过程与国际标准策略研究”的研究成果在ISO/IEC 25011《信息技术服务质量需求和评价：IT服务质量模型》国际标准的制定过程中得到了直接应用。

韩华在四川研学

除此之外，在落地实践方面，我为各地政府提供数字政府、智慧城市、乡村振兴规划、标准规范、指标体系、建章立制、场景应用等多项工作支撑。

回望·祝福

一路走来，有矢志不渝的厚积薄发，也有十字路口的徘徊踯躅；有逐梦路上的辛酸，也享受成长的喜悦。细数几十载光阴，我深刻体会到“仰望星空，脚踏实地”这八个字的真正意义。求学时，我们更多是抬头仰望星空，徜徉在美好未来的星海里，觉得人生不设限，未来属于自己；工作后，忙忙碌碌，上下求索，脚踏实地，方能一步步接近自己的目标。我始终牢记恩师们的教诲，沉下心，触摸实际，用行动打败空想。

两年的校园生活是快乐且短暂的。在此，愿学弟学妹们仰望星空，敢想敢拼，找准人生的梦想。同时，也要脚踏实地，一步一个脚印地学好专业知识。要知道，在成长的道路上，可以成就你的就是自己。愿学弟学妹们高擎此光，勇毅前行，于道各努力，千里自同风。

风雨兼程七十载，砥砺前行筑未来。在母校 70 周年校庆之际，祝愿母校枝繁叶茂，桃李芬芳，宏图更展，续谱辉煌！

陈功健：廿载芳华依旧，归来仍是少年

陈功健，江西教育学院（南昌师范学院前身）数学与计算机科学系1998级计算机专科班学生。现任民进赣县区支部主委，赣县区人大常委、区科协副主席，赣县二中工会主席，兼任江西创造学会中小学创新专委会主任、赣南师大硕士生校外合作导师，是省级学科带头人；被评为“全国青少年创新大赛金牌教练”，荣获“全国宋庆龄少年儿童发明奖园丁奖”“全国青少年人工智能教育优秀辅导教师”等荣誉。

时光飞逝，转眼间从江西教育学院数学与计算机科学系毕业已有二十年了。如今回首，往事仿佛就在眼前。

追梦江教，行胜于言

还记得在母校就读时，学校还属于成人院校。班上大部分同学是中师毕业、在职教师进修的，还有一些是高中生参加成人高考后来深造的。我从中师毕业后为了提升学历，参加了赣州进修学校组织的“三沟通”数学本科函授学习班，在学习期间就认识了母校的数学老师，有讲授“数论”的胡启宙老师、“高等代数”的徐向阳老师、“数据结构”的刘日华老师、“计算方法”的黄荣华老师。函授学习了一年后，感觉学习时间太短，满足不了自己能力提升的要求，就决定参加成人高考继续深造。当时计算机专业比较热门，经过努力，我考取了母校数学与计算机科学系的计算机应用技术专科继续脱产学习。

陈功健参加赣州市科协第二次代表大会

我来母校进修的另一个目的是想考研。对于中师生来说，最大的拦路虎是英语，所以学习时间大部分都用来补习英语。母校坐落在石泉村的学院路，面积不大，但有大气的图书馆、综合楼、教学楼和艺术楼，还有两栋宿舍楼。这些对于我这样一个前来进修的乡村教师来说，条件算是很优越了。宿舍里大部分同学都经历过社会锻炼，非常珍惜难得的进修机会。

考研部落，遨游学海

母校图书馆是我校园生活的重要学习场所，用现在的话来说，是学校著名的“网红”打卡之地。当时的江西教育学院，学风十分浓厚，被《信息日报》《江南都市报》等誉为“考研摇篮”。我在学校基本上都是三点一线——图书馆、教学楼和宿舍。每次图书馆开门的时候，大门口都挤满了学生。记得 1999 年冬天的一个周末上午，江西师范大学的一个同学来宿舍找我，舍友告诉他我应该在图书馆，他来到图书馆找了许久才找到我。他感慨地说，江西师大图书馆虽然更大，但“人气”远没有江西教育学院旺。

我班的大部分同学，每天早晨 6 点都会准时起床，钻到学校球场周边的香樟林里，大声朗读英语。据说，当时江西教育学院每年考研录取率远远高于江西师范大学和南昌大学，经常是一个班有一半以上的同学考上研究生，学风之盛可想而知。寒来暑往，母校的香樟林和图书馆见证了学子晨读的身影，保存了学校优良学风的美好记忆，体现了江西教育学院浓厚的校园文化。

第 24 届全国青少年科技创新大赛闭幕式暨颁奖典礼　右一为陈功健

良师益友，谆谆教诲

还记得，徐新爱老师和彭正文老师经常到宿舍找同学谈心谈话，帮助解决我们学习生活中遇到的困难。我们第一年的班主任是朱雪琴老师，是个年轻又有责任心的老师；第二年的班主任是郑萍老师，她多才多艺，闲暇之余教学生唱京剧，陶冶情操，还经常邀请我们到她家里“开小灶”，并借了很多书给我，让我一直难以忘怀。胡启宙老师指导我修改毕业论文，改了一遍又一遍，让我非常感动……正是因为有这些老师的谆谆教诲，让我在母校不仅学到知识，更重要的是学会怎样做人。

潜心钻研，久久为功

学成归来，我带着满腔的热情和丰厚的知识回到我的家乡，决心扎根基础教育，在赣县二中从事教学工作。那时计算机行业发展迅速，我负责信息科技学科，我下定决心，要用好母校所学所得，在教学岗位上创造出不平凡的业绩。从 2003 年开始，学校委任我带信息学奥林匹克竞赛团队，当时奥赛的内容正好和母校所学的数据结构、C++语言和计算方法的知识点相吻合这些学习成果让我在竞赛培训中得心应手，也让我收获了好成绩：2013 年，我培养的王舒可同学因为参加信息学奥赛取得省一等奖被保送进入清华大学，当时轰动全县。后来，进入奥赛团队的同学越来越多。我一鼓作气，得到青少年活动中心和深圳新安教育集团支持，在学校开设机器人社团，开展人工智能教育，连续八年代表江西赴全国参赛，取得了优异的成绩。

陈功健辅导学生学习

20 多年来，在母校优良的学风和教风熏陶之下，我不忘初心、牢记使命，为人师表、脚踏实地，在平凡的工作岗位上勇于拼搏、积极进取，从一名普通教师到取得今天这样的成绩，都要感谢母校的培养，感恩老师的教诲。我会本着教书育人的初心，继续在教育战线上砥砺前行。在母校 70 华诞到来之际，衷心祝福母校的明天更加美好！

刘宽灿：最是难忘那流动的蓝

刘宽灿，江西教育学院（南昌师范学院前身）生物系1999级生物技术普高班学生，现为厦门大学博士生导师；2011—2012年在美国罗切斯特大学从事博士后研究工作，2016—2017年美国哥伦比亚大学访问副教授；中国医药生物技术协会转化医学分会委员，福建省细胞生物学与转化医学学会理事，《中华细胞与干细胞杂志》编委和多个SCI期刊的审稿人，国家自然科学基金委和捷克科学基金评审专家，教育部学位评审专家。已在 *Cell Stem Cell*，*Nature*，*Molecular Cancer* 和 *Molecular Therapy* 等国际期刊发表SCI论文21篇，论文多次被包括 *Nature*，*Nature Reviews Cancer*，*Cell Stem Cell* 等著名期刊引用900余次，申请国家发明专利10项（授权9项）。获得“863计划青年科学家”（2014）、“福建省高层次引进人才”（境外B类）（2016）、“福建省青年拔尖创新人才”（2016）、“厦门杰出青年人才”（2021）、“厦门市高层次B类人才”（2021）称号及福建省科技进步二等奖1项（2017）、全军检验青年人才奖（2018）和全军检验优秀技师奖（2018）、福建省第十四届自然科学优秀论文一等奖（2020）等奖励荣誉，享受军队岗位特殊津贴3次。前期主持国家首批863计划青年科学家专题（2014）、国家自然科学基金面上项目（2017）和国家自然科学基金青年基金（2014）、福建省杰出青年基金（2021），福建省国际合作重点项目（2017）等研究课题。

又是凤凰花开，又有一拨学子步入社会。我知道，短暂离开的仅仅是空间，永远不变的是对师友的感恩和对母校的眷恋。

刘宽灿在美国纽约熊山留念

十八岁的喜悦和憧憬

1999年夏天，当收到江西教育学院的大学录取通知书时，我正在地里忙着干农活。瞬间，多日的苦累被喜悦冲淡。喜悦之一，是自己将成为一名大学生；喜悦之二，是我还没去过市一级的城市，自己居然被省会南昌的学校录取了；喜悦之三，收到通知的第二天，我父亲特奖励我休息半天，并叮嘱我："中午吃完饭后可以睡上一会，再去下地干活。"

开学时，父亲特意放下农活，专程陪同我前往南昌报到。依稀记得，我们一出省客运站，远远地就看到了母校的接送客车，老师们非常热情地接待了我们。那天，父亲的心里定是满满的欣喜。随后，我们坐上车前往校园。当时的母校不大，但很漂亮，沿路有湖，湖中有亭，四周人不少，但却很清静，这对农村长大的我来说，就是"书香胜地"。

当时的我刚满十八岁，正是对世界充满向往的年纪。周末在其他几所大学参观后，我渐渐感觉到母校校园的“小”，当时心里难免有一丝丝的失落。但不久，这一丝丝的失落感觉，就被母校的“丰实”填满。因为我们是母校建校多年后第一届普通高考的招生对象，母校对我们这批学生特别关心，特别重视。

“不普通”的感觉和待遇

入学不久，学校组织我们这批普高学生军训。这是我有生以来的第一次军训。教官非常严格，但大家并没感觉到有多辛苦，感受更多的是一份庄严。

第二天上午，带队的生物系主任余波老师站在操场上向我们宣布：“同学们，你们是学校的第一届普通高考生，你们很不普通！”顿时，我感觉大家都挺了挺腰背，感受到了母校老师的浓浓关怀。班主任涂序堂老师和我想象中的“大学老师”不太一样，先前我们都觉得，大学老师肯定不怎么管大家日常生活的，但是他却细致入微地关心我们的军训生活和学习。

军训结束后，紧张的学习就开始了。生物系领导和老师对我们的课程学习进行了精心的设计和安排。余波老师、涂序堂老师、刘金香老师、饶友生老师、胡业华老师、刘旺喜老师及余文玉老师等，他们的专业和敬业，让我们不敢有丝毫松懈。而且，生物系还经常邀请南昌大学和江西师范大学的老师来给我们上课，对我们进行专业指导。可以这样说，当时生物系是倾其所有，给我们积极创造良好的专业学习条件。

“蓝提包的队伍”和“飞书占位”

临近冬天，南昌的天气早早地就有几分寒意。当时，我们男生被学校安排住在最新的培训楼里，靠近水房和食堂。一走出宿舍，校内南北走向的人行道便一览无余，尽收眼底。平日里，这条人行道上行人寥寥，但一到三餐前后，场景就极其壮观——人行道上，两条流动的队伍，分列路的两边，一来一往，极其有序，最为壮观的是每个人右手都提着一个蓝色的手提包。蓝色手提包是学校发给每位同学的，一人一个，大家不约而同地把它当书袋。这流动的蓝色、流动的蓝色队伍，给我留下了极深印象。后来我去过很多学校，再没见到过这样别致的“蓝提包的队伍”。

我想，这真的可以说是“此处风景独好”！这支流动的蓝色队伍，代表着一支追求人生发展的队伍，也展现了母校良好的学风。用餐时间，同学们你来我往；用完餐后，“蓝提包的队伍”开始散落在校园里的各个角落，各自发奋图强。后来我常常回想我们的求学路，我们对学习的执念，对学术的孜孜追求，构成了这流动的蓝色、这流动的蓝色队伍，这一抹蓝色给予了我们极大的感召和潜移默化的熏陶。我庆幸，我能成为母校校园中这支蓝色队伍中的一员，并一直走到今天。

母校浓厚的学习氛围，让我的高中同学极为羡慕。1999 年的冬天，一个在北京上大学的同学比我们早了几天放寒假，特意来看我。晚饭后，他让我陪他逛校园。夜晚天冷，没有好的去处，他提议到图书馆去看书，我说：“别去了，肯定没座位。”但他还是执意要去。结果偌大的图书馆，竟然座无虚席。于是我们只好去教学楼，直到爬上五层楼，才找到一个偏僻的位置可以安心学习。第二天一大早，我提着蓝提包和他去图书馆排队，我们去得算早，但人已不少，好在我们排队的位置勉强靠前。图书馆管理员一开门，我就快步往前，抢得先机得到一个位置。我同学正准备走到我旁边的位置时，突然“啪的一声”一本书稳稳地落在桌面，他愣住了，我急忙告诉他：“这叫‘飞书占位’，这个位置就算是有‘主’了。”正当我们想再找其他位置时，发现转眼间，数百个位置都已有人啦！

见过江西教育学院的“蓝提包的队伍”和“飞书占位”，我那来自北京的高中同学说，算是真长见识了。他后来还在很多场合分享了那次来看我的经历，多次赞誉过母校的学风。

恩师们的关爱和教诲

良好的校园氛围燃起了我内心对学习的热情。两年里，我努力学习，但也一直在思考一个问题：我的出路在哪里？生物学科被列入高考科目后，当时江西省内的中学生物教师非常紧缺，南昌市第十三中学就急需生物教师。大学毕业时，我有幸得到余波老师和时任学工处副处长陈卫亮老师的积极推荐，让我有机会进入南昌十三中从事生物教学工作。

我一边教书，一边学习。为了更好地提升自己，只要有空我就会回母校向老师求教。当时的母校，我认识的同学朋友纷纷备战考研，母校旁边的石泉村俨然成了一个远近闻名的“考研村”，经常听说哪个哪个学长学弟被录取到了哪所大学成为硕士研究生。

受此鼓舞，我也萌生了考研的念头，并就此专门咨询了余波老师、刘金香老师及饶友生老师（涂序堂老师调任组织部后，饶老师接任我班班主任），他们非常热情，给了我很多的指导和帮助。由于大学期间我对遗传学非常感兴趣，为此，刘金香老师还特意帮我选择考试科目，并将她珍藏的一本遗传学书籍借给我复习。备考期间非常辛苦，作为中学老师，我每周有 14 节的生物课教学任务，还有跟班的早自习、晚自习，当时的备考学习条件不大好，我基本都是在床边的桌子上完成复习。后来，当我把考取硕士研究生的消息告诉母校的恩师们时，他们都无比欣慰，并鼓励我继续努力。

离开了南昌，离开了母校，离开了师友，我对母校倍感眷恋，也一直和母校恩师们保持着联系，包括余波老师、刘金香老师、胡业华老师、饶友生老师和涂序堂老师等。硕士研究生即将毕业时，我在与胡业华老师联系时得知，他一个同学在动物分子生物学专业领域颇有建树，当时这个同学已回国发展。因我对该领域非常感兴趣，经胡业华老师的热心推荐，我的专业领域也开始从植物分子生物学向动物分子生物学转变，这为我现在从事的生物医学研究方向奠定了很好的基础。郭志鸿书记也一直关心着我，仔细询问我毕业后的工作和生活。感恩母校，恩师们对我不仅仅是专业知识的传授，还有人文关怀和其他综合能力的培育培养。

根植骨子里的“学”和“教”

耳濡目染的熏陶，终会变成自己身心的一部分。考上硕士研究生后，我恋恋不舍地离开了熟悉而亲切的母校，离开了南昌，辗转去海南，后到了厦门，再远渡重洋到美国的罗切斯特大学。我能一直对学习保持着热情，这是母校赋予我的宝贵财富。在罗切斯特大学从事博士后研究期间，我所有的双休日几乎都是在实验大楼里度过的。我沉迷于克服一个个科学难关，前期的艰辛探索最终也得到了较好的回报，研究成果在 *Cell Stem Cell*，*Nature* 和 *Journal of Clinical Investigation* 等专业顶级期刊发表。在此期间，怀揣着对绿色军营的憧憬和向往，我受军队首长的邀请，2014 年携笔从戎，后来再次外出到哥伦比亚大学学习深造。回想自己这种对学习和对科学难关迎难而上的执着热情，应该就是母校江西教育学院给予我的一种品质和特性吧。

从母校毕业后至今，也曾回过母校几次，拜访过我的授业恩师们，向他们汇报我的近况，与他们共叙校园往日的点点滴滴。每次我都能从恩师们的只言片语中，感受到他们对毕业学子们的关心。

受恩师们教书育人的影响，也基于自己对学术和专业的追求，我重新回到地方，来到曾经求学的厦门大学，成了一名人民教师，成为我恩师们的同行。在此，我深深感恩母校的教育培养，我会秉着教书育人的初心，努力前行。

诚挚祝福母校的明天更加美好！

陈琦：七轶芳华 不忘初心，感恩母校 逐梦前行

陈琦，江西吉安人，中国共产党党员，江西教育学院（南昌师范学院前身）1999 级普高化工专科学生，北京航空航天大学博士、研究员，曾在中国航天科工集团湖南航天管理局从事浮空飞行器研发工作，现为长沙师范学院信息科学与工程学院专任教师，计算机科学与技术教研室副主任。

时光荏苒，岁月如梭，毕业离开江西教育学院已逾二十载。恰逢母校建校 70 周年，朝花夕拾，祝福母校。

初入江教

回想起自己的求学经历，点滴细节历历在目，仿佛就在昨天。在来江西教育学院报到之前，我从来没有离开过家人，也没有去过县城之外的更大城市，所以稍显慌张，同时又充满了期待，像极了离洞的土拨鼠探头探脑，欲出还休。从吉安出发到省城南昌，坐着绿皮火车，路途颇需要点时间，沿途的风景也顾不上看，只是觉得慢："怎么还没有到啊！"

终于到了省城，下了火车，就听见售票员大声吆喝着，似有第三条

胳膊，抢搂你去乘开往谢家村的小巴士。下了巴士后走了一段路，四处张望寻找标有学校大名的路标，终于拐进了一条小巷，巷子两边多是书店、磁带店，还有录像厅。知道路对了，反倒不急了，走马观花慢悠悠走了好久，才来到了学校。校门中规中矩，略显斑驳，诉说着学校经历的岁月，彰显了丰厚的底蕴。

一进校门，两边是树，极为茂盛；正对大门，是图书馆，其形如张开的书页，拥抱莘莘学子。沿着大道，看到了教学楼、篮球场、宿舍楼。我们普高生的宿舍是比较新的，一间宿舍 10 个人，略显仄促，好在人多，互相介绍，热热闹闹，旅途疲倦也不知道何时开始从身上溜走了。

报到当天班主任曾明老师来到宿舍看望大家，这是我第一次见到曾明老师，大哥哥一样，精力旺盛，亲近和蔼。新的求学之路，就这样在憧憬、懵懂中开启了。可是高中到大学并不是字面意义上简单的升学，而是非常大的跨越，需要经历较长的时间来适应。我们的专业课程既多且深，同学们瞪大眼睛、竖起耳朵，每天上课“死磕”冠以各种名头的某某化学。在方程式、熵、焓的世界里已是焦头烂额、晕头转向，每周还有两三堂“瓶瓶罐罐”实验课。我至今还记得教我们“化工过程与设备”课程的黄骏江老师，某天上课或许是察觉到了什么，在黑板上正写着伯努利方程，突然停笔转头过来对我们说：“大学不比高中，是探究高深学问的地方，是没有那么容易的，所以大家更需努力学习啊！”

欣遇良师

学校是以成人教育为主的，我们尽管是普高，但是由于是专科，难免有些自卑。同学间也常自嘲：“分数考得高，人家好歹本科，未必瞧得上咱们。”好在有一群优秀的老师带着我们一起成长，有温文儒雅的夏克坚老师，有恨不得一股脑儿倾囊相授的刘秀娟老师，也有学识涵养深厚的姚菊英老师，还有气度非凡的葛文老师等诸位优秀师长。至今我还记得刘秀娟老师看见我们实验操作的不规范，导致满屋云雾缭绕时的那种恨铁不成钢的“亲人式”责备，等到了课堂又是“阴转晴天”，激情满满地授课，仿佛我们的“捣乱”从未发生过。

在江教遇见的每一位老师都是那样的优秀，那样的敬业，那样的和蔼。老师们对我们不仅仅是在学业上的指导，还有工作上的帮助。我还记得临近毕业，班主任曾明和其他老师都在千方百计推荐就业单位进校招聘，帮助我们寻觅合适的就业岗位。教我们“分析化学”的王亦农老师因校企合作有一些资源，更是推荐优秀学生直接去了合作单位就业。

江西教育学院理学分院2002届化学工程与工艺专业毕业合影　最后一排左五为陈琦

学在江教

江教尽管学校不大，但学风良好。每天早上、傍晚都能在池塘边、走廊上、过道里看到朗读和背诵的学子，或备考四六级，或备考研究生。图书馆是任何时候都需要抢座的，开门前图书馆门口便早早地排起了长龙，学子们都在等候。门一开，大家都是一拥而上，更有甚者大老远直接扔书过去“占据先机”。图书馆不大，书也略显老旧，但这里却是备考复习的好去处。同学们往往座位落定后，紧接着就是大步流星径直奔向早已锚定的图书角落，或站立抽取，或猫腰环顾，全程快速而安静。心仪之书到手，或慢慢悠悠走走望望，或志得意满快步返回。一旦落位，就开始一心只读圣贤书，两耳不闻窗外事。或许这就是学习氛围的魅力吧！

课外时光

学校的业余生活也是非常有趣。在没有智能手机的年代，同学们仍能想办法享受到潮流、时新的娱乐，点缀自己的大学生活。记忆最清楚的是学院路的音乐磁带店，新磁带上市及时并且非常便宜。我曾以为了更好地学习以便通过大学英语四级为借口，特意邀上两三个同学一起去市场，以当时不菲的价格买了“made in Malaysia”的磁带播放器。从此便时不时地会光顾磁带店，一有新歌，常会买来听听，以至于临近毕业，四级依然没有通过，流行歌曲哼唱倒是能张嘴就来了。

学校门口不远处还有较多餐馆，尤其是学校正门斜对面的一家餐馆，名字已经不记得了，肉末茄子做得是一绝，长长的茄子不会断，撒上肉末，味道独一份。我后来在南京、北京、长沙的餐馆就餐，偶尔也会点肉末茄子，可惜再也没有似曾相识的感觉了。记得 2002 年世界杯，与同学们流连小餐馆，餐馆老板很好，搬出小板凳，让我们观看，同学们一起为国足喝彩。那时的国足水平还是可以的，对阵巴西队能够做到互有攻守，看到杨晨长距离带球奔跑，大家都激动得“嗷嗷嗷”地叫了起来；看到杨晨一抬脚将球打在球门框上没有进球，大家又都惋惜地“唉唉唉”叹了起来。大学期间，我们对快乐的追求就是如此地简单。

大学的时间也是飞快的，临近毕业我选择了成人专升本，于 2002 年考取了位于南京的东南大学计算机控制专业，接着考了研，读了博。从江教毕业后，有一次借着去南昌航空大学学术交流的机会，我特意回到母校。进入校园，仍沿着大道走，回首已是客，但熟悉的池塘，熟悉的图书馆，熟悉的教学楼，熟悉的宿舍楼，在我心里又泛起了阵阵青春回忆。

不论身在何处，无论岁月流逝，江教的学子们都深深眷恋、感恩母校。值此佳年盛世，祝福母校芳华荣耀。

詹国彬：抚今追昔 饮水思源

詹国彬，江西婺源人，先后就读于江西教育学院（南昌师范学院前身）外语系专科班和政教系本科班，厦门大学管理学硕士，上海交通大学管理学博士，浙江大学公共管理博士后，美国芝加哥大学社会学系访问学者；曾任教于宁波大学公共管理系，担任宁波大学公共管理硕士（MPA）教育中心主任；现任南京审计大学公共管理学院教授，特聘润泽学者，博士生导师；入选“江苏省333高层次人才工程”“浙江省151人才工程”“浙江省之江青年学者”“宁波市领军与拔尖人才工程”等人才项目；主持国家社科基金重点项目、国家社科基金后期资助项目、国家社科基金青年项目、中国博士后基金特别资助项目、民政部理论研究重点项目、农业农村部软科学项目、浙江省人文社科重大攻关项目、浙江省社科规划重点项目等国家级和省部级项目20余项；同时，担任《政治学研究》《管理世界》《重庆大学学报》《吉首大学学报》《湖南科技大学学报》等10余个刊物审稿专家，以及国家社科基金通讯评审专家、国家社科基金结项评审专家、中国博士后基金评审专家、山东省科技项目评审专家、浙江省科技项目评审专家、江西省科技项目评审专家、江苏省科技项目评审专家、河北省新型智库——公共政策评估中心核心专

家、宁波市发展研究中心特聘专家、宁波大学马克思主义学院兼职教授等学术兼职。

一、为学英语，结缘江教

1993年初中毕业，我以优异的成绩考取江西省万年师范学校，毕业后分配到婺源县江湾镇荷田小学附中任教。由于山区教师资源十分缺乏，我被校领导安排担任初一英语和初二物理课程教学工作。

师范毕业生被安排同时教授初中英语和物理在今天看来不免有些荒唐，但在那个师资匮乏的年代却也司空见惯。许是初生牛犊不怕虎吧，我顶着重重压力投入课程教学中去，精心研读教材、认真设计教案、虚心向前辈学习、改进教学方法和技巧……功夫不负有心人，我校期末全县会考时的成绩是出奇地好，任教的初一英语和初二物理均名列全县前茅，我也因此荣获了“婺源县优秀教师”的殊荣，这在工作之初给了我莫大的鼓舞和信心。

正所谓“教然后知不足”。在担任初中英语和物理课程教学期间，作为中等师范学校毕业生的我深深地感受到了自己知识的匮乏和不足，求知的欲望和冲动日益强烈。彼时恰逢县教育局选派优秀的初中教师赴江西教育学院进修英语，以改进全县英语师资队伍水平。获得信息后我第一时间报名参加师资进修培训计划，经过短短两个月的备考，参加了成人高考，以593分的优异成绩叩开江西教育学院的大门，从此与母校结缘。

暂别乡村教坛来到省城求学，既感到新奇也令人振奋。我被分配到外语专科（1）班，美丽大方的陈宏老师是我们的班主任。陈老师在学习上对我们要求十分严格，生活上却十分地关心和照顾我们，深受学生们的爱戴与好评。闲暇时间，陈老师不仅经常走访学生宿舍，还时常邀请我们去她家里做客，改善伙食，同宿舍的王金豹、邱全东、杨先锋和我没少去。尽管离开母校已经21载，但我与陈宏老师的联系从未间断，陈老师始终如一地关心着我的成长，她对我而言既是良师也是益友。在外语系学习的日子，学习氛围真的是难以想象的好，同学们争先恐后、比学赶超的氛围激励着每一个人，课堂发言、课程测试、英语角辩论、口语测试、听力测试、期末考试、四六级考试……老师们教得激情澎湃，同学们学得热火朝天，我的英语水平在这种氛围中悄然得到了提升。不少同学硬是以初中毕业的英语水平基础，凭借着难以想象的毅力、动力和努力，一个学期后过了大学英语四级，一个学年后过了大学英语六级，而我也有幸位列其中。

抚今追昔，回忆外语系的日子，我的心里充满着感激、感动和感慨。闭上眼睛，仍然记得那些兢兢业业、在课堂上忘我教学的亲切面孔：精通语法的吴熹老师、和蔼可亲的听力课应丽君老师、学生味十足的精读课汪筱玲老师、古灵精怪的泛读课谷旸老师……还有慈祥温暖的外教安老师（Ann）。如果说成长和成才是一场马拉松的话，外语系老师们无疑都曾在关键时刻为我们加持养分和动力，成就我们如“阿甘”一样无畏和勇敢地向前奔跑，追求和实现自己的梦想与人生。

在这个喜庆的日子里，借母校校庆的东风，请允许我回忆一下那些并肩学习和战斗过的小伙伴们：王金豹硕士毕业后任职于东莞市委党校、邱全东硕士毕业后任职于深圳宝安区政府、梁银华硕士毕业后在深圳做律师、何志文硕士毕业后任职于南京市检察院、徐雪山硕士毕业后任职于重庆邮电大学、兰彩玉硕士毕业后任职于广东药科大学、谢黎智硕士毕业后任职于南昌航空大学、陈尚恒硕士毕业后任职于湖南人文科技学院、王卫霞博士任职于华东交通大学……还有很多学有所成后仍然扎根基础教育讲台的同学们，如揭红军、付继英、杨先锋、江波……无数如他们一样的江教学子甘于奉献，将阳光雨露播撒给祖国的下一代，照亮孩子们的天空，一如母校照亮我们一样。

二、为了考研，转投政教

初入江教学习英语，我抱着一个朴素的想法，就是学有所成后扎根讲坛，争取成为一名出色的中学英语教师。一次老乡聚会上，一位即将毕业的中文系老乡不经意间说起一个同学考取南京大学中文系研究生，那种羡慕和崇拜之情打动了在场的不少人。在那个“两耳不闻窗外事、一心只读外文书”的环境中，对于考研我是完全没有概念的，感觉是遥不可及的事情。但在老乡的怂恿和鼓励下，我认为只要英语达到六级水平是可以一试的。考虑到虽然英语过了六级，但如果选择英语作为专业于我而言是不明智的，毕竟我的英语水平与英语本科的学生相比处于劣势。我跟王金豹、黄斌同学一番商讨后，一致认为先转到政教系学习后再作抉择。出于这种考虑，我跟王金豹、黄斌同学就转而选择了政教系本科班，继续深造。

与外语系相比较，政教系脱产班学生要少得多，印象中一个班只有十五六个同学。因为是小课堂教学，师生互动也很容易和便利，课堂教学氛围既轻松又活跃，现在回头看看俨然有点研究生教育的风格。本科阶段班主任是肖良平老师，那时候的肖老师时常剃个小平头，又年轻又精神，班主任工作开展得有声有色，专业课教学也是一丝不苟、特色鲜明，深受学生欢迎。那时候肖老师刚新婚不久，但在学习和生活中对学生倾注了很多心血，过节的时候甚至邀请我们去他家里吃饭，师生之情令人终生难忘。记忆中，政教系老师们一个个都是授课高手，温文尔雅的徐斌教授、大气从容的林容教授、激情澎湃的胡友静教授、博学多才的徐书生教授、玉树临风的刘玉凤教授、谦谦君子缪鸿儒教授……还有刚毕业负责团委工作的刘瑞享老师，一个个都把他们擅长领域的知识倾囊相授，让我们学习到“中国哲学”“西方哲学”“马克思主义”“毛泽东思想”“邓小平理论”“政治经济学”“自然辩证法”“法律基础”“社会主义市场经济”等专业课程，引领我们领略到了哲学和人文社会科学的思想和魅力，使我平生第一次深刻地感受到哲学和人文社会科学对于解释和改造现实世界的巨大能量。

正是得益于政教系老师们精心的传道授业解惑，让我对哲学和人文社会科学建立了粗浅认知和情感认同，同时也激发了我选择厦门大学攻读硕士研究生的勇气。在经历了南昌夏季酷暑和冬季严寒的双重考验后，我完成了人生中最为重要的转折和蜕变——2001 年我以高分（379 分）考取了厦门大学硕士研究生。班里的同学如刘练军、王刚、王金豹、王志强、李向阳、李继民、凌学武、周纯义等同时或先后考取了知名院校的硕士研究生，有些同学继续攻读了博士学位，毕业后在各自的岗位上做出突出业绩、成为行业佼佼者，续写着属于江教人的骄傲。

三、为了重逢，选择分别

“时光的河入海流，终于我们分头走，没有哪个港口，是永远的停留。”岁月如歌，屈指算来，毕业离开江西教育学院已经 21 载。21 年间，多少沧桑巨变、多少人事沉浮。江教学子们犹如满天星一样散落大江南北、遍布各行各业，一个个忙着建功立业……无论身处何地，我们心里都永远有一个共同的精神家园，那就是“我们都是江教人”。因为四处求学和工作调动之缘故，我有幸在厦门、宁波、上海、杭州、南京等诸多城市学习或生活过，期间也曾碰到江教的师兄师姐或师弟师妹，无论是新友还是故人，只要一提起江教，那种亲切感顿时油然而生，亲近之情溢于言表。

作为学子，如果说毕业是在形式上选择与母校分别的话，这种分别充其量不过是一种物理距离罢了；正可谓“一朝入江教，终身江教人”。事实上，母校是每一位学子内心深处无法割舍的情结。如果说为了梦想、为了追求、为了诗与远方，我们必须选择与母校分别的话，那么，“我们一次次的离开，是为了一次次的归来”，因为母校早已成为我们所有学子的精神港湾。

无论你成功或失败、无论你得意或失意、无论你来或不来，母校永远都矗立在红土地上、伫立在内心深处，等你归来，与你重逢。

这是一个伟大的时代，一个奋进的时代，也是一个书写传奇的时代。历经 70 载矢志不渝的奋斗，江西教育学院完成了华丽的转身和蜕变，成为江西省属公办普通本科师范院校，更名为“南昌师范学院”。

2021年南昌师范学院首次成功开展师范类专业认证，被列为江西省“十四五”新增硕士学位授予重点建设单位，标志着学校事业发展迈上了新台阶，开启了新征程。

欣闻母校七秩芳华，作为江教人感到无比的激动和自豪。衷心祝愿母校人才辈出代代强，桃李满天四海扬。

刘练军：追忆芳华 感怀母校

刘练军，江西都昌人，1999年考入江西教育学院（南昌师范学院前身）政法系，2000年9月进入浙江大学历史系攻读硕士学位，2008年毕业于浙江大学光华法学院，获法学博士学位；2013年9月至2014年3月在英国牛津大学做访问学者；现为东南大学法学院教授，公法研究所所长，硕士研究生导师；研究方向主要集中于宪法审查、基本权利、中国宪法史及司法制度等领域，发表研究论文60余篇，在各类报刊上发表评论文章80余篇，曾被中国法学创新网列入高产作家排行榜；主要作品有《消极主义：宪法审查的一种哲学立场》《司法要论》《法治的谜面》等；作品曾获中国宪法学研究会中青年优秀成果奖、董必武青年法学成果奖等多项奖励；主持国家社科基金项目、教育部人文社科项目、中国法学会研究课题等多项法学科研项目；兼任中国宪法学研究会理事、浙江省社会法研究会副会长等。

前不久，在江西教育学院进修时的班主任——肖良平老师给我来电，叫我写点回忆母校的文字，致母校70周年校庆。我深知自己只是东南大学法学院的一名普通教授，在英才辈出的母校我只是普通的一员，但得班主任“钦点”，我的思绪开始慢慢飞回22年前。想想在江西教育学院进修的那一年，或许用“成功上岸”来形容，可能是再适合不过了。

1999年8月底，我从家乡都昌县城坐船，由北向南穿越鄱阳湖来到了南昌，正式开始在江西教育学院进修本科学历的人生历程。此前，我已经在都昌县第二中学任教两年，并以同等学力的身份报考过硕士研究生，且过了初试分数线，但由于当时人在乡村中学信息不通，没有得到调剂的机会。来江西教育学院进修，主要是为了脱产考研，同时也是做两手准备，万一考研不顺，也提升了本科学历。

江西教育学院位于南昌市青山湖区学院路158号。校园不大，半个小时差不多就可以逛个遍。这是一所具有光荣历史的成人教育院校——有太多人通过在此进修而成功考研，我实乃慕名而来。当时我注册入学的是1999级政教本科脱产班。班上人不多，记得好像只有19个同学，绝大多数都是男生。大家都是来进修的，有些人刚刚拿到大专文凭就来进修，而有些人则在中学当了多年的“孩子王”，所以，在年龄上大家有一定的差距。那些年纪比较大的，都是奔着本科文凭而来，像我这种有志于考研的，也有不少，像凌学武、王刚、周纯义、詹国彬、李灿光、王金豹、李继民、李向阳等人都是，当时班上考研氛围是相当浓厚。

当年给我们上课的老师，除了讲授“思想政治教育概论”的肖良平老师，还有讲授“马克思主义原理”的杨金福教授、讲授“政治经济学”的林容老师、讲授“中国近现代史”的邓爱红老师、讲授“毛泽东思想概论”的徐斌老师以及讲授“西方哲学史”的刘瑞享老师等。记得刘瑞享老师最年轻，好像是刚刚大学毕业分配过来的。杨教授给我们讲了很多西方原著，印象最深的是恩格斯的经典名著《反杜林论》，他曾用好几节课的时间来解释《反杜林论》中的著名论断——价值规律正是商品生产的基本规律。诸位老师的授课都十分精彩。

当时由于自己专心考研，所以跟老师们的私下接触也颇为有限。当年我报考的是中国近现代史专业，曾向邓爱红老师请教过学习中国历史的经验。记得邓老师是南昌大学历史系毕业的高材生，为了借书，我还专门去过她家。但第二年考研录取后，书怎么还她的，甚至书有没有还她，现在都想不起来。每念及此，都特别惭愧，太对不住邓老师的帮助与指导了。

那年考研，我报考的是浙江大学。因为一边进修一边考研的机会来之不易（当年都昌二中不少同事对我脱产考研不理解，我亦感觉自己是破釜沉舟，风险不是一般的大），所以，我倍加珍惜考研机会。现在回想起来，那一年是我思想特别单纯的一年，单纯得只想做好一件事，那就是全力复习五门考研科目，其余的一律放下。人要快乐的理由其实很简单，那就是单纯一些，人过得越单纯，其快乐可能就越多。

回首过往的人生岁月，我愈来愈发现在江教复习考研的那段日子，给我留下了诸多的宝贵财富。

一是让我切身体会到做一个相对单纯的人，乃人生的最佳选择。在江教复习考研的那一年，我完全过着“宿舍—食堂—教室（或图书馆）”三点一线的生活，基本上没有社交。如果说有，那就是周末到当时班长周纯义租的房子里打打牙祭，大家买点菜，一起做饭、聊天。此时，应该是最放松的时候。

二是人生的起点由不得自己，但人生的过程和结果我们可以做主且应当做主。我们当年来江西教育学院进修，起点并不是很高。不过，人生起点如何并不完全决定自己的未来，经过自身的努力，都有可能书写出灿烂的人生篇章。不被起点束缚住的人生，才是真正属于自己的人生。在这方面，当年来江西教育学院进修考研的同学都是鲜活的案例。就拿我们1999级政教本科班来说，当初立志考研的绝大多数人都考上了自己如意的大学和专业。像凌学武考的南京大学硕士、王刚和詹国彬考的厦门大学硕士、周纯义考的福州大学硕士，后来他们又都先后攻读博士学位，博士毕业后在南京、南昌、厦门等城市的大学任教。人生起点如何不重要，重要的是过程。

三是在真正关心自己成长的人群中，班主任老师始终是特别坚定的一位。不言而喻，从小学到大学，我经历了很多的班主任，但至今仍有联系的不多，而经常保持联系的就一位，那就是肖良平老师。当年在江教边进修边复习考研，肖老师对我关爱有加自不待言，即使后来硕士毕业后的工作去向，再到后来的考博，以及博士毕业后的职业规划等，肖老师都始终给予了我全力的鼓励与支持。这么多年肖老师和我一直保持着联系。我取得的任何大小成绩，都会第一时间与肖老师分享，而遇到任何的困难或困惑，也都会向肖老师诉说。尽管我与肖老师之间的关系源于师生，但其实早已超越师生。其中最主要的原因，当然是肖老师曾经是班主任，但他在班主任工作结束后，对学生的关爱之情并未终止，而是一直延续了下来。俗话说，一日为师，终身为父。肖老师从未要求学生如何，这么多年来我更是没有为他做任何事情。借此机会，我向肖老师致以由衷的谢意："我走到哪里，您的关心和鼓励就送到哪里，您始终在鼓舞着我前进，是激励我积极向上的持久动力。"

"人事有代谢，往来成古今。"2013 年 4 月，经教育部批准，江西教育学院改制更名为"南昌师范学院"，奠定了学校发展史上新的里程碑。尽管如今主校区在昌北，但青山湖区学院路 158 号始终是我们这些学子的根脉所在。不管在哪座城市工作和生活，我都会常常想起我在母校的日子。我会继续用母校给予我的人生经验，不断激励自己前行，并由衷祝福母校越办越好。

刘群：趁年轻，活出色

刘群，江西教育学院（南昌师范学院前身）2000级旅游管理专科班学生，现任家天下国旅集团联合创始人及副总裁、中国老年学会老年旅游专业委员会专列部副主任、中国旅行社协会老年旅游分会理事、《健康必读·家天下》杂志副主编、高级研学导师、湖南家天下中老年产业股份有限公司副总经理、长沙澳音文化传媒有限公司总经理。从事旅游管理十九年来，她始终以饱满的工作热情、严谨的工作态度、扎实的工作作风，全心全意致力于发展中老年健康旅游事业。

岁月如梭，韶光流转。阔别母校，转眼20载，满目所及，皆是过往。

我是农家儿女，是姐弟三个的老大。父亲是勤恳忠厚的老实人，母亲自强自立又能干，从小就教育我命运只能靠自己改变，人穷志不穷，吃亏是福。小时候我最大的梦想就是希望早日挣钱，让父母过上好日子，让弟妹都能上大学。

一日师院人，一生感恩情。2000年的夏末，我从赣南革命老区的小县城坐了12个小时的汽车来到省会南昌，怀着美好的希望与无限的憧憬走进了江西教育学院，也打开了通往未来的大门。

大学是人一生成长中最关键的时期。母校“厚德修身，博学育人”的校训，一直深深印在我的脑海里。母校始终坚持立德树人这一根本任务，聚焦人才培养这一关键。我上学的时候，母校还在学院路办学，面积不大，布局紧凑，半小时就能逛完，远比不上现在昌北校区的环境那么优美和设施齐全，但我能在这样学风严谨、学习氛围浓厚的环境下学习，深感幸运。

毕业十周年聚会，右五为刘群

我们是第一届旅游管理专业的学生，作为学校创新专业的新起点，被老师们视为宝贝。学校给我们安排了年轻有活力、务实又勇于创新的教师团队：年轻帅气、幽默风趣、知识渊博的班主任殷剑老师是我们学习的榜样；年轻善良、低调沉稳而内秀的刘瑞享老师如邻家大哥般亲切；温柔婉约、专业扎实的钱芳老师是我们的偶像；还有和蔼可亲的白莎书记、高大帅气的刘玉风老师、温文儒雅的缪鸿孺老师……正是因为有诸多以身立教、为人师表的优秀老师的辛苦培育，才有了旅游与经济管理学院现在的快速发展，才有了如今设备先进、种类齐全的旅游管理技能实训基地。一日为师，终身为师，感恩老师们的谆谆教诲。

记忆里的大学时光简单又美好，那时虽然条件艰苦却备感珍惜，我永远不会忘记在母校的每一个瞬间：简陋却温暖的宿舍里的欢声笑语、教学楼的琅琅书声、运动场的肆意奔跑、焕然一新的西山万寿宫实践教学、温馨快乐的艾溪湖烧烤家宴、真情难忘的庐山见习……这里留下了我们最难忘却的青春岁月。当年情同手足的同窗挚友，如今已成家立业，都在各自热爱的领域发光发热。

人生是用来改变的，每个阶段都有自己的使命。大学期间，我一直牢记殷剑老师说的“养大气，成大器”，同时坚信穷人的孩子早当家，始终乐观坚韧、独立自强。我给自己定了小目标，觉得靠自己拼搏得来的才有安全感，努力给未来的事业发展打好基础。

第一个小目标：锻炼身体，保持身体健康。那时，我喜欢到母校马路对面的附中操场上去晨练，每次跑三圈，除了刮风下雨或者有活动时没去，一直坚持到了毕业。这给我打下了良好的身体基础，身体素质好，几乎不生病。**第二个小目标：认真学习，积极参加活动，多拿荣誉和奖学金**。学生的首要任务是学习，所以我一直认真学习，这样才不会留下遗憾，也不辜负老师们的辛苦培育和殷切期望。我还加入了系学生会，积极参与各项活动和各类比赛，锻炼胆识，增强组织能力、沟通能力和业务能力。**第三个小目标：自给自足，努力挣钱养活自己**。我边上学边勤工俭学，除了第一学期的学费和生活费是爸妈给的，后面基本没找他们要过钱。我坚信办法总比困难多，只要努力总能有收获。还记得，上大学的第一个暑假我兼职三份家教，早中晚各辅导一个孩子，连续拼了一个多月，回到学校变成了同学们眼中的“小黑妹”；平时在学校时，会去校门口老乡爸爸开的餐饮店帮忙，寒假回家就带着弟妹摆水果摊，那时远远地看到老师、同学们还会悄悄转身躲过。现在回想起来，那时吃过不少苦，但是感觉很充实，更为能帮爸妈分担而感到快乐。**第四个小目标：学以致用，投身旅游事业**。爸妈认为女孩子适合从事稳定的职业，但是我有自己的想法：既然学了旅游管理专业，就要在这个行业里干出一番成就。2003 年，我毅然选择去旅行社工作。拿着微薄的工资，在员工宿舍打地铺，从普通员工到自己创业，一路咬牙坚持下来，从江西走向全国，一直坚守到现在。

刘群考察旅游项目

青春是那么美好，在这段珍贵的大学时光，我们拥有独一无二的记忆。我想和学弟学妹们说：大学期间要认真学习，保持热爱，坚定信念，与人为善，把握机遇，勇于创新，敢于拼搏。青春是用来奋斗的，不是用来挥霍的，只有这样，当我们有一天回首来时路，才不会后悔。机会永远留给有准备的人，要大胆提出自己的想法并为之努力奋斗，只要用心，量变一定会带来质变。大学千万不要让自己太舒服，有梦就去追，享受过程，感受痛苦。亲爱的学弟学妹，希望你们都能趁年轻活出自己的精彩！

浓浓春晖情，悠悠寸草心。无论岁月如何变迁，母校永远是学子们最温暖的港湾，永远是我们不变的牵挂；不论身在何处，我们都不会忘记母校的教诲！在母校 70 华诞之际，我由衷地祝福母校生日快乐，桃李芬芳！祝福母校的明天更加辉煌！祝福我们的恩师身体健康，工作顺利！

程波辉：江西教育学院——育人典范 读书圣地

程波辉，江西余干人，江西教育学院（南昌师范学院前身）外文系2002级本科3班学生，现为对外经济贸易大学政府管理学院教授、博士生导师，行政管理系党支部书记，美国丹佛大学访问学者，教育部学位中心论文评审专家；主要从事政府规制与治理研究工作，主持国家社会科学基金项目1项，发表CSSCI论文40余篇；同时承担“当代公共管理前沿问题研究”等课程的教学工作，是国家级一流本科专业建设点行政管理专业的重要参与人，先后获得“对外经济贸易大学优秀导师”“优秀硕士论文指导教师”等荣誉称号。

近日，班主任王兰老师向我发出了撰写校友回忆文章的邀请，我受宠若惊，欣然接受，可真到下笔的时候，2000字的素材竟然比2万字的论文还难敲定。我思来想去，决定把我内心最想表达的东西写出来：我认为江西教育学院真正形成了“教”与“学”的协同推进，是一个助力我实现梦想的地方。

教师潜心教书育人的示范高校

从事高校教学10余年来，我无比怀念和向往20年前在江西教育学院的学习时光。老师们兢兢业业、一心治学、严谨认真，为学生们传道授业解惑。我清楚记得，当时讲授“英美文学”的曾秀老师，教学技能非常纯熟，讲课犹如讲故事一样娓娓道来，学生们听得如痴如醉，《哈姆雷特》《德伯家的苔丝》《双城记》《名利场》……这些经典作品到现在我还耳熟能详。可想而知，曾老师在课前的准备工作量有多大！还有讲授“英语语言学”的吴熹老师，教学功底深厚，拥有广博的知识和多样化的知识结构，把晦涩难懂的语言知识讲解得通俗易懂、深入浅出，可见吴老师对语言学的研究有多透彻。可以说，吴老师的讲课对于我立志从事学术研究具有很大的启发和引导。还有讲授“英语听力”的王兰老师，通过启发式和参与式教学，把单调乏味的听力课讲授得非常生动，大家听课的兴趣都很大，成绩提高得很快，就连我这个零基础的学生，通过一个学期的训练，也能听懂 BBC 新闻和不同的英语对话场景。同时，因为王老师兼任我们的班主任，所以课堂既是她传授知识的地方，也是她开展思想政治工作的阵地。她时常教育我们要珍惜来之不易的学习时光，树立远大理想，立志成为对国家和人民有用的人。

总之，老师们热爱教学、倾心教学、研究教学及潜心教书育人的精神对我影响很大。我非常庆幸能在江西教育学院开启人生的起点。正是因为在江西教育学院的学习经历，尤其是老师们的谆谆教导，使我在教学中仍存敬畏之心，时常鞭策自己做一名真正“回归本分”的大学老师。

学生刻苦读书学习的氛围极其浓厚

回忆在江西教育学院的大学生活，印象最深刻的就是同学们都在刻苦学习。江西教育学院浓厚的学习氛围，让很多学生受益匪浅，已经毕业的校友们都给予了浓墨重彩的描述。对我而言，20 年前在江西教育学院学习的场景仍历历在目：图书馆每天爆满——黑压压一片全是考研的，林荫小道不分昼夜的朗读声，教室晚自习熄灯后的烛光夜读……夏天，有的同学为了避免蚊虫叮咬扰乱学习，大热天全副武装，汗流浃背；南昌的冬天非常阴冷，教室里没有暖气，于是同学们把毯子搬进了图书馆、教室，让自己暖和起来，保证能安心学习。

叶向党是我同班同学，每天最早到图书馆，最晚离开。他专科学的中文专业，跨专业学习英语比较吃力，可经过努力学习，英语成绩提高很快，后来考上了研究生。同学们中这样的例子不胜枚举，身在其中，倍受鼓舞。汲取知识的过程是辛苦的，同时也是幸福的。在江西教育学院的学习经历，磨炼了我的意志，砥砺我前行。

江西教育学院外文系 2002 级本科（3）班毕业合影　最后一排左二是程波辉

一批批优秀的学子从这里扬帆起航

据不完全统计，2002 级外语本科 3 班考上研究生的同学有 20 余人，占全班的一半左右，如叶向党、胡丽华、郭权、范俊兵、涂怡宁、漆凌燕、赵子娇、赖玺婷、余彦……他们当中有很多考上诸如上海交通大学、东南大学、苏州大学等“双一流”高校；还有的硕士毕业后考上了博士，如刘洪冬同学考取了江西财经大学的博士，我自己则考取了吉林大学的博士。同学们毕业后，有的成为高校教师的骨干，有的成为商界精英，还有的成为国家公职人员。没有参加考研的同学，本科毕业后在各自的工作领域也崭露头角，成就斐然。比如我们的班长李津同学，已成为乡镇中心小学的校长了，祝天生同学成为县电教站的站长。

虽然在江西教育学院只有短短的两年时间，但它却给予了我两个最大的“法宝”：一是回归本分，做一名称职、受学生爱戴的大学老师；二是回归常识，时刻保持读书学习的热情，不断提升自身的教学技能和专业素养。带着这两个最重要的“法宝”，我的梦想也一步一步实现了。

读书期间与同学合影　左二为程波辉

感恩江西教育学院，祝愿母校能培养更多优秀、杰出的社会主义建设者和接班人，为实现中华民族伟大复兴的中国梦做出更大贡献。

江亚妮：南昌师范学院是我梦想起航的地方

江亚妮，南昌师范学院音乐舞蹈学院2013级音乐教育专业本科毕业，2021年在首都师范大学音乐学院获得硕士学位；现任景德镇学院音乐舞蹈学院合唱指挥专业教师；曾担任中华人民共和国成立70周年庆祝大会天安门广场中心表演区广场合唱分指挥、中国共产党成立100周年庆祝大会天安门广场中心表演区广场合唱分指挥并获指挥部嘉奖；荣获中欧（西班牙）国际艺术节合唱指挥比赛专业组金奖、北京市学生艺术节合唱展演比赛金奖及北京市教委教工合唱比赛金奖等荣誉。

遇见母校，梦想启航之地

轻轻翻开江亚妮的大学照片，记忆便回溯到了2013年，一幅幅动人的画面浮现在她脑海中。时光匆匆，近十载光阴转瞬即逝。江亚妮仍然记得入学时，她一个人推着粉红色的行李箱来到了南昌师范学院。

来时不觉分离，别时才现情浓。开学后，江亚妮抓住一切空闲的时间练琴，于是，琴房便成了她的“家”。同学们经常调侃道：“江亚妮不在琴房就是在去琴房的路上。”“彼之芥草，吾之珍宝”，于他人而言反复练习琴法是枯燥无味的，但江亚妮却期待着每天“泡”琴房的时光，享受着双手在黑白琴键下跳跃的触感，以及悦耳的琴声从指尖缓缓泻出的感觉。她至今还记得管理琴房的爷爷晚上下班前常常来敲门，笑着说：“该回去休息了哈！”她总是回应说“爷爷，我马上就走啦”，回头冲他笑笑然后继续练习手上的曲子。一来二去，也就和值班的爷爷熟络了起来。

江亚妮与恩师张旦丹教授（左一）合影

江亚妮说：“我从未料想到在母校的日子是那么的无忧无虑，直到大学毕业离开时才发现没有任何地方能超越母校南昌师范学院。离别时不舍的情感像是野草在心口疯长，不为其他，只因这里是我梦想启航的地方。无论今后走到什么地方，我的心中始终珍存母校的点点滴滴，无论路上遇见何种挫折，母校就在我身后给予我无穷的力量。”

感念师恩，言传身教授技艺

从大一开始，江亚妮便加入了音乐舞蹈学院的“木蝴蝶”合唱团，现任音乐舞蹈学院院长的张旦丹当时是合唱团的指导老师。张老师不论严寒酷暑、刮风下雨，每天早晨都会陪大家一起练习，用心指导并充实着江亚妮和同学们的大学生活。“言传身教，为人师表”是同学们对张老师的评价。江亚妮感慨道：“张老师像妈妈一样陪伴、关心我们每一个学生，她让我们从合唱中听到美好的声音，感受纯真善良的心灵，让我们逐渐成长为包容、坚强、有责任感的指挥。”正是在张老师的指引下，江亚妮逐渐走进了美妙的合唱世界，立志把合唱指挥专业学好、学深、学精，当作自己一生钟爱的事业。

中华人民共和国成立70周年天安门广场留念，中间为江亚妮

2019年，中华人民共和国成立70周年，在准备天安门广场千人合唱分指挥训练的半年期间，江亚妮经历了各方面要求严格的训练，体力、精力、耐力……为祖国庆生，江亚妮不断鞭策自己要精益求精。每当遇到困难，她就想起张老师的谆谆教诲：指挥要心平气和，要耐心，不能太急躁；要按排练时间提早到，打好提前量，细致做好准备工作；过程中要专注，排练结束后要善于总结，要慢慢积累舞台经验……“张老师的教诲让我如沐春风，在我学习指挥过程中起着不可替代的作用，成为我前行路上的‘指明灯’，”江亚妮感激地说。

练琴，排合唱，参加社团活动，参加教学实践、大师班培训、音乐会等充满了江亚妮的整个大学时光。忙碌、充实的大学生活给她的专业学习打下了坚实的基础，在老师的帮助下她逐渐找到了自己的目标和方向，为自己的梦想孜孜不倦地奋斗着。当时，在各地大中小学校的校园和音乐厅都留下了江亚妮和同学们的身影。

奋楫笃行，心系母校情谊

“昨日我以母校为荣，今日母校以我为荣。”当江亚妮被问及为何能顺利入选中华人民共和国70周年庆祝大会天安门广场分指挥时，她很自信地说道：“因为我本科来自南昌师范学院，在母校读本科期间是我最幸运的四年，我的专业得到了很好的锤炼和成长，那里有真正热爱音乐的老师，有充满爱心的老师。”树高千尺难忘根，在接受中央电视台采访时，谈起母校江亚妮感动得潸然泪下：“没有母校的培育，没有老师们的悉心教育和指导，就没有今天的我。能够站在天安门广场上指挥合唱，我最应该感恩我的母校、我的老师们。”

江亚妮担任中国共产党成立100周年庆祝大会天安门广场分指挥

江亚妮深情地说道：“在南昌师范学院遇见诸多美好，拍下的每一张照片都记录了我和我的老师、同学们一起成长的印记，有老师对我们炽热的爱与期待，有悉心教导的纯真美好，有沉浸在音乐探索、奋斗中的青春模样……很幸运一直与音乐相伴，在学校、学院发展的关键时期同大家一起成长，得到老师的爱护和鼓励。我成了更好的自己，不仅掌握了一名音乐教师应具备的教学技能，还具备了一名合唱指挥应有的综合素养，如包容与协作等。”

回忆从前的一幕一幕，老师们的谆谆教诲犹在耳侧。江亚妮清楚地记得大学第一次参加合唱比赛时，老师告诉她，合唱比赛的关键不在于结果，而是合唱团培养了多少个优秀的指挥和未来的音乐老师，大家在其中有多少收获；第一次走上指挥席时，老师告诉她，在领导团队时不要害怕，要学会独立面对问题，学会设身处地站在他人角度思考问题；在第一次走上讲台时，老师告诉她，教小朋友就像在白纸上画画，要给她们的童年画上最美的彩色……

“感恩南昌师范学院，感恩音乐舞蹈学院，永远难忘老师在我成长的重要时刻对我的谆谆教导。而今所得的成绩，离不开母校老师们的关心与支持，离不开在南昌师范学院本科学习期间的积累。老师们的言传身教给予我充沛的教育情感，使我对音乐和合唱指挥有着无比的热情。”江亚妮说道。

值此学校 70 周年校庆之际，江亚妮祝福母校越来越好，祝愿老师们幸福安康！作为一名大学老师，她希望借此机会勉励母校的师弟师妹及自己学生们，珍惜时光，继续保持热爱，在最好的年华尽情地绽放青春的风采！

罗小庆：温暖如家，感恩永远

罗小庆，南昌师范学院生命科学学院2019届生物科学本科班毕业生，“一线生鸡”大学生助农创业项目负责人、江西莱瀚斯科技有限公司总经理；2019年获评“江西省最美大学生”“江西省大学生自强之星”，2020年入选第三届“闪亮的日子——青春该有的模样”全国大学生创业人物事迹，受邀参加“2020年中国农民丰收节”江西活动。她负责的“一线生鸡”项目作为江西省唯一高校项目入选2019年“大众创业、万众创新”活动周，获得第七届中国国际“互联网+”大学生创新创业大赛总决赛青年红色筑梦之旅创业组金奖。

爱心助农，梦想启航

“南昌师范学院不仅仅是我的母校，更是我如家般温暖的港湾，让我在南昌这个第二故乡有了归属感。”回想起母校，我的心里涌起一阵阵温暖。

2015年9月2日晚，我怀着忐忑的心情来到学校，对即将开始的大学生活既充满期待，也一片茫然，不知道该怎么规划四年的学习。家庭困难的我，从就读小学开始就享受到了贫困生助学政策，并得到爱心人士的资助。进入大学后，我通过助学贷款入学，并获得了助学金。老师了解我的家庭情况后，经常与我谈心谈话，勉励我保持阳光心态，帮助我规划学习生活和职业方向。大二那年，为了帮助我家改善生活条件，生命科学学院决定将价值 5000 元的青年鸡❶赠送给我的父母喂养，当年家里就增收了 2 万余元。作为生物科学专业的学生，我暗暗下决心要学好专业知识，并产生了帮扶农户科学养殖土鸡实现脱贫致富的想法。

罗小庆在“一线生鸡”大学生助农创业基地工作照

2017 年 4 月，在学校的支持和学院老师的指导下，“一线生鸡 · 金凤筑梦”大学生助农创业项目诞生。生命科学学院党总支书记郭志鸿老师带着我们走访了 3000 多名农户，开展土鸡喂养技术培训 184 场，收集了大量一线乡村调研资料。

大学是快乐而美好的，我没有虚度。课堂上，老师们谆谆教导，指导我们将专业知识与农户养殖实际情况相结合，让我真正明白了理论指导实践的重要意义；课余时，我和同学们一起备战“互联网+”大学生创新创业大赛；双休日和假期，我还积极参加社团活动和志愿者活动，

❶ 60 天龄、1 斤左右的鸡。

贡献自己力所能及的一份力量。在成长历练中，我结束了难忘而充实的大学生活。在这短暂的四年时间里，在学校的关心帮助和老师的指导鼓励下，我获得了一些荣誉，更重要的是让我拥有了扎实的专业知识和比较丰富的养殖实践经验，让我进一步明确了创新创业的目标，坚定了感恩母校、回报社会的信念。

在第七届中国国际“互联网+”大学生创新创业大赛“青年红色筑梦之旅”赛道中获得金奖，校领导、指导老师和团队成员合影 第二排左七为罗小庆

全力支持，金凤腾飞

毕业前夕，我做了一个决定：放弃留在城市工作的机会，选择在乡村落地“一线生鸡”项目。2019 年 7 月，南昌师范学院“一线生鸡”大学生助农创业二塘乡联合基地在进贤县二塘乡新兴焦家村正式成立。

2019 年 6 月，全国“大众创业、万众创新”活动周在浙江杭州举行，“一线生鸡”项目是江西省唯一入选的高校项目。开幕式当天，我格外紧张，我第一次参加如此高规格的展会，会场内展示的不是国内龙头企业的产品，就是知名高校的高科技产品，而我展位上的鸡蛋是如此不起眼。细心的王金平书记看出了我的不安，他开导我说：“小庆，我们的鸡蛋可不是普通的鸡蛋，它里面是有科学技术、成果专利和助农情怀的，小小鸡蛋，大有用处。”他的一番话让我信心百倍。当天，国务院总理李克强来到展位前和我握手，全国政协副主席万钢、国家发改委副主任林念修、教育部高教司司长吴岩也为我点赞，这让我倍感振奋和鼓舞。我深知，是母校的培养和支持，让我有了这个舞台，而我也下定决心一定要以自己更大的成功为母校增光添彩。

在“互联网+”大学生创新创业大赛的多次备战中，母校都给予了“一线生鸡”项目大力的支持和指导。无论是在团队成员选拔、实验室科研资源使用，还是我们下乡期间的吃住行等方面，指导老师郭志鸿都给予了我们无微不至的关怀和耐心细致的帮助，校领导、学院领导、实验室老师和创新创业教育学院的老师们也都通过各种形式给予我们指导。有了来自母校的支持，团队在第四届、第五届中国“互联网+”大学生创新创业大赛“青年红色筑梦之旅”赛道中两次获得铜奖，在第七届中国国际“互联网+”大学生创新创业大赛“青年红色筑梦之旅”赛道中获得金奖，这也是江西省在该赛道的创业组唯一金奖。此外，我们的项目还入选第七届中国国际“互联网+”大学生创新创业大赛“七个一百”系列活动，获得了“江西省乡村振兴奖”。

在母校党员教师的影响下，我对党的认识也更加深刻，加入党组织的愿望也更加强烈。2020 年 12 月，我递交了入党申请书，希望能以一名党员的身份帮助和带动更多农户扎根农村，一起成为乡村振兴道路上的新农人。

温暖如家，感恩永远

5 年来，“一线生鸡”项目已经在进贤县二塘乡、吉水县桑园村等多个乡村落地，共帮助农户喂养 2.6 万多羽青年鸡，帮扶农户人数达 2964 人次。项目通过“选好种、教他养、收他鸡、帮他卖、共振兴”的助农模式，向农户提供 60 天龄以上的优质育成鸡、土鸡喂养技术培训及代销服务，降低农户的养殖风险，帮助农户增收创收。

一路走来，对母校的感谢即使是千言万语也无以表达。在创业的过程中，母校将十几项国家专利提供给我无偿使用，给了我一双腾飞的翅膀。在创业初期，母校还设立扶贫助农提货点，发动教职工购买“一线生鸡”绿色产品，助我度过创业最艰难的一段时期。尽管已经毕业 3 年了，但我觉得从未离开母校，我还是经常跟学校领导、老师联系，向他们汇报我项目的进展情况，他们也经常给我鼓励和指导意见。忘不了母校“厚德修身，博学育人”的校训，一直激励着我自立自强、感恩奋进，让我这个从贫困山区走出来的学子站在了国际大赛的领奖台上，走上了助力乡村振兴的广阔大道。

在母校 70 周年校庆之际，我想由衷地说：南昌师范学院温暖如家，感恩永远！

七秩芳华 · 教苑毓秀篇

【编者按】　悠悠七秩芳华，漫漫征程如歌！2022 年是党的二十大召开之年，也是南昌师范学院建校 70 周年之时。70 年来，学校为党育人、为国育才，谱写华美篇章，涌现出一批批优秀校园工作者。他们植根南昌师范学院，助力学校未来，一同见证南师院春风桃李 70 载的辉煌成就。“七秩芳华·教苑毓秀”篇向读者讲述他们不忘初心、锐意进取、倾心教育的故事，激励无数南师院人共同前行。

章启明：老骥伏枥志犹在 不用扬鞭自奋蹄

章启明，1962 年毕业于北京师范大学中文系，中共党员，教授，曾在北京四中任教十余年。1985—2008 年先后在南昌师范专科学校、南昌职业技术师范学院、江西教育学院（南昌师范学院前身）、江西蓝天学院担任党政领导工作；2000—2005 年任江西省人民政府决策咨询委员会常务委员，2006 年退休。

章启明同志自 1965 年 6 月加入中国共产党以来，始终不忘初心、牢记使命，忠诚党的教育事业。他把自己的青春年华奉献给了首都北京的中等教育事业，中老年岁月奉献给了江西省的高等教育事业。退休之后，他仍然保持着共产党员朝气蓬勃、与时俱进的革命精神，继续努力为人民服务，真正做到了老有所学、老有所为、老有所传，发挥了一名党员干部的“传、帮、带”作用。

老有所学，与时俱进，助力学校党史学习教育

章启明积极响应党中央开展党史学习教育的号召，制订个人学习计划，认真阅读《中国共产党简史》《中共中央关于党的百年奋斗重大成

就和历史经验的决议》等学习资料。他积极助力学校党史学习教育，担任南昌师范学院青烛先锋队“特聘辅导员”。在南昌师范学院、江西科技师范大学、南昌三中等五所学校为师生讲授七次专题党课。

章启明教授应邀做客青烛讲堂“榜样的力量”优秀共产党员系列党课

在党课的讲授中，他紧紧围绕“永葆初心、牢记使命，做新时代优秀党员”这一主题，带领师生学习《中国共产党章程》，详细讲解党的性质、宗旨、指导思想、党员的权利与义务等内容，帮助大家领会开展党史学习教育的重大意义，了解中国共产党百年创建的丰功伟绩。他还结合自己“七年入党之路”的经历，深入阐述什么是正确的入党动机和合格的共产党员应具备的条件。通过讲述自己五十年忠诚党的教育事业的生涯和分享自己与老伴百年建党之约的动人故事，他深入浅出地讲述了共产党员应该怎样做到不忘初心、牢记使命及坚定共产主义的理想信念。

作为一名 82 岁高龄的老党员，他为师生讲授的党课受到大家的广泛赞誉。现场听课的师生们无一不被他无私奉献、不懈奋斗，忠诚于党的教育事业的人生经历所感动。同学们纷纷表示，听了他的党课，更加坚定了加入中国共产党的信念，更加深刻认识到中国共产党是一支真心实意为人民服务的先锋队，一定要学好《中国共产党章程》，深刻领会习近平新时代中国特色社会主义思想，学好中国共产党党史，切实增强党性修养，坚定共产主义理想信念，发挥党员的先锋模范作用，并运用所学知识参与国家现代化建设，真正成为能担当民族复兴大任的时代新人。

南昌师范学院党委书记王金平为青烛讲堂“特聘辅导员”章启明（左一）颁发聘书

心态阳光，润物无声，传承良好风气

章启明以科学的世界观和人生观看待在职与退休，保持与时俱进的精神状态，思想常新，心态积极阳光。他始终不忘初心、牢记使命，以“活到老、学到老、干到老”来要求自己。他常说：“职务有时限，但作为共产党员，为人民服务、为共产主义奋斗终身，只有到死方休。”他是这么想的，也是这么做的。

2009 年，章启明从民办高校领导岗位退休后，组织关系转回江西教育学院，党员同志选举他担任退休党支部书记。他二话不说，召集支委制订了这一届支部的工作计划，并按月予以落实。他组织开展的活动丰富多彩，充分展示了老同志的良好风貌，大家既受到了教育，又愉悦了身心。这一届的支部工作受到退休党员们的普遍赞誉，也得到上级党组织的肯定，被中共江西省直机关工委授予省直机关“基层先进党支部”的荣誉称号。

章启明退休之后积极参加党组织的各项活动，无特殊情况绝不请假，通过活动的机会密切联系群众。例如，他通过微信等方式与他教过的许多学生和老同事保持联系，从中感受到教书育人的快乐与幸福，同时学习新的思想知识。作为离退休老党员合唱团的一员，他还参加了南昌师范学院举办的建党100周年爱国主义歌曲合唱比赛，并取得了全校特别奖的好成绩。

南昌师范学院青烛讲堂党员先锋队合影　第一排左三为章启明

“学为人师、行为世范”，教书育人，立德树人，不仅是章启明从教的准则，也是他培育良好家风的目标。家庭成员中的6个成年人，5个是教师和共产党员，都有高级职称。在学校他们努力教书育人，在家长辈慈爱，晚辈孝顺，兄弟友爱，妯娌团结，可谓积极向上、文明和谐的教师之家，被社区评为“五好家庭”。

他们一家人积极弘扬中华民族传统美德和优秀传统文化，自觉践行社会主义核心价值观，遵守党纪党规和国家法律法规。他们家族成员平时爱看书、爱买书，家有藏书千余册，2018年11月被国家新闻出版署授予“书香之家”的称号。章启明还向学校图书馆捐赠图书数百册，带着孙子孙女为农村贫困学生捐赠图书、文具和书包。

章启明坚持读书看报、听新闻，关心党和国家大事，关心经济建设、科技发展、教育改革、人民生活，坚定“四个自信”，为伟大的党、伟大的国家、伟大的人民而自豪，并因学校的发展与进步和今天的美好生活感到无限的幸福与快乐。

廖淑梅：难以忘却的记忆

廖淑梅，江西抚州人，教授。1978 年 7 月至 1997 年 10 月在原江西大学和南昌大学工作。1997 年 10 月至 2008 年 5 月任江西教育学院（南昌师范学院前身）党委副书记；2008 年 5 月至 2011 年 6 月任江西教育学院党委书记。

今年是南昌师范学院建校七十周年。七十年波澜壮阔，七十年沧海桑田。正当春暖花开时，我又一次漫步在久违的昌北校园。眼前一栋栋楼房还是那样的熟悉，一排排树木还是那样的亲切，一群群大学生还是那样的阳光帅气……走着走着，我百感交集、思绪万千，记忆的闸门瞬间被眼前的一切打开，仿佛又看到了十几年前原江西教育学院广大干部、教职工勇于开拓、奋力拼搏的动人场景。

从 20 世纪八九十年代开始，全国高校为了适应当时的国内外形势，掀起了一场轰轰烈烈的教育改革浪潮。许多高校为了做大做强、谋求发展，纷纷合并重组。1993 年，原江西大学与原江西工业大学合并组建的南昌大学，就是那次教育改革浪潮冲击下的产物。自 1997 年后，全国高等教育大众化进程逐步加快，许多普通本科高校为适应经济社会发展和高等教育大众化的需求，积极扩大招生和办学规模，万人大学甚至十万人大学如雨后春笋般涌现，一个个大学城应运而生、拔地而起。经江西省人民政府批准及大力支持，南昌市的诸多高校纷纷在南昌市城东的瑶湖和城西的前湖建设起规模宏大的大学城。三五年之间，大部分高校先后迁入新校区。一些学校则乘着这次教育改革东风由专科升为本科，由学院改为大学。当时，全国各省属教育学院也纷纷重新定位，确立新的发展目标，或寻找机会改制为普通本科院校，或与兄弟院校合并重建。

在全国高等教育改革浪潮的激烈冲击下，学校的成人教育因众多普通高校的成人教育不断扩招和挤压而严重萎缩，为数不多的普通本科、专科招生愈加困难，学校在省属本科高校中的排位持续下滑，教职工的福利待遇与其他高校相比差距不断扩大，从而导致人心不稳，学校的发展也陷入了前所未有的困难当中。江西教育学院的发展之路在哪里？这既是摆在校领导班子面前的一道难题，又是必须认真面对和勇于担当的历史责任。为了抓住机会，从根本上改变学校的命运，快速乘上全国高教改革的顺风车，校党委行政一班人进行了艰难的探索。几位校领导和相关处室干部到瑶湖实地考察和了解情况后，提出了在城东瑶湖购地建设新校区的重要举措。对此，南昌市政府表示大力支持，但由于种种原因，这一难得的发展机会与学校擦肩而过。后来，经校党委讨论同意，学校也有意与周边几个高校合并重建，但由于各种原因，几次“自由恋爱”无果而终。学校只有重新理清思路，积极寻找发展机会。

2008 年 3 月，时任的校党委书记、校长双双到了退居二线的年龄。同年 4 月，时任省委组织部副部长刘三秋来学校，在副处级以上干部和副高以上职称的教师会议上宣布：“江西教育学院的党委、行政工作，从现在开始暂时由党委副书记廖淑梅同志负责主持。”同年 5 月初，在省委组织部副部长带领下，由省委组织部和省教育厅组成的干部考察组来到学校，主持召开了由副处级以上干部、副教授以上职称的教师参加的干部推荐大会。会上，进行了无记名投票，会后进行了个别谈话推荐选拔正职校领导。6 月 3 日下午，时任省委组织部副部长在我校处级干部会议上，宣布了 5 月 16 日江西省委关于任命我为江西教育学院党委书记、毛学东同志任校长的通知。我特别感谢省委和相关部门领导及学校广大干部教师的信任，同时也倍感责任重大。

2008 年主持召开校党委会，左四为廖淑梅

我 2008 年 5 月担任校党委书记后，主持召开的第一次党委会，就是讨论研究江西教育学院改革发展目标问题：是贷款买地建设新校区，待做大做强后改制更名为普通本科院校，还是原地踏步维持现状不变？在党委会召开前，我和校长、副校长们进行了认真的沟通，取得了初步共识。会上，我和校长充分论证了学校贷款买地建设新校区的重要性和紧迫性，提出唯有改制发展，才是当时必须选择的正确道路。会议经过充分酝酿讨论，党委一班人的思想在谋求科学发展的问题上取得了高度一致，确立了贷款买地建设新校区，改制更名为普通本科高校的发展目标。为了使校党委的决策和制定的发展目标得到全校干部和教职工的认同和支持，8 月 20 日至 23 日，校党委在南昌市郊的金锣湾举行了全校副处级以上干部参加的务虚会。在务虚会上，我和校长作了发言，阐明了必须与时俱进、改革创新，努力开创江西教育学院新局面的重要性和紧迫性，并就学校今后的改革发展目标和办学定位问题在务虚会进行讨

论。经过三天的学习讨论，与会同志高度赞同校党委关于购地建设新校区、将学校改制为普通本科高校的发展思路。9 月 16 日，学校又召开了第六届二次教职工代表大会暨工会会员代表大会、工代会专题扩大会议，最终以 99.5% 的支持率高票通过了购地建设新校区，改制为普通本科高校的发展规划。可见，校党委制定的发展规划和发展目标，在全校干部教职工思想上形成了广泛共识，江西教育学院发展史上又将迎来一个明媚的春天。

经过多方努力和艰辛工作，2008 年 9 月 19 日，学校通过南昌市中级人民法院竞拍，成功在昌北购置了一块 400 多亩的建设用地。2009 年 1 月 24 日，南昌市人民政府批复，同意学校昌北校区由原工业用地转变为教育用地。随后，经校党委讨论批准成立了“昌北校区建设指挥部”。校长亲自挂帅任总指挥，分管基建和后勤工作的副校长任副总指挥，负责新校区建设项目实施。

为了得到有关部门的多方支持，我和校长多次到江西省政府和省教育厅找有关领导请示汇报，阐明学校购地建设新校区改制发展的规划和决心。很快，学校的规划得到了省发改委、省教育厅等多部门的同意。至此，全校干部、教职工人人精神振奋，个个摩拳擦掌，大有撸起袖子加油干的意志和决心。

2009 年 4 月 15 日，是我调任江西教育学院工作十多年以来最激动人心的时刻。这天春光明媚，新校区建设工地上彩旗招展，喜气洋洋，我和校党委一班人早早地来到这里。上午 9 时，新校区建设工地开工典礼仪式隆重举行。伴随着鞭炮声、锣鼓声、欢呼声，我和校领导班子成员每人手持一把扎了彩带的铁锹，在基建工地的纪念碑周围破土开挖了第一锹土。随着摄像机、照相机的声音，我们和所有参加开工典礼的中层干部、教职工代表、各民主党派代表、离退休老同志代表，共同见证了江西教育学院这一历史性的改革发展时刻，留下了令人难忘的美好记忆！

此后，昌北新校区建设如火如荼。2009 年 10 月初，第一期工程竣工，文科楼、图书馆修旧如新，学生食堂和学生宿舍拔地而起。10月，我们在老校区隆重举行仪式，在锣鼓、鞭炮、掌声中，热烈欢送首批4个系的师生乔迁入住昌北新校区。随着昌北校区办公楼的竣工交付使用，校领导班子和机关各处、室也相继迁入新校区办公。至此，“一校两校区”的发展格局初步形成。

昌北校区开工仪式　中间为廖淑梅

我们在如此困难的情况下和短时间里所取得的成绩，得到了当时江西省政府分管领导和省教育厅领导的好评。2009年10月15日，时任江西省教育厅厅长虞国庆一行莅临新校区检查指导工作，他表示，省教育厅对江西教育学院领导班子取得的成绩很满意，并将全力支持学校的改制迎评工作。同年12月2日，时任江西省人民政府副省长孙刚在副秘书长肖毛根、江西省委教育工委副书记史蓉蓉的陪同下，视察学校新校区，就学校改革发展工作作了讲话。他要求要将科学发展观贯穿于整个学校发展全过程，以改制迎评为契机，做好“三定”工作：一要定规模，稳定学生发展质量；二要定特色，突出教师教育；三要定方向，按照江西省教师工作“母机”要求，明确学校改制为“南昌师范学院”的发展方向。同时要求做到“三个加快”：一是要加快推进改制迎评工作；二是要加快推进新校区建设；三是要加快学校科学发展。12月7

日，时任江西省人大常委会副主任胡振鹏一行视察学校昌北新校区，对学校新校区建设和改制设想给予了充分肯定，希望学校为江西的义务教育发展培养更多的优秀中小学教师。2009 年年底，在通过各方论证的基础上，江西省政府发文，同意学校改制为南昌师范学院的申请报告，并要求学校做好各项准备工作，迎接教育部专家组的考察评估。

首批师生入住昌北校区合影，右五为廖淑梅

江西教育学院历史悠久，为江西省成人学历教育、中小学教师培训及教育改革做出了重要贡献。但由于受成人本科院校体制的束缚，学校的发展与普通本科高校相比严重滞后。主要原因有四个，一是校园面积狭小；二是高学历高素质教师偏少；三是教育经费严重不足；四是教学资料、仪器设备陈旧老化。可见，学校当时改制迎评的基础条件差，我和班子成员明显感到压力很大。为了尽快填平补缺，学校 2009 年利用优惠政策引进了一批硕士、博士毕业生补充教师队伍；采取竞争上岗形式选拔任用了一批正副处级干部；通过多种渠道筹资、贷款，号召全体干部、教职工开源节流，用有限的资金投入新校区的建设和发展。尽管面临诸多困难和压力，校党委一班人还是铆足了干劲，坚持带领全校干部、教职工朝着科学发展的道路前行。一段时间里，我和校长多次进京，找教育部有关部门负责人汇报情况，恳请得到他们的指导帮助。

我们在两年的时间里取得了明显的阶段性成果。全校干部、教职工改革发展的积极性和创造性被极大地调动起来，大家心往一处想，劲往一处使，朝着改制为普通高校的目标奋勇前进，新建400多亩的昌北新校区初见规模；图书资料和仪器设备得到了较大补充；培养锻炼了一支熟悉业务、能打硬仗的干部队伍；为学校在三年后再次申报改制迎评奠定了基础。作为学校前期改制迎评工作的谋划者、参与者、见证者，我和校党委一班人团结带领广大干部、教职工在全国高等教育改革的浪潮中，乘风破浪，迎难而上，有力地推动了学校向前发展。

2013年年初，江西教育学院在江西省委省政府的领导下，在江西省教育厅等相关部门的支持下，新的一届领导班子带领全校广大干部和教职工团结一心、攻坚克难、一鼓作气，一致通过了教育部高校设置专家组的评估。从此，江西教育学院终于实现了由成人本科院校改制为普通本科院校并更名为“南昌师范学院”的历史性跨越。

退休后，我多次去过昌北新校区。每当我站在校门口，看见“南昌师范学院”这块沉甸甸的校牌，就感到无比的亲切，无比的自豪。它是全体江西教育学院人长期以来辛勤耕耘、努力拼搏结下的硕果。我深深地热爱这块美丽的校园，十几年来，学校发生了翻天覆地的变化，但我亲身经历过的那段“激情燃烧的岁月”，在我的人生中留下了永远难以忘却的记忆！

在南昌师范学院七十周年校庆之际，我撰写此文，是为了与大家共同分享当年建设新校区、改制迎评工作中所经历过的那段难忘岁月；为了礼赞一代又一代南师院人共同写就的南昌师范学院绚丽华章；为了告知和激励南师院后人，不忘初心、牢记使命，把南昌师范学院建设发展得更加美好！

毛学东：顺应形势谋改制 凝心聚力促发展

毛学东，江西余江人，中共江西省委党校研究生，教授，硕士生导师；2008 年 5 月至 2013 年 4 月，任江西教育学院（南昌师范学院前身）党委副书记、校长。

问：毛校长，您好，2008 年至 2013 年是我校历史上的关键时期——由成人本科高校改制为普通本科高校。请问当时是什么让您下定决心着手推动学校改制更名工作的？

答：客观来讲，学校自 1952 年创办至 2008 年的 56 年时间里，积累了独特的教师教育资源、优势及其核心竞争力，形成了以教师教育为中心、职前培养与职后培训一体化的鲜明办学特色，教师教育的执行能力较强、办学质量较高、办学基础较好，是真正意义上的教师教育的坚守者、基础教育改革发展的服务者、教师专业化发展的实施者、新型教师教育体系的探索者和江西省教师培训机构的引领者，成了江西教育事业的工作“母机”。

但是，随着高等教育改革和大众化发展的推进，特别是当时全国省级教育学院教师教育优势发挥面临着亟待突破的瓶颈、基础教育改革发展亟须优质教师教育的有力支撑等现实难题，学校的成人高等教育办学体制不能完全适应当时的发展形势和任务要求，成人高等教育的规模明显缩小，教师教育的竞争加剧，引发成人学生生源急剧减少、教师培训和教育干部培训层次不能满足培训对象的需要，以及发展不断边缘化、生存困难等实际问题，尤其是存在校园面积较小、办学规模较小、人心较散、队伍不稳、教师自身发展受限等制约改革发展的突出难题。

为了破解学校改革发展的难题，我们经过研究发现，全国省级教育学院的改革发展主要有三条路径，一是与高等师范院校合并；二是进行改制更名，也就是由成人高等院校改制为普通高等院校，并按照教育部的相关要求变更校名；三是继续按照成人高等教育的体制办学。

处级干部务虚会，左三为毛学东

正是基于上述外部政策环境和内部发展状态、学校办学历史和发展未来等多方面因素的综合研判，基于自身基本具备改制更名条件和江西省普通本科高校设置的实际，在学校历届领导班子对学校发展方向和发展路径进行积极探索的基础上，我们下定决心着手推动学校改制更名的有关工作。为此，学校经过反复研究论证，确立了改制更名的发展方向，实施错位发展战略，决定适度扩大发展规模，并以规模的扩大带动结构的优化、质量的提升和效益的提高，以规模发展促进内涵建设。领导班子带领全体教职员工不畏难、不退缩、不放弃，迎难而上，真干实干苦干，大干快干巧干，锚定改制更名的办学目标，力争实现发展的新突破、新提升，齐心协力抓好外延发展与内涵建设两篇文章。

2008 年 8 月，学校在金锣湾召开了江西教育学院处级干部务虚会，也就是在这次金锣湾会议上，统一了全校领导干部的思想，把改制更名作为当时最大的任务。学校领导班子通过民主决策的方式，广开言路、深入讨论、广泛征求意见，深入新校区选址地考察，确立了购地建设新校区的工作思路，并于 2008 年 9 月 16 日组织召开全校六届二次教职工代表大会暨工会会员代表大会、工代会专题扩大会议，争取到全校教职员工的支持。经过全体与会代表的投票，通过了购地选址方案和建设新校区的决议。这是改制更名工作取得突破性进展的重要标志，也在一定程度上集聚了师生员工的人心和合力。

之后，学校按照普通高校设置的相关标准，深挖内在潜能与争取外部支持相结合，加大软件、硬件的建设力度，经过两次改制更名省评、国评的艰难磨炼，最终实现了改制更名的目标。

问：2008 年 9 月 16 日讨论通过购地建设新校区的方案；2009 年 4 月 15 日，昌北校区正式破土动工；10 月，首批师生成功搬迁到昌北校区，这创造了江西高校新校区建设的新速度。这其中离不开您的艰苦付出，请问在这一过程中您有怎样的感触？

答：当时，在城市建设日新月异、南昌周边土地价格涨幅较大的形势下，合适的新校区建设用地是摆在学校师生面前的突出难题。经过多方走访、实地考察、统筹协调和再三比较，学校领导班子在双代会民主决策的基础上决定选择现在昌北校区的这块 493 亩的土地作为新校区建设的教育用地，并于 2008 年 9 月 19 日以参与法院竞拍的方式竞拍获得土地所有权。

新校区建设用地解决了，但取得江西省政府同意和批复及筹措购地资金与建设资金又是一道道难关。特别是面对筹措资金这道坎，学校领导班子没有放弃，采取多措并举：其一是开源，积极争取江西省委省政府及相关部门、教育部、社会各界的资金支持；克服金融市场银根收紧、高校新校区建设贷款政策收紧等困难，积极争取银行贷款。其二是节流，过紧日子，节约一切可以节省的开支，集中一切人力物力财力建设新校区。其三是争取教职工个人的全力支持和配合。最终，经过多方努力，筹集到购地和新校区建设的启动资金，新校区建设得以顺利进行并取得显著成效，为改制更名工作奠定坚实的基础和有力的保障。

昌北校区开工仪式，致辞人为毛学东

学校领导班子统筹推进新校区建设，最大程度提高工程建设质量和速度。2009 年 4 月 15 日破土动工建设，10 月 9 日第一批师生入驻新校区，2010 年 9 月、10 月，党政机关搬迁到新校区，实现了学校跨越式发展的新转变，外延发展取得大进展、大突破，创造了江西高校新校区建设的新速度，为接受改制更名第一次省评国评创造了前提。

现在回想起来，学校当时新校区建设的很多工作仍然历历在目，感触很多。一是新校区建设的各项工作得到教育部、省委省政府、省委教育工委、省教育厅等各方面的大力支持和帮助；二是新校区建设工作与改制更名工作密切相关且同步推进，这一路走来可谓“非知之艰，行之惟艰”，“道阻且长，行则将至”；三是各级领导、社会各界人士、校友对学校改革发展事业的关心和关照；四是全体教职工对新校区建设工作和改制更名工作的理解、配合与支持，以及在工作中展现出的良好精气神，迸发出的创新创造热情；五是全校学生表现出的踏实进取、求学上进的精神面貌。这一切都让我刻骨铭心、终生难忘。

2014 年 1 月毛学东参加江西省“两会”

问：南昌师范学院一路走来，历经 70 年风雨。在 70 周年校庆之际，您对学校发展和对老师、同学们有什么建议和期待呢？

答：今年是学校办学 70 周年。70 年栉风沐雨、砥砺奋进，学校薪火相传、文脉不断。历史、现实、未来是相通的，历史是现实的根源，现实是未来的历史，未来的美好蓝图已经绘就。

希望学校发展越来越美好，以列入全省硕士学位建设重点单位为契机，早日获批硕士学位授予权。期待学校师生不忘初心、牢记使命，扎根赣鄱大地，在新的征程上担负起服务江西经济社会发展的时代使命，争取进入全省先进行列，扩大在全国师范院校的影响力。相信一代代南师院人一定能够抢抓新机遇、迎接新挑战，立足于 70 年办学积淀的深厚基础，开拓进取，奋勇拼搏，克服一个又一个前进中的困难，使学校发展不断壮大，竞争力不断增强，培养德智体美劳全面发展的社会主义建设者和接班人，谱写南昌师范学院改革发展的新篇章。

朱枫：朴实见其人，艰辛成其就

朱枫，1946 年参军投身革命。1980 年至 1990 年在江西教育学院（南昌师范学院前身）工作，历任党委组织部部长、纪委副书记。

朱枫同志今年已经 91 岁高龄，初见他时，一身朴素的衣裳，满头白霜，面容和蔼，是一位朴实又令人感到亲切的老同志。岁月有痕，在他的身上刻下斑驳印记，但他的嘴角却带着笑意。朱枫将青春奉献给了国家和学校，在平凡的工作岗位上做出了不平凡的贡献。岁月悄然而逝，他的奉献却没有随着光阴离散而被人遗忘。

朱枫的人生经历十分丰富，从小在少数民族地区长大，15 岁时毅然选择参军，自此开始了军旅生涯。这段经历铸就了他踏实苦干、朴实纯粹的品质，而听党指挥的信念更是深深地扎根在他心中，树立了坚定的理想信念。他服从组织安排，在工农干部学校认真汲取文化知识，也曾进入江西工学院担任人事处处长，从事组织人事工作，为后来进入江西教育学院工作积累了丰富经验。

1980 年，经当时的吴启中院长推荐，朱枫与江西教育学院结缘，被江西省委任命为江西教育学院党委组织部部长。初到江西教育学院，学校还处于复校筹备阶段，可谓“白手起家”。那时人力物资匮乏，事情多、压力大。尽管如此，朱枫还是甘之如饴，开拓创新，和同事们一道艰苦创业，为学校的发展做出了巨大贡献。如今，学校事业发展欣欣向荣，离不开他们老一辈人的倾情奉献。

来学校工作后，朱枫便选择在这里扎根，直至退休。他一心为党的教育事业奉献，踏踏实实做事，从不抱怨工作的辛苦。朱枫提起往事，谈及吴启中院长时，始终将吴院长当作自己工作中的学习榜样。他说，吴院长在工作中奉行“少说话，多做事”的原则，永远听从党的指挥，不管多难的工作，他都会全力以赴。除此之外，在生活中，吴院长也十分朴素，他始终记得吴院长每次去学校都是骑着一辆锈迹斑斑的自行车。在组织部工作四年后，朱枫被委以学校纪委副书记的重任。他谦虚地说：“学校的发展离不开每个人的努力，我只不过是其中的一分子，很荣幸能和大家一起努力，一起为学院的发展和建设而奋斗。”

所谓“台上一分钟，台下十年功”，优秀教师的培养需要花费大量的精力和时间，而且教师的培养也关系到祖国下一代青年的健康成长。作为一名具有丰富教育工作经验的老同志，朱枫认为，成为一名优秀的人民教师需要具备以下四点素质：一是必须要忠于党的教育事业，这是思想层面的根本要求；二是要具有专业的职业素养，具有过硬的专业知识和职业技能；三是上课要让学生听得进、听得懂，学生的认可是对老师最好的认可；四是要做到“学高为师，身正为范”。一名优秀的教师应当成为终身的学习者，多学习各类经典书籍不断充实自身，在书中求得真知。

学校 70 周年校庆即将到来，他衷心祝愿学校有更远大的前景，桃李满天下。对于学校事业的发展，他认为要建设好的领导班子，带领学校实现高质量跨越式发展；要巩固好学校的发展基础，更好地实现学校内涵式发展；要培养出更多忠于党忠于教育事业的优秀教师，更好地服务江西省乃至全国基础教育事业；要不断提升人才培养质量，为经济社会发展作出更大的贡献。

从一名投身军旅的热血青年到倾情教育、奋斗终身的老同志，朱枫为革命事业、为学校发展作出了卓越的贡献。不管身处什么岗位，朱枫都将个人命运与国家、与学校紧密联系在一起，始终保持着爱党爱国、潜心工作、默默奉献的质朴底色。

毛秋云：我与学校共成长

毛秋云，江西靖安人，副教授，江西教育学院（南昌师范学院前身）原党委委员、副校长。1968年10月参加工作，1972年1月加入中国共产党。长期从事高教管理、党建和思想政治教育研究，参与了江西教育学院的恢复筹建工作和新校区的建设，主编、参编《教师道德修养》《爱国主义教育读本》《社会主义精神文明建设读本》《中国书院辞典》《法律基础教程》《思想政治教育教程》等图书，在省级以上刊物发表论文数十篇，多项科研成果获江西省教育委员会（现为江西省教育厅）、全国教育学院思政研究会、全国高校思政研究会肯定及认可。

知青岁月，磨砺意志不怕吃苦

1968年初中毕业后，出身于普通干部家庭年仅16岁的毛秋云响应“知识青年上山下乡”号召，前往家乡靖安县城附近的一个生产队，开始了近9年漫长艰辛的知青生活。

“知青经历对我来说刻骨铭心。到农村插队后，和农民同吃同住同劳动，一开始很不适应……”回忆起在农村的日子，毛秋云记忆犹新，许多往事在脑海中浮现。

“印象最深的是农忙时节，一群年轻人在田里插秧。我从小没干过农活，手脚速度慢，常常被大家插好的秧苗围在田里出不来。”毛秋云笑着说。

“那时，一天要干十几个小时农活，繁重的劳动是艰苦的，年轻人全凭毅力去做事，常累得不成样子，但我的精神上却觉得既自豪又快乐。”从城市少年变身为农民，毛秋云迎着寒风播种，顶着烈日“双抢”[1]，远赴海南栽种杂交水稻种子，吃着刨成丝的红薯饭，感受蚊虫肆虐、蚂蝗叮咬……在那段岁月，艰难困苦磨炼了他的意志，锻炼了他的奋斗精神。“这段特殊的经历成为我生命中一笔不可多得的精神财富，以后的人生中不管遇到什么困难，我都能坦然面对。”

1972 年 1 月，毛秋云因表现优异被党组织批准加入中国共产党。1976 年年底，因表现良好，毛秋云幸运地通过了层层严格选拔，被推荐到江西师范学院（江西师范大学前身）学习，成为最后一届工农兵大学生。

大学求知，与江西教育学院结缘

1977 年 3 月，毛秋云进入江西师范学院中文系学习，也正是在那里，他开始与江西教育学院结缘。

“当时中文系有十多位老师来自江西教育学院，像张桂年、彭兆春、袁牧、谢本良、肖承珍等知名教授，他们给我们讲‘文艺理论’‘写作’‘现代文学’等课程，所以我虽是在江西师范学院上学，但教我的大都是原来江西教育学院的老师。”毛秋云感慨地说。

谈起江西师范学院与江西教育学院两所学校的渊源，还得追溯到 1969 年 1 月。当时江西省革命委员会决定，江西师范学院与江西教育学院、江西大学文科合并，改名为“井冈山大学”，江西教育学院的教职工并入井冈山大学。1972 年 8 月 14 日，井冈山大学改名为“江西师范

[1] 农业活动，指农村夏天抢收庄稼、抢种庄稼。

学院”，迁回原江西师范学院的校址。原江西教育学院并入井冈山大学的教职工，成为江西师范学院的教职工。

“三年的大学时光一晃而过，很快就临近毕业分配工作。正好省里决定恢复江西教育学院，需要一个学中文的搞文秘工作，我很幸运地被选上，这也是我和学校的缘分。”1979年12月底，毛秋云兴奋地拿着派遣证前往江西教育学院报到。

江教复校，吴启中对其影响深远

江西教育学院1979年复校，毛秋云成为学校复校后第一个报到的大学毕业生，但报到后，毛秋云却有些不知所措。

“我去学校报到时，原校址已经被外单位占用，老师们都在江西师范学院任教，学校甚至连一张桌椅都没有。”报到后的一年多时间里，毛秋云的住宿一直是个问题。“当时条件很艰苦，我先后经历了三次搬宿舍，四处借住，颇有点流离失所的味道。时任江西教育学院党委副书记、副校长的吴启中，在省教研室借了两间小房子，并从他的原单位江西中医学院借了两副床板、桌子供我们办公和住宿用。”

在毛秋云的记忆中，江教复校遇到了很多困难。**首当其冲的是选校址**。按当时规定，在南昌市区用地超过100亩需要向国务院申请，程序较为烦琐，为了抢时间和方便教师们上下班，吴启中副书记决定选址在青山湖区学院路，最终向省里申请了97亩地建校，这一举措得到了众多教师的拥护。**第二是教师队伍回归**。吴启中副书记向省里申请并与江西师范学院协商，要求在江西师范学院工作的原江西教育学院老师全部回校，由学校统一发放工资，最终除行政以外的老师全部回到了学校，形成了一支教学水平过硬的骨干教师队伍。此外，学校从1980年起前往北京师范大学、华中师范大学、华东师范大学等名校招聘了一大批1977级、1978级、1979级的毕业生来校从教，增强了学校的师资力量。**第三是大力开展基础设施建设**。学校先后新建了两栋学生宿舍、一栋医务所、六栋教工宿舍，并建设了临时食堂和车库，基础设施建好后，就有了初步的办学条件。**第四是改善教师生活条件**。为了稳定从江西师范学院回归的教师队伍，学校着力解决教师无住房、住房面积小的问题，新建住房优先分配给教师，改善了教职工的居住环境；同时购买了300个煤气罐、150套煤气灶，按照“一个灶搭配两个煤气罐”的标准分发给教师们，改变了当时普遍用煤球炉生火做饭的现状，提升了教师的生活幸福感。**第五是大力发展办学**。当时学校一边建校舍，一边招生。1980年高考后，学校从普通高考生源中招收3个系的普高本科班——中文系、外语系和数学系。没有学生宿舍，学校便在南昌市招了三个走读班；没有教室，学校就在江西省电视大学租借教室；为了方便教师上课，学校把仅有的一辆吉普车和一辆校领导用的上海牌轿车都用来接送老师上下班，吴启中副书记模范带头，每天骑自行车上下班。**第六是扩大学校的影响力**。1981年，江西教育学院青山湖校区基本建好，为了扩大学校的影响力，吴启中副书记大胆向教育部申请，由学校承办全国教育学院和教师进修学院工作会议。同年11月，29个省、自治区、直辖市教育厅（局）主管师资培训工作的负责人，以及部分省、地（市）教育学院、教师进修学院的负责人汇聚到学校，讨论如何加强教育学院、教师进修学院建设的问题。这次会议的成功召开，提升了学校在全国的知名度和社会影响力。

在毛秋云的心中，江西教育学院复校办学过程中虽然历经艰辛，但当时在吴启中副书记和彭福山副校长的带领下，老一辈江教人不惧困难、开拓进取，形成了尊师重教、乐学善思的良好校园氛围。

迎评改制，站好最后一班岗

1980年至2013年，毛秋云在学校工作了33个春秋，从院办秘书、党（校）办主任、党委宣传部部长到党委委员、副校长，将自己的青春奉献给了学校。

2008年6月，学校调整充实江西教育学院领导班子，廖淑梅同志担任江西教育学院党委书记，毛学东同志担任江西教育学院党委副书记、校长，新班子团结奋进、锐意改革，抓紧购地建设新校区，为学校改制为普通本科高校冲刺。同年 11 月，毛秋云担任昌北校区改扩建工程常务副总指挥，带领指挥部全体成员，正式进驻昌北校区，全面开展改扩建工程建设。2011 年 3 月，学校党委又决定，毛秋云担任昌北校区改扩建工程指挥部总指挥。他按照党委、行政的决策部署，全身心投入“一校两区”的建设工程中。

毛秋云在学校工会工作研讨班上讲话

2012 年年底 2013 年年初，全校上下迎接教育部高校设置专家组的评估获成功，教育部批准江西教育学院由成人本科院校改制为普通本科院校，并更名为“南昌师范学院”。收获这一喜讯的两个月后，毛秋云正式退休。

2022 年 6 月 30 日，学校在逸夫艺术楼大礼堂召开庆祝中国共产党成立 101 周年暨“七一”表彰大会，毛秋云获得“光荣在党 50 年”纪念章，并带领在场的全体党员重温入党誓词。退休后再一次回到学校，看到学校近几年的快速发展和取得的成绩，他由衷地感到高兴。在毛秋云的眼里，在 33 个春秋中能和学校一同成长，见证学校的发展，是无比荣耀的事。

毛秋云2022年参加学校庆祝中国共产党成立101周年暨“七一”表彰大会

70年砥砺奋进，70年薪火相传。在学校七十周年校庆之际，毛秋云祝愿学校继续提升内涵建设，发扬传统、凝聚人心、开拓前进，早日实现“申硕更大”的愿望；也希望学子们都能珍惜学习机会，不负青春、不负韶华，不负梦想、不负未来！

吴东兴：与江西教育学院的不解之缘

吴东兴，广东广州人，中共党员，教授，1954 年于东北师范大学毕业后留校工作。1956 年，他被分配到南昌师范专科学校（南昌师范学院前身）工作，1980 年 5 月担任数学系副主任，1984 年担任数学系主任，1998 年 6 月正式退休。他一直致力于拓扑学、四维空间等方面的研究，发表 30 余篇科研论文和教研论文。1991 年获全国“优秀教师”荣誉称号，1991 年 10 月开始享受国务院政府特殊津贴。

年少时，他勇立报国志，一心为学；青年时，他辗转祖国大地，蓄力为国分忧；中年时，他勇担时代重任，在英雄城弦歌不辍，严谨治学；而今，他依旧“不忘初心、牢记使命”，时刻关注学校发展……从广州到香港、东北，再到南昌，为了报效祖国，他跨越了大半个中国，始终浇不灭心中爱国爱党、奉献教育的热情。

报国志　报国情

1931 年，吴东兴出生在今广东江门市龙田乡。1945 年日本投降后，香港发展快，熟人介绍吴东兴父亲去香港务工。于是其父母前往香港，吴东兴留在广州上学直到高中毕业，毕业后前往香港居住。吴东兴回忆道："1951 年，东北在香港号召青年回东北建设社会主义，对于经济困难的学生还提供助学金。当时香港的经济基础比内地好，全家人都反对我去东北。但我当时内心的想法是：祖国那么大，我想跑遍全国看一看，为国家建设贡献力量。"

满腹报国之志的青年吴东兴，不顾家人的反对，决定独自一人回到内地求学。1951 年 7 月 4 日，吴东兴过海关到深圳，从深圳去往广州，再从广州前往当时的大连工学院（大连理工大学前身）应用数学系求学。一年后，全国高等学校院系大调整，吴东兴被调至东北师范大学数学系学习。

爱党心　跟党走

虽然已有 91 岁高龄，但吴东兴讲述自己入党的历程仍记忆犹新。"高中毕业后，我就开始思考自己将来要做什么，我想只有成为共产党员才会成为一个大公无私的人、一个脱离低级趣味的人、一个高尚的人。我想做这样的人，上大一那年，我向党组织提交了入党申请。但那个时候入党要求高，我就一直坚持，直到 1984 年，才成功加入中国共产党。"吴东兴一直初心不改，追求入党，对党组织的热切渴望令人感动；他一直践行全心全意为人民服务的宗旨，心系家乡的发展。他的家乡临海，每年都会受灾，房子每年都需要重建。吴东兴说："每次回家乡，房子越变越小，因为房子每被淹没一次，砖块就会减少，我一直在思考有什么办法可以解决家乡每年被海水淹没的问题。"不论是年富力强的开拓进取，还是如今的忧国忧民，他始终保持初心，与党同心同向。

做学问　潜育人

提起在江西教育学院工作的那段经历，吴东兴回忆道："1956 年，全国高等学校大发展，我从东北师范大学分配来学校。学校开办数学教师进修班，各县区选送在职初中教师来进修，进修后回校担任高中数学教学工作。1956 年下半年，学校更名为“南昌师范专科学校”，数学组设置为数学科，由培训数学教师改变为培养数学教师。1958 年，学校改名为江西教育学院。”当谈及 1969 年下放至广昌县的艰苦岁月，吴东兴眼含泪光，那时经受的苦难依旧历历在目。虽然农村环境艰苦，但他每天深夜还在坚持做学问、搞研究，一直钻研拓扑学。他说：“现在的年轻老师要珍惜当下的美好生活，国家发展好，社会环境好，更要专心教书育人。”

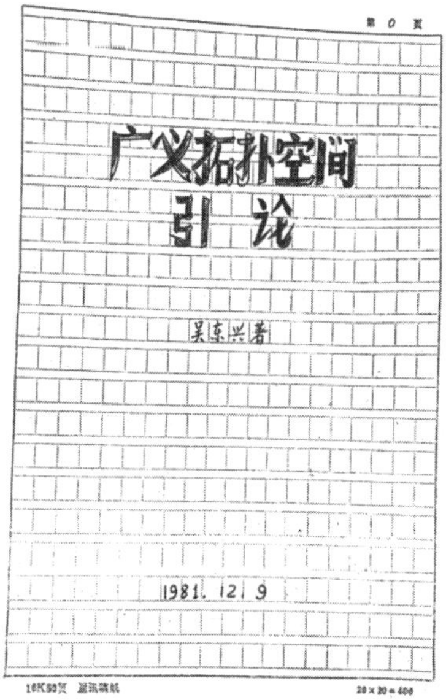

第 0 页

广义拓扑空间
引论

吴东兴著

1981. 12. 9

20×20=400

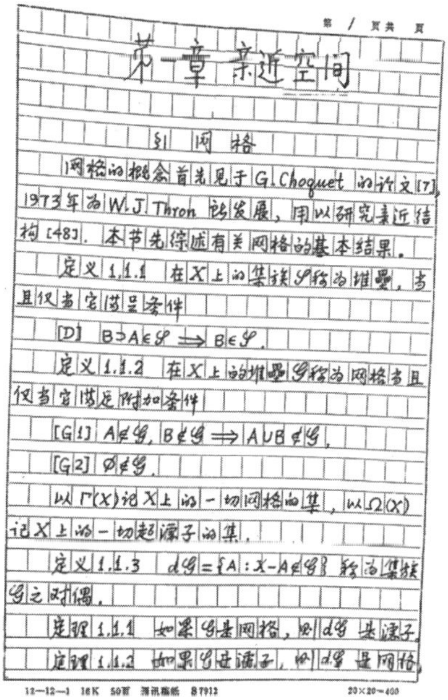

第 1 页共 页

第一章 亲近空间

§1 网格

网格的概念首先见于 G. Choquet 的论文[7]，1973 年为 W. J. Thron 所发展，用以研究亲近结构[48]。本节先综述有关网格的基本结果。

定义 1.1.1 在 X 上的集族 $\mathscr{S}$ 称为堆垒，当且仅当它满足条件

[D] $B \supset A \in \mathscr{S} \Longrightarrow B \in \mathscr{S}$.

定义 1.1.2 在 X 上的堆垒 $\mathscr{G}$ 称为网格当且仅当它满足附加条件

[G1] $A \notin \mathscr{G}, B \notin \mathscr{G} \Longrightarrow A \cup B \notin \mathscr{G}$.

[G2] $\emptyset \notin \mathscr{G}$.

以 $\Gamma(X)$ 记 X 上的一切网格的集，以 $\Omega(X)$ 记 X 上的一切超滤子的集。

定义 1.1.3 $d\mathscr{G}=\{A: X-A \notin \mathscr{G}\}$ 称为集族 $\mathscr{G}$ 之对偶.

定理 1.1.1 如果 $\mathscr{G}$ 是网格，则 $d\mathscr{G}$ 是滤子.

定理 1.1.2 如果 $\mathscr{G}$ 是滤子，则 $d\mathscr{G}$ 是网格.

12—12—1 16K 50页 20×20=400

《广义拓扑空间引论》手稿

1979 年 9 月，学校恢复办学后，江西师范大学向他抛出橄榄枝，但是吴东兴毅然拒绝了，他还是选择留在江西教育学院数学系。1984 年，他回香港探亲，有机会留在香港发展，但他仍然选择回到江西教育学院继续工作。

在校任教期间，吴东兴关心关爱学生，关心青年教师的成长和生活，帮助青年教师解决人生大事，得到当时师生的一致好评。他主要讲

授“点集拓扑学基础”等课程，教材是自己撰写的著作，满满都是批注。1981 年，他开始写作《广义拓扑空间引论》一书，手稿保存完整，工工整整的汉字充分体现了他严谨治学、严谨从教的工作作风与态度。

青丝白发转眼间，沧桑几许话浮沉。吴东兴教授这一辈子都在为学校的发展默默奉献，他把治学育人作为毕生追求，专注于教学工作，勤奋钻研，静心笃志。耄耋之年的他仍心怀强烈的使命感和责任感，在学校建校 70 周年之际，吴东兴教授希望所有南师院人要继承艰苦奋斗的优良传统，学校的发展定会前途无限！

徐秋福、李美玲伉俪：难忘美术学院初创的艰辛岁月

徐秋福，江西南昌人，副教授。1966年毕业于景德镇陶瓷学院美术系。曾为江西教育学院（南昌师范学院前身）美术系原党总支部副书记、中国工艺美术学会会员、中国工业设计协会会员、江西素描研究会副会长、江西艺术设计委员会理事。长期从事美术教育工作，主持了江西教育学院美术专业筹建工作。李美玲，江西丰城人，副教授，陶瓷美术家、美术教育家、书法家。曾为江西省美术家协会会员。1966年毕业于景德镇陶瓷学院美术系。1986年来江西教育学院工作，长期从事美术教育工作，系江西教育学院美术专业主要筹建者之一。

1966年，徐秋福、李美玲毕业于景德镇陶瓷学院，毕业后一起分配到广西壮族自治区工艺美术研究所工作。1986年，恰逢人才交流的契机，徐秋福、李美玲夫妇带着对故乡的思念和热爱，回到了江西这片红土地。期间，徐秋福放弃了副县长领导岗位，与妻子李美玲选择回到校园，来到江西教育学院工作，从此两人扎根于教育事业，全身心投入到美术专业的筹建和发展中。1989年，在二老的积极奔走筹建下，江西教育学院美术专业终于落地。33年来，二老共同见证了美术学院的成长。

让我们跟随他们的脚步，一起了解他们在南昌师范学院美术学院的创业奋斗故事，感受他们的创业艰辛和教育情怀。

改革开放后，伴随着国内社会经济的高速发展，国家的成人教育取得了很大进展。1986年年底，国家召开第一次全国成人教育工作会议，正式明确“成人教育是我国教育事业的重要组成部分”，江西教育学院成人教育也随之蓬勃发展。1988年，学校领导班子立足实际，紧密结合地方经济社会发展需要，决心要实现学校办学专业全覆盖，进一步明确了服务江西地方经济社会发展的重大战略。

美术、音乐教师一起欢庆教师节，左二为李美玲

除此之外，还有一个重要的因素，在学校加快开办美术专业上起了重要推动作用。20世纪80年代末，通过成人教育等非传统全日制学习路径取得高等教育学历、学位等其他资格证书，是大部分已就业人员实现职业提升的主渠道。但美术专业在江西省成人高校办学这一方面，只有中专层次办学。当时，像从宜春师范学校等毕业的全省各地中小学领导和教师纷纷来函来信，希望学校能够开办专科、本科层次的美术、音乐等专业，帮助他们完成学历提升，从而解决江西省基础教育对艺术专业师资的迫切需求。

正是基于上述原因，学校从办学历史、事业发展及学生发展需求等多方面因素做了综合研判，在学校领导班子对学校发展方向和发展路径进行积极探索成果的基础上，1988 年年初，学校决定筹办以音乐、美术课程为主的艺术教研室，并决定让我们来负责美术专业的筹建工作。

1993 年，1991 级美术教育专业毕业生向美术系赠送牌匾　座位排左一为徐秋福

雄关漫道真如铁，长风破浪会有时。创办初期，艺术教研室办学条件面临的困难是难以想象的：办公条件相当艰苦，教学条件也相当简陋，学校甚至挤不出教研室的办公室，我们只能自己想办法，在教学楼的天台搭建一个临时铁棚了作为艺术教研室的办公室。冬天，办公室冷得像冰窟，甚至比室外冷，全身都在哆嗦；夏天热得像蒸笼，人在里面办公，汗水不停地流。因为学校教室资源紧张，加上美术专业的特殊性，很长一段时间，没有一个正式固定的绘画教室，只能通过今天东挪一间、明天西挪一间的办法来解决。同时，在开创初期，艺术教研室的办学经费也是非常紧张，在这种情况下，我们在开支上必须精打细算，一分钱当两分钱用，能不花钱的尽量不花，能自己干的事尽量自己干。

老师们都能体谅学校的办学困难。虽然物质条件非常有限，但大家干劲非常足，加班加点是常事，而且从未发过加班费，大家也从未想过要加班费。大家心里想的是：办公条件艰苦一点，不怕，忍一忍就克服了；办学经费不足，不怕，省一省就坚持下来了。像潘建军、沈柯、张夜莺、郭树琨、周克修等一批教师正是在这么艰苦的时候进入学校的，当时大家都非常乐观、非常富有激情，把精力集中到如何保证和提高教学质量、如何改善办学条件，以及如何出色圆满完成学校交给的办学任务上。

那时候，适应成人美术教育的专业教材也是极其缺乏的，怎么办？针对美术专业动手能力很强、课程操作技巧占比重的实际，每个老师都按照自己的教学分工，自己编写教材，自己动手，自力更生。大家心里想得更多的是如何搞好教学，如何提高人才培养质量，如何使本专业得到较快的发展和提高。

江西教育学院艺术系首届学员毕业合影，第二排左二为徐秋福，第三排右二为李美玲

千磨万击还坚劲，任尔东西南北风。创业的初期，尽管清苦艰辛，但大家从未忘却我们的办学目的和办学理念。我们深知办学理念正确与否是我们教学的生命线，因此在筹建期间，我们就确定好办学理念，就是要为江西培养一批具有社会主义觉悟、符合社会需求、有一定理论功底、有较强绘画能力、德智体全面发展的较高层次的美术专业人才。我们深知办学理念不是一句口号，而是一个体系，至少包括“价值观”“方法论”和“实践论”，我们始终身体力行践行这个教学理念，发挥体系的力量，形成学校美术教育的“魂”，推动学校美术教学育人事业

的大踏步前进。自1989年首届招生以来，我们在这个办学理念下培养了大量的美术教学人才。1999年版《江西省志·文艺志》提到，“江西教育学院美术系、南昌大学东方艺术系以及南昌职业技术师范学院美术系等，为江西美术事业的发展、培养美术新人做出了不可低估的贡献”，对我校美术专业的办学成果给予了高度的评价。

时光荏苒，岁月如梭。现在回想起来，筹建之初很多工作仍然历历在目，感触很多。白手起家，来之不易，我们认识到：路是人走出来的，业绩是人创造的，咬住“发展是硬道理”不放松，就必须有一股百折不挠、艰苦创业的精神。美术学院创办初期，我们这批老同志就是抱着这种信念，不畏困难，艰苦奋斗，没有条件就创造条件上，把美术这个专业做好做大做强，全身心地投入到发展美术教学的战斗中。从中我们也得到一条启示：正确的决策、方案确定后，必须要有一支过硬的干部职工队伍坚韧不拔地来贯彻执行！

七十年风雨兼程，七十年砥砺奋进。70周年校庆是学校的一件大事、一件喜事，希望学校能够进一步鼓舞士气，凝聚力量，促进学校各项事业飞跃发展。我们也将一直关注、支持学校的发展建设，并祝愿学校70华诞生日快乐，再谱华章！

刘又知：教育为本，学无止境

刘又知，中共党员，三级教授。1970 年 1 月在江西生产建设兵团八团六连工作，1979 年考入北京师范大学哲学系，1983 年分配至江西教育学院（南昌师范学院前身），先后在政教系、中文系、组织人事部工作至退休。

在教育这片汪洋大海，无数教师付诸努力将一艘艘小船送往他们想要抵达的彼岸。教师是太阳底下最光辉的职业，这句话被许多老师奉为名言。有这样一位老师，她出身教育世家，从小耳濡目染，对教育具有浓厚的兴趣。随着年龄的增加和学识的增长，一个信念在她心中成长为参天大树——成为一名人民教师。她，就是刘又知。

求学路上，从未停歇

教育世家，学习氛围之浓郁自然不言而喻。刘又知从小喜爱阅读，且乐于学习各个领域的知识，但受时代的影响，刘又知在小学毕业后就下乡参与劳动，随时节下地插秧做农活。但她从不会因此而懈怠学习，在农村的那段日子，她每晚都会挑灯夜读，理解语文阅读，研究数学题目。她学习能力强，语文等文科类的学科对她而言没有太大难度；在政治方面，她积极阅读时报，掌握时政热点并背诵相关知识；理科类的学科她也不落下，勤奋刻苦，做题研究。

刘又知学生时期所做笔记

虽然只是小学毕业，但不能阻拦刘又知想要考取大学的脚步。天道酬勤，她凭着自己的努力成功考上北京师范大学哲学系。在校的求学经历给她留下了深刻印象，老师们的谆谆教诲至今让她记忆犹新。她说，逻辑学老师告诉他们，做学问要知其然还要知其所以然；西方哲学史老师讲道，会做小板凳的木匠就是好木匠。基本功对学习或工作都是极其重要的。令她记忆深刻的还有叶嘉莹老师讲授的古诗词，老师讲解之生动、深刻，即便无法让如今的一代人亲历，也能从叶嘉莹老师的作品中感知一二。

在大学期间，无论什么科目，刘又知都抱以认真严谨的态度，仔细做好每一门科目的笔记，她认为这些都是无比珍贵的财富。北师大优良的环境让她受益颇多。即使如今已经退休，刘又知仍在不断学习。

教书育人，散发光热

师者，传道授业解惑也。“教师职业可以给人带来其他职业无法给予的幸福和快乐”，这是刘又知常常挂在嘴边的话。从北师大毕业后，她主动要求回到南昌从事教学工作。“老师应给予学生光明”是刘又知对于教师职业的又一种描绘。而她也用实际行动诠释了如何当一名优秀的教师。

刘又知在江西教育学院做班主任时，努力做到关心学生、理解学生、帮助学生，真正与每个学生心连心。她不仅在课业上教授他们，在生活中也尽可能地给予他们陪伴和帮助。她曾放弃与家人团聚的时光，与学生们一同欢度中秋，以安抚每个学生思念家乡的情绪。每当刘又知谈起自己的学生时，她的眼神中总是不自觉地流露出喜悦，脸上也洋溢着灿烂的笑容。在刘又知的心里，她班上的每一个孩子早已不仅是学生，更像是家人。

刘又知批改学生作业

除了关爱学生，刘又知认为有效教学也是教师应练就的基本功。结合在北京师范大学的学习经历，刘又知形成了自己的一套教学体系。她认为，教育的关键是要让学生有获得感，而不是让学生被动地接受知识。因此，她通常在课堂上采用生动有趣的教学方式，这样既能增加学生对知识的兴趣，又提高了学生的参与度和互动性。谈及“育人”，刘又知认为，“对于孩子们，我们要做到先肯定，后建议”。当学生做过一件事后，无论事情的结果如何，她都会先肯定学生，并非肯定事情做得有多完美，而是肯定学生为此付出的努力，进而提出自己的建议，让学生得到更好的成长。

根结南昌，心系学校

“百善孝为先”是刘又知一直坚守的准则。从北京师范大学毕业后，多个学校向刘又知伸出橄榄枝，但她坚持要回到自己的父母身边，回到生养她的那片土地，一心认准江西教育学院。在校工作期间，刘又知虽然只带过一个班，但她对这个班尽心尽力。班上的每一个学生都对刘又知深怀感恩之心，并且在他们各自的领域都收获满满，取得了一定成就。除此之外，她对父母的日常起居也亲力亲为，真正做到家庭事业两不耽误。

2022 年是学校办学 70 周年，“祝福我们学校越办越好，在江西教育界有重要地位，为江西省的教育事业做出更大贡献”是刘又知对学校的真切祝福。“无论过了多少年，我永远都是这个学校的一员。”

后　记

七十载春风化雨，七十载风雨兼程，七十载砥砺奋进，七十载风华正茂。为庆祝南昌师范学院建校70周年，激发广大校友爱校荣校的深厚情怀，凝聚学校事业发展砥砺奋进的磅礴力量，学校特组织编写此书。全书分为“七秩芳华·校友印象”“七秩芳华·往昔如昨”“七秩芳华·教苑毓秀”三个篇章，书中收集遴选的70位优秀校友的感人故事，一字一句都展现出广大校友对母校真切的感激之情，表达了广大校友大力支持母校事业发展的赤诚之心，彰显了一代代南师院人红色初心、砥砺创新的办学精神。

校党委书记王金平、校长张艳国对本书的编写工作多次给予指导，校党委副书记殷剑对本书的编写作了具体部署，常颖负责全书的体例协调、统稿和文稿终审，谢梦君、戴达峰负责文稿二审，具体章节分工为：“七秩芳华·校友印象”篇由万利萱、郭新奇、吴国强统稿；“七秩芳华·往昔如昨”篇由陈海芬、姜婷、赵传喜、王晨统稿；“七秩芳华·教苑毓秀”篇由袁巧、刘流民统稿。

本书的编写得到了广大校友，各学院及有关单位的大力支持和帮助，在此一并表示感谢。囿于时间较紧，水平有限，书中难免存在疏漏和不足之处，恳请广大读者不吝赐教。

编　者

2022年10月